행복은 어디에 있었는가.

사랑이 있는 곳에는
행복이 머문다.
사랑의 척도가
그대로 행복의 기준이 되곤 했다.

그 사랑이 어려움을
동반한다고 해서 포기하면
사랑의 꿈은 사라진다.
사랑이 있는 고생은 더 큰 행복을 안겨준다.

행복 예습

초판 1쇄 발행 2018년 8월 15일
초판 5쇄 발행 2023년 4월 10일

지은이   김형석

발행인   정경진
편집장   조형준
편집   김진희
디자인   신병근 · 박종건
일러스트   장인범
교열   김화선
마케팅   권혁진
홍보   마재영

펴낸 곳   ㈜알피스페이스
출판등록   제2012-000067호(2012년 2월 22일)
주소   서울 강남구 삼성로 634(삼성동)
문의   02-2002-9880
블로그   https://blog.naver.com/the_denstory
ISBN   979-11-85716-64-0 03190
값   16,500원

이 도서의 국립중앙도서관 출판예정도서목록(CIP)은 서지정보유통지원시스템 홈페이지(seoji.nl.go.kr)와
국가자료공동목록시스템(www.nl.go.kr/kolisnet)에서 이용하실 수 있습니다. (CIP제어번호 : CIP2018023261)

• 이 도서는 한국출판문화산업진흥원 2018년 우수출판콘텐츠 제작 지원 사업 선정작입니다.

행복 예습

김형석 지음

행복 예습

99세 철학자 김형석 교수가
인생의 의미를 묻는 당신에게

Denstory

나는 행복했습니다
여러분도 행복하십시오

지금 나는 100세를 앞두고 있다. 마지막이 될지도 모르는 책을 쓰고 있다. 60여 년 동안 독자들과 함께 살아왔다. 하고 싶은 말이 있다면, "나는 행복했습니다. 여러분도 행복하십시오"라는 마음이다.

사람이 성장한다는 것은 사회인으로서의 가치와 의무를 깨닫는 것이다. 우리 삶의 평가는 사회와 역사가 내리기 때문이다. 무엇이 나를 오늘까지 이끌어주었는가, 하고 반성해본다.

중학생이 되었을 때 부친이 나에게 들려준 말이 있었다. "네가 한평생을 사는 동안 너와 가정만을 걱정하면서 살면 가정만큼만 자란다. 직장에서 최선을 다하며 동료들과 함께 일하면 직장과 공동체의 지도자로 성장하게 된다. 그런데 언제나 민족과 국가를 위하면서 살면 너 자신이 민족과 국가의 지도자로 성장할 수 있다"는 교훈이었다.

지금은 부친의 마음을 이해하게 되었다. 내가 나를 위해 한 일은 남는 바가 없었다. 더불어 일한 것은 즐거웠다. 민족과 국가를 위하는 정성은 버림받지 않았다. 내 친구들도 그랬다.

20대 중반이 되었을 때였다. 내 능력으로는 도저히 해결할 수 없는 운명의 절벽에 서게 되었다. 일제강점기 학도병 사건이었다. 나는 기도를 드렸다. 신앙인이었기 때문이다. 그때 나는 '네가 나를 택한 것이 아니라 내가 너를 선택한 것이다. 이웃에게 많은 열매를 남겨주는 포도나무의 책임을 위해서……'라는 성경 말씀을 들었다. 하나님 아버지께 기도를 드릴 수 있는 사람은 행복하다는 확신을 얻었다. 개인의 자유에는 한계가 있다. 그렇다고 운명이 절대적인 것은 아니다. 내 인생의 앞길에는 어떤 섭리가 있었다.

해방을 맞이했고 6·25 전쟁을 치러야 했다. 감당할 수 없었던 환희는 사라지고 더 큰 비극의 역사 무대에 설 수밖에 없었다. 나와 가정의 운명이 아니었다. 국가와 민족의 파국을 초래할 수 있는 처참한 현실이었다. 나도 그 소용돌이 속에 휘말려야 했다.

그러나 우리 민족은 훌륭했다. 인류가 염원하는 자유의 등불은 꺼지지 않았다. 전쟁이라는 혹독한 시련을 겪으면서 우리는 과거에 몰랐던 저력을 발휘할 수 있었다. 대한민국은 절대빈곤에서 벗어나기 시작했고, 자유의 가치는 점차 국민들 의식 속에 스며들게 되었다. 희망의 길을 자력으로 개척한 것이다.

그러는 동안에 나는 대학을 떠나 사회교육에 참여했다. 30여 년이 지났다. 돌이켜보면 내 인생에도 많은 변화가 찾아왔다. 가난의 굴레를 벗어난 지도 오래다. 그러나 무엇보다도 행복한 것은 주변의 많은 사람들이 나보다 부한 경제생활을 하고 있다는 사실이다. 나는 누구보다도 병약한 체질로 성장했으나 지금은 가장 많은 일을 즐기는 노년기를 보내고 있다. 90을 넘기면서부터는 많은 사람으로부터 '수고했다'든지 '감사하다'는 인사를 받는다. 비로소 행복해진 나 자신을 발견할 때가 있다.

행복은 어디 있었는가. 행복은 주어지거나 찾아가는 것이 아니다. 언제나 우리들의 생활과 삶 속에 있었다. 고통과 시련이 있을 때는 희망과 함께했다. 좌절과 절망에 처했을 때는 믿음을 안겨 주었다. 나는 사랑이 있는 곳에는 언제나 행복이 함께했다는 사실을 체험했다. 사랑의 척도가 그대로 행복의 기준이 되곤 했다. 그래서 행복을 염원하는 사람에게 "나는 행복했습니다. 여러분도 사랑을 나누십시오"라는 인사를 드리면서 붓을 놓겠다.

2018년 7월 유난히 더운 여름에
김형석

• 육필로 남긴 원고를 책이 되도록 수고해준 분들께 감사드립니다. 타자와 교정 뿐 아니라 여러 가지 상담에 응해준 이종옥 이사장님(아가페의 집)과 박운미 상무님을 비롯한 편집부 여러분들에게 고마운 마음을 전합니다.

차례

1
행복의
조건

100세 인생이
영광이 되려면

지난봄 한 고등학교 학생들에게 강연을 한 적이 있었다. 내가 윤동주 시인과 한 반에서 공부하며 윤 형을 '병아리 시인'이라고 했는데 그가 훌륭한 업적을 남겼다면서, 여러분도 이다음에 어떤 인물이 되겠다는 꿈을 가지고 자라야 한다고 했다. 모두 놀라는 표정이었다.

며칠 전에는 지방에 강연을 갔다. 연사를 소개하는 사람이 내 나이가 99세라고 했더니 모두 박수로 환영해주었다. 오래 산 것에 대한 축하와 영광스러움을 보내주는 것 같은 생각이 들었다. 장수는 모든 사람의 소원이며 주변 사람들의 축하 대상인지도 모르겠다. 어쨌든 나에게는 감사할 만한 일이다.

그러나 생각을 정리해보면 장수가 누구에게나 영광이며 행복일 수 있을까. 주변의 90세가 넘은 이들을 대하며 장수가 꼭 행복은 못 된다는 생각을 할 때가 있다.

우선은 건강 때문이다. 건강 문제 중에서도 오래 살아가면서 늘어나는 것이 치매다. 90이 넘으면 치매기가 없는 사람은 드물다. 나는 의사는 아니지만, 그런 친구들을 노인성 치매라고 진단해본다. 늙으면 누구에게나 찾아온다. 80대 후반부터 오는 이들이 있다. 강연을 하다가 내용의 줄거리를 이탈하는 것은 보통이다. 같은 내용을 되풀이하기도 한다. 때로는 전혀 예측할 수 없는 엉뚱한 얘기를 꺼내기도 한다. 평상시 같으면 입 밖에 꺼내지도 않을 자기 자랑도 하고, 평소에 마음에 두고 있던 불만을 토로하기도 한다. 기억력도 그렇다. 최근에 있었던 일들은 기억하지 못하고, 옛날 사건은 정확하게 기억한다. 20년 전에 세상을 떠난 사람 얘기를 하면서, 아직도 건강하신지 모르겠다고 묻기도 한다. 아흔 고개를 맞으면 대부분 제발 치매에만은 걸리지 않았으면 좋겠다는 생각을 하게 된다. 치매가 심해지면 가족들과 주변 사람들에게 어려움을 안겨주기도 한다.

장수는 모두의 소원이지만

내가 잘 아는 선배인 교회 장로가 있었다. 90세를 한두 해 넘기고 세상을 떠났다. 작고한 후 1년이 지났을 때였다. 몇몇 친지들이 모여 그분의 큰아드님 집을 방문했다. 1주기를 위한 모임이었다. 그때 비로소 아드님이, 선친께서 치매로 2년여 동안 고생하셔서 가족들도 힘들었다는 사실을 말해주었다. 틈만 있으면 집을 나가서는 돌아오지 못하기 때문에, 부부 중 한 사람은 집을 지켜야 했다. 할 수 없이 며느님이 직장을 휴직하고 시아버지를 돌봐야 했다. 아드님은 부인의 어려움을 알기에 퇴근 후 부인 대신 부친을 지키면서 도왔다. 가장 힘든 것은 어린 아들딸이 겪는 고통과 어려움이었다. 2년 동안을 고생하시다가 세상을 떠나시니 해방되는 듯한 생각마저 들었다고 얘기했다. 성격에 따라서 치매가 심한 사람은 폭력을 행사하기도 한다. 이런 사람이 장수했다고 해서 행복했다고 볼 수는 없다.

사회적으로도 널리 알려진 두 친구가 있다. 두 사람 모두 나보다 두세 살 아래였다. 한 친구는 정신 상태나 기억력 등은 여전히 좋은데, 신체적으로 쇠약하여 몇 해를 병원에서 지내다가 세상을 떠났다. 다른 친구는 건강에는 이상이 없었다. 여러 해 정신적 이상 때문에 활동을 하지 못하다가 몇 해 전 작고했다. 여러 친구들을 보면 신체와 정신 상태의 이상 없이 건강히 지내다가 세상을 떠나는 사람이 많지 않다. 가까운 친구였던 김태길 교수는 89세에 작고했다. 그는 마지막 반년 즈음에는 노쇠하기는 했으나, 심신이 깨끗했다. 가정에서 편히 지냈고, 병원에서는 두 달 정도만 치료받았던 것 같다. 복받은 노년기였다고 축하해주었을 정도였다.

노년기의 어려움은 건강만이 아니다. 직접적으로 내 책임은 아니면서도 슬하의 가족들 고통을 분담해야 하는 경우도 허다하다. 내 선배 한 사람은 사회적으로 큰 공적도 남긴 분이었다. 그런데 둘째 아들이 사업에 실패해 감옥까지 가야 할 처지가 되니까, 담보로 잡힌 마지막 집을 빼앗기고 거리로 나앉는 노후를 겪어야 했다. 결국은 서울 변두리 셋방으로 이사하고, 그곳에서 세상을 떠났다.

비슷한 어려움을 껴안은 사람들이 적지 않다. 그보다 더 힘든 일도 있다. 자녀들이 먼저 세상을 떠나 정신적 고통과 감당할 수 없는 인생의 짐을 져야 하는 때도 있다. 그런 어려움을 경험한 이들은 모두 같은 말을 한다. "내가 좀 더 일찍 죽었더라면 편했을 텐데"라는 고백이다. 내 후배 교수 한 사람은 20대 아들이 심장마비로 갑자기 세상을 떠났다. 아버지 되는 친구는 그 어려움을 이겨낼 수 있었는데, 늙은 부친이 그 충격을 이기지 못해 세상을 떠나기도 했다.

내 모친은 장수하셨다. 고향 친구들이 찾아와 "120세까지 사셔야겠습니다" 하고 인사를 하면, "싫다, 지금까지 살아오느라 고생했는데, 그 고생을 20년이나 더 하라고……. 나만 고생하면 모르겠는데 아들과 손자들을 위해서라도 갈 때는 가야지"라고 하셨다. 그 말씀이 진실인지 아닌지는 모르겠다. 그러나 이치에 맞는 말씀에는 틀림이 없다.

예로부터 '고해와 같은 인생'이라는 말이 있다. 그렇다고 행복한 장수의 꿈을 단념하거나 포기하라고 권할 수는 없다. 장수에는 그 시간에 따르는 인생의 의미와 행복이 있을 것이다. 오래 사는 것이 고통뿐이고 무가치한 삶이라고 단념해버리는 것도 옳은 일은 아니다.

100세가 되었다고 해서 더 오래 살고 싶다는 욕심과 의욕이 사라지는 것도 아니다. 성천 류달영 선생에게서 들은 얘기가 기억난다. 수원에 선배 노인이 있었는데, 98세가 되었다. 그 노인의 아들 친구들이 정초에 놀러 와 세배를 드렸다. 한 손님이 "백수하시기 바랍니다" 하면서 세배를 드렸더니, 이전과 다르게 대답이나 덕담을 안 하시더라는 것이다. 이상하게 여겨 친구인 아들에게, 세배를 드렸는데 아무 말씀도 없으셔서 걱정이 된다, 라고 했다. 아들이 뭐라고 인사드렸느냐고 물었다. "백수하시라고 말씀드렸다"고 했더니 "왜 그랬어? 1년만 더 살라고 들렸을 테니까 기분이 나쁘셨구먼. 내년에 흰 백(白) 자 백수가 되시거든……"이라고 알려줬다.

아들 친구가 실수했구나 싶어서 방에 들어가, "다시 세배 드리겠습니다. 만수무강하시기 바랍니다"라고 하면서 한참 엎드렸다가 고개를 들었다. 그제야 "그래, 자네도 복 많이 받고 내년에 또 오시게"라면서 활짝 웃으시더라는 것이다. 장수 욕심에는 한계가 없는 것 같다는 얘기다. 건강이 허락되고 인생이 즐겁게 이어진 다면 죽고 싶은 사람은 없을지 모른다.

문제는 건강이다. '늙으면 건강이 제일이야'라는 말을 자주 듣 는다. 장수하는 사람들을 보면 40대나 50대부터 건강에 관심을 갖는다. 집안의 전통적인 유전적 질환이 있다고 해도 그 나이쯤 부터 의료의 혜택을 받으면 크게 도움이 된다. 70 즈음 되어서야 의사를 찾아다니는 사람은 그 시기를 놓치는 것 같다. 내가 아는 80대 가정의학과 의사가 있다. 여러 환자를 돌보아주고 있다. 그 의사의 말이다. 노인들의 건강은 마음먹기에 따라 차이가 심하다 는 것이다.

자신이 없어서 조심스레 살았더니

그런데 보통 사람 생각과 다르게 젊었을 때 체질적으로 몸이 약 했던 사람이 장수하는 경우가 더 많다. 항상 조심하고 무리를 하 지 않기 때문이다. 체력이 앞섰던 운동선수들보다는 체력이 약해 보이는 사람이 강하게 살지 못해도 조용히 오래 사는 경우가 많 다. 내 친구인 안병욱, 김태길 교수는 나보다 건강과 체력이 좋은 편이었다. 안 선생은 자주 내 건강을 걱정해주곤 했다. 나는 일찍

부터 안 선생이 나보다 장수할 것으로 믿고 있었다. 김태길 교수
도 나를 만나면, 바람이 불어서 김 선생이 못 오거나 늦을 줄 알았
는데 바람에 날아가지 않고 제시간에 도착했네, 라면서 놀리곤
했다. 90을 앞두고도 자기의 테니스 실력은 모두가 인정해준다면
서 자랑하곤 했다. 나보고 바람에 날아갈 줄 알았다고 놀리는 사
람은 여럿 있었다.

그런데 지금은 달라졌다. 김태길 선생보다 내가 10년이나 더
장수하고 있으며 안 선생보다도 5~6년을 더 일하고 있다. 한 가
지 확실한 이유가 있다. 나는 일찍부터 병약하게 자랐기 때문에
건강에는 절대로 무리를 하지 않았다. 지금까지도 그렇다. 피곤하
다거나 힘들다는 생각이 들면 무조건 휴식을 취한다. 정신적 일
도 그렇다. 부담스럽거나 내가 감당하기 어렵게 느껴지는 일은
하지 않는다. 안 한다기보다 못 한다. 건강에 대해서는 자신이 없
었기 때문에 지나치게 조심스레 살아왔다. 그것이 오히려 지금은
노후의 건강과 자신감 비슷한 상태를 유지해주는 것 같다. 나는
건강의 표준을 '누가 같은 나이에 더 많은 일을 하느냐'로 삼고
있다. 지금은 나와 같은 나이에 비해서는 내가 일을 많이 하는 편
이다. 그러니까 건강에도 앞섰다는 자부심을 갖기도 한다.

내가 나의 건강에 자신을 갖기 시작한 것은 50대부터였다. 그
리고 70대를 넘기면서부터는 건강 때문에 주어진 일을 못 하는
일은 없을 것이라는 자신도 가져보았다. 그렇게 된 셈이다. 지금

까지도 건강 때문에 주어진 일을 못 하게 된다면 그것은 내 잘못이라고 생각한다. 나에게는 일이 첫째고 목적이다. 늙으면 건강을 위한 건강에 사로잡히는 사람을 많이 본다. 건강이 목적이 되어 버린다. 그러나 나는 신앙적 계기도 있어 '일을 위한 건강'이라는 책임감 비슷한 생각을 갖고 살아왔다. 50이 넘으면서부터는 일이 첫째고, 일을 위해서는 건강해야 한다. 그리고 건강을 위해서는 적당한 신체적 운동이 필요하며 정신적 휴식이 뒤따라야 한다고 생각한다.

정신적 휴식을 위해서는 충분한 수면과 짤막짤막한 낮잠이 도움이 된다. KTX가 생기기 전까지는 부산, 광주 같은 곳에 강연을 갈 때는 비행기를 이용하는 것이 보통이었다. 나는 비행기에 올라 자리를 잡으면 잠든다. 부산에 가서 눈을 뜨면서는 '여기가 어디더라, 내가 무슨 일 때문에 왔지?'라며 잠에서 깨어난다. 그 잠 덕분에 그때까지의 모든 일들을 완전히 잊어버린다. 그리고 새로운 일을 시작한다. 지금도 기차를 타면 곧 잠부터 잔다. 서울에 돌아와 눈을 뜨면 새로운 기분이 된다. 서울 안에서도 40분 또는 60분 이상 차를 타는 때가 있다. 그때도 타는 대로 잠을 청한다. 정신적 휴식이 중하기 때문이다.

나는 항상 강연을 해야 하고, 원고를 써야 한다. 그 일을 준비하기 위해서는 강연이나 집필 시간보다도 더 많은 시간을 사색하고, 원고 내용을 정리하는 데 바쳐야 한다. 그래서 가벼운 운동과 정신적 휴식은 필수적인 습관이 되었다. 우리 집 옆의 야산은 언제나 산책과 사색을 위해 기다리고 있다. 산책은 운동을 도우면서도 정신적인 생산의 휴식처가 된다.

장수하는 사람들의 공통점

대체로 내 주변에서 100세 전후의 선배들을 볼 때가 있다. 그들에게는 몇 가지 공통점이 있다. 나이가 깊어지면서는 인간적인 욕심과 욕망을 버린다. 욕심이 많은 사람은 행복하지도 못하며 장수에도 도움이 되지 못한다. 그 욕심은 소유에 대한 욕망이며 가급적 많이 즐기면서 살자는 본능적 욕망이다. 또 하나의 공통점은 언제나 정신적 여유를 갖는다. 지혜롭게 휴식을 즐긴다. 독서, 예술 감상 등 무엇인가 새로운 것을 배워 얻으려는 정신적 기대를 갖고 산다.

그리고 장수하는 사람들은 100세를 앞두고도 인간관계를 잘 유지한다. 후배들과도 우정을 나누며 언제나 여유롭고 애정이 있는 인간관계를 지속한다. 화를 내거나 싸우는 일이 없으며 경쟁의식에서도 자유로워진다. 항상 감사한 마음을 가지며 다른 사람들의 성공과 행복을 축하해준다. 아주 인간적이면서도 종교적 성인다운 모습을 지니고 산다. 젊었을 때는 그렇지 못하던 사람도 너그럽고 여유로워지는 품위를 갖춘다.

나도 이제 곧 100세를 앞두고 있다. 신체적인 피로도 쉬 찾아오며 지팡이를 짚어야겠다는 생각을 한다. 최근에는 보청기도 준비해두고 있다. 소리는 들리는데 말은 들리지 않는 상태가 되면 보청기의 효능도 줄어들게 된다. 그래서 공식 석상에 갈 때는 누군가의 도움을 받아야 한다. 지방에서 강연 부탁을 할 때는 누구와 같이 오느냐고 주최 측에서 물어온다. 혼자 오다가 길을 잃어버려도 안 되며 사고라도 발생하면 안 되겠기 때문일 것이다.

그러면서도 일을 계속하고 있다. 대학에 있을 때보다 더 많은 강연을 하게 되었으며 최근에는 1년에 한 권씩의 저작 활동도 계속하고 있다. 피곤하고 점차로 힘들어지기는 하나 그래도 주변 사람들에게 도움과 행복을 나누어줄 수 있어 행복하다는 감사의 마음을 잊지 못한다. 일할 수 있고 작은 기쁨과 도움이라도 베풀수 있을 때까지 살고 싶은 것이 젊었을 때부터의 소망이었기 때문이다.

감사의
기적

　자기 자신이 행복하면서 다른 사람에게 행복을 나누어주는 사람들이 아주 많이 사용하는 말 중의 하나는 마음에서 우러나오는 '감사합니다'이다. 그런 사람들을 많이 보아왔다. 그중에서도 기억에 남는 이는 영락교회의 최창근 장로다. 최 장로와 오랜 시간을 같이해보면 언제나 환한 웃음을 지으면서 하는 인사가 '감사합니다'라는 말이다. 나는 그가 청장년 시기를 어떻게 보냈는지는 잘 모른다. 학교 교육은 거의 받은 일이 없으나 사업가로 크게 성공한 편이다. 그를 처음 만난 것은 영락교회 장로로 있을 때였다.

　한번은 그가 나에게 요청을 해온 일이 있었다. 서울 동쪽에 있는 '동영물산'이라는 기업체를 인수해서 운영 책임을 맡게 되었는데, 일주일에 한 번씩 갖는 예배 시간에 설교를 맡아달라는 요청이었다. 영락교회에도 여러 목사가 있었고, 한경직 목사와는 각별한 친분이 있었기에 다른 목사를 소개받을 수도 있는데, 나에게 요청해온 것이다. 망설이긴 하였으나 도와주기로 했다. 그 회사는 300명 전후가 되는 직원들의 행복을 돕기 위해 기도하는 마음에서 예배 시간을 가졌고, 가난한 사람들과 일선의 국군 장병을 위해 위문 행사를 가곤 했다. 모두 다른 기업체에서는 찾아보기 힘든 일이었다.

나는 최 장로와 몇 해의 세월을 같이 보내는 동안에 여러 좋은 경험을 했다. 기업체 안에서 일어나는 노사 문제도 살필 수 있었고, 수입이 적은 근로자들의 살림 사정도 엿볼 수 있었다. 그곳은 여직원들이 옷을 만들어 영국과 유럽으로 수출하는 기업체였다.

내가 맡았던 일을 끝내고 몇십 년의 세월이 지난 후에도 지방에 강연을 가면, 그 시절 함께 예배를 드리고 일선 국군 위문을 갔던 이들이 찾아와 인사를 하는 일이 있었다. 결혼을 해서 가족들과 함께 인사 오는 주부도 있었고, 함께 일했던 두세 친구가 같이 와 인사를 하기도 했다. 당시에는 미혼의 여성들이었는데, 지금은 결혼한 중년의 어머니들이 되었다. 대부분이 그때 신앙생활을 시작했는데, 지금은 열심히 교회를 섬기며 교회의 직책을 맡고 있기도 했다. 그들이 다 같이 하는 인사는 "그 당시는 직업을 찾아서 갔었는데, 지금 생각해보면 신앙생활을 하게 되어 얼마나 감사한

지 모르겠다"는 것이다. 그때의 친구들이 서로 만나면 최 사장님과 교수님에게 참 감사하다는 마음을 서로 나눈다는 얘기였다.

🍃 만날 때도 헤어질 때도 "감사합니다"

그 후에도 최 장로와는 월드비전(기독교 사회봉사 기관)에서 같은 이사직을 맡으면서 오랜 기간을 함께 지냈다. 나는 최 장로가 이사로 부임한다는 사실을 알게 되면서 앞으로 '감사합니다'라는 인사를 오래 나누겠다면서 속으로 미소를 지었다. 그는 만날 때도, 헤어질 때도 대부분은 "감사합니다"라고 인사했다.

한번은 나에게 이런 얘기도 했다. 오랜 세월 모시고 있던 한경직 목사가 교회를 떠나게 되었는데, 은퇴 후에는 머물 거처가 마땅치 않아 도와드려야겠다고 했다. 그래서 김포공항에서 멀지 않은 조용한 곳에 사실 집을 장만해두었으니 한 목사에게 교회를 떠나면 그 집으로 가시자고 말했다. 해외여행 기회가 많으니 공항 가까이에 준비해뒀다면서 열쇠를 드리려고 했다. 그 얘기를 들은 한 목사는 극구 사양하면서 교회를 떠나게 되면 남한산성 근처에 집을 마련하여 딸과 함께 살기로 했다고 하셨다. 남한산성으로 가 사위인 이영헌 목사와 같이 여생을 보내겠다는 것이었다.

최 장로는 건강한 편이었는데, 비교적 일찍부터 지팡이를 짚고 다녔다. 내가 물어보았더니 척추에 이상이 생겨 세브란스병원과 서울대학교병원의 의사와 상의해보았는데, 두 의사가 다 연세 때문에 수술은 받지 말고 불편해도 그대로 지내야겠다는 진단을 했다고 한다. 그만큼 병세가 좋지 않았던 것이다.

그런데 지팡이에 의존하면서도 맡은 일을 소홀히 하거나 이사회에 결석한 적은 없었다. 옆에서 보는 우리들은 무척 힘들고 고통스러울 것이라고 짐작했는데도 그런 기색은 조금도 보이지 않았다. 건강했을 때와 마찬가지로 웃으면서 "감사합니다"라는 인사를 하곤 했다. 후에는 지팡이를 놓고 휠체어를 타게 되면서 교회에서 운영하는 요양병원에 머물렀다. 같은 병동에서 만나는 환자나 친지들에게 언제나 밝은 웃음을 지으면서 "그저 감사할 뿐이지요"라는 인사를 멈추지 않았다.

그런 어려움을 겪으면서도 만 100세를 몇 달 앞두고 세상을 떠났다. 지인 한 명은 나에게 "최 장로는 신앙생활을 시작하면서부터 감사하는 마음으로 사셨는데 세상 떠날 때까지 누구에게나 감사하는 마음을 갖고 있었다"며, 수술을 포기했던 주치의들도 감사하는 마음이 100년을 채우게 해준 기적 같은 일이라 말했다고 전해주었다. 신앙생활을 했기 때문에 남달리 감사한 마음을 가지는 것은 아니다. 살다 보면 불만스럽고 원망스러운 인간관계보다는 고맙고 감사해야 할 일이 더 많은 것 같다.

오래전에 겪었던 일이다. 택시를 기다리고 있는데, 미국인 대학생 남녀가 내 오른쪽에서 택시를 잡으려고 했다. 택시 기사가 나를 못 보았는지 그 학생들 앞에 차를 세웠다. 다음 차를 기다려야겠다고 서 있는데, 그 남학생이 나에게 "택시 기다리셨지요? 와서 타세요"라면서 양보해주었다. 내가 가니까 뒷문을 열어주었다. 내가 타니까 문을 닫아주면서 인사까지 하는 것이었다. 조금 후에 택시 기사가 "외국에 가면 다 저렇게 순서를 찾아 승차합니까?"라고 물었다. 나는 사람들이 자신의 차례를 알고 있으니까 앞질러 먼저 타는 일은 없다고 말했다. 기사는 15년 동안 운전을 했는데, 오늘과 같은 일은 처음이라고 말했다.

그날 저녁, 나는 생각해보았다. 어른들은 우리 젊은이들이 예절을 모른다고 하기도 하고, 어른 공경하는 법을 배워야 한다고 하기도 한다. 그러나 생각해보면 잘못은 우리 기성세대에 있다. 아무런 모범도 보여주지 못했기 때문이다. 그다음부터 나는 대중교통을 이용할 때, 버스 기사나 택시 기사에게 꼭 인사하는 습관을 만들었다. 간단한 인사다. '고맙습니다, 감사합니다, 수고하십니다'면 된다. 버스나 택시 기사들은 자신들의 직업에 대한 열등의식을 갖기 쉽다. 그러나 사실은 교통부 장관 때문에 행복해하는 사람보다는 기사들 때문에 기쁨과 행복을 나누는 사람이 더 많다. 우리는 그분들에게 친절을 베풀지 않으면서 상대방이 왜 친절하지 않으냐고 나무랄 자격이 없다. 오히려 택시를 이용하는 고객들이 그들에게 먼저 감사한 마음을 전할 수 있다면, 그들과 우리들의 마음이 연결되어 사회를 좀 더 밝고 아름답게 가꾸어갈 것 아니겠는가.

젊은이들에게 고마운 어른이라는 존경을 받지 못하며 자녀나 제자들로부터 감사의 뜻을 외면당한다면 그 잘못은 먼저 어른에게 있다. 그때 가장 소중한 것은 마음과 마음의 줄이다. 공감대가 있어야 한다. 그 마음을 연결해주는 것이 '감사와 고마움'의 심정이며 대화와 인사인 것이다. 내가 상대방에게 감사와 고마움을 느낀다면 그 상대는 더 큰 마음의 아름다운 반응을 나누어주는 법이다.

젊은이들에게 모범을 보이는 간단한 방법

이때 무엇보다도 소중한 것은 윗사람이 아랫사람에게 감사와 고마움의 뜻을 갖고 표현하는 일이다. 회사의 사장이나 간부들은 진심으로 근로자들에게 감사하는 마음을 갖고, 나이 든 어른들은 손아랫사람에게 진정한 사랑을 베풀어주어야 한다. 행정부의 최고 책임자인 대통령도 각료들이나 함께 일하는 공직자들에게 감사의 뜻을 가져야 한다. 그 인간적인 애정과 위해줌이 공직 사회의 정의로운 질서와 애국심의 발로를 일깨워준다. 학생들을 사랑해보지 못한 선생이 있다면 교육은 끝나는 것이다. 환자를 사랑하고 위하는 마음이 없는 의사는 이미 의사의 자격을 상실한 직업인에 불과하다. 부한 사람이 가난한 이웃들에게 고마움을 느끼지 못하며 상류층 사람들이 서민들에게 감사의 마음을 갖지 않는다면 존경받을 자격이 없다.

나는 훌륭한 기업체 회장의 얘기를 전해 들은 적이 있다. 중국 공산군이 중국 북동부를 점령해 여러 곳에서 인민재판이 벌어지던 때였다. 중국에서 기업을 하던 C회장도 인민재판 법정에 끌려 나왔다. 모여든 근로자들과 군중들에게 "○○○을 어떻게 할 것이냐?"고 재판관 당원이 물으면, 살려주라든지 처형하라는 두 가지 판정밖에 없는 절박한 사형(私刑)의 집행장이었다. 대부분의 피고가 처형되었다.

C회장 차례가 되었다. 그는 한국인이고, 종업원의 절대다수는 중국인이었다. C회장은 자신이 다른 중국인 사장들과 같은 운명이 될 것을 예측하고 있었다. 그런데 C회장을 처형하라는 목소리가 들려오지 않았다. 침묵이 흘렀다. 그때 한 중국인 근로자가 "그분은 우리 어린애를 위해서 병원비도 내주고 학비도 도와주었다. 용서해주자"고 호소했다. 다른 직원들도 그래야 한다고 말했다. 그래서 C회장은 사형을 모면한 후 한국에 와서도 남모르게 부하들을 위하고 사랑하며 기업을 이끌어 성공했다. 나는 개인적으로 그를 어느 정도 알고 지냈다. 회사 운영의 첫 번째 목적이 직원들

의 행복과 복지였다. 회사를 사랑하자는 말을 할 필요가 없다. 회사를 통해 그들이 행복해지면 되는 것이다. 윗사람이 아랫사람들을 사랑하고 감사하는 마음이다.

최근에 우리 사회의 가장 대표적인 병폐는 양극화 현상과 갑을관계다. 양극화는 없어져야 하나, 어느 정도의 상하관계는 있을 수 있다. 그러나 사회생활에서 갑을관계는 우리를 불행하게 만든다. 양극화 현상은 심한 빈부의 격차로 나타난다. 그러나 갑을관계는 어디에나 있다. 양극화보다도 사회적 보편성을 안고 있다. 정부는 이 문제를 제도적인 방법으로 해결하기 바란다. 정의 구현을 위한 정책적 책임이다.

그러나 이런 과제는 정부보다는 종교계나 교육계가 우선 책임져야 하는 정신적 가치관의 질서 문제다. 힘의 상하관계는 법에 의한 평등관계로 해결해야 한다. 법치 사회의 한계를 넘어서는 양극화의 원인과 갑을관계의 패악은 정신적 가치관의 개선을 동반해야 한다. 생각을 바꾸고 마음을 바로잡지 않으면 정치력만으로는 근본적 해결이 불가능하다. 선하고 아름다운 인간관계의 육성과 생활 행위의 변화를 전제로 하는 것이다. 그 대표적인 교훈과 정신 및 생활의 질서를 가르쳐준 이가 공자였다. 공자의 교훈은 어진 마음을 서로가 갖는 일이며 언행에서 예절을 갖추는 일이다. 서로 고맙게 생각하며 감사하는 생활에서 비롯되는 일이다. 아랫사람들에 대한 윗사람들의 배려와 감사의 마음이 가장 급선

무다.

하나님이 우리를 위해 보내주신 선물

부끄러운 이야기로 결론을 대신하고 싶다. 2013년 10월 10일 오후였다. 내 친구 안병욱 교수의 영결예배가 강원도 양구읍에서 있었다. 내가 그 마지막 순서인 송별사를 맡게 되었다. 손에 들고 있던 원고 내용은 흐려져 잘 보이지 않았다. 눈물 때문이었다.

안 선생은 그보다 더 좋은 인생은 찾아볼 수 없을 정도로 훌륭한 일생을 살았다. 93세의 수를 누렸다. 가정적으로도 다복했고 많은 제자들의 사랑과 존경도 받았다. 고마운 일을 많이 남겼기 때문에 누구보다도 존경스러운 생애를 부끄럽지 않게 마무리한 분이다. 자랑스러운 일생이었는데, 그래도 친구인 나는 슬프진 않았지만 눈물을 억제할 방법이 없었다. 여러 분 앞이 아니라면 목소리를 숨기지 않고 울고 싶은 심정이었다.

"마지막으로 보내는 이 시간이 아니면 다시 말할 기회가 없기에 꼭 얘기를 해야겠습니다. 우리 둘만의 얘기입니다. 몇 해 전 내가 충청도 영동 지방에 강연을 갔을 때였습니다. 강연을 끝내고 강당 부속실에서 혼자 쉬고 있는데 노크 소리가 들렸습니다. 들어오라고 했더니, 70대 중반쯤으로 짐작되는 점잖은 분이 인사를 나누고 앞자리에 앉았습니다. 그러면서 '선생님 강연도 듣고 이렇게 뵈오니까 여러 가지 감회가 되살아납니다. 피곤하실 텐데 잠시만 인사드리고 가겠습니다. 선생님은 이렇게 건강하신데, 안병욱 선생님은 그렇지 못하신 것 같습니다. 혹시 건강에 이상이 있는 것인지요?'라고 물었습니다. 내가 '노환으로 대외 활동은 못 하십니다' 했더니 '그러시겠지요? 구순이 넘으셨으니까. 저희들이 젊었을 때, 60년대 70년대는 정말 사는 것이 힘들었습니다. 경제적 어려움보다도 정신적 빈곤과 허탈감이 너무 견디기 어려웠습니다. 그런 시기에 안병욱 선생님과 김 교수님이 계셔서 강연도 해주시고, 방송으로 말씀도 들려주셨습니다. 또 저서를 통해서 마음의 양식을 얻을 수 있었습니다. 그때 저희들은 하나님께서 우리들을 위해 보내주신 분들이라는 생각을 했습니다. 감사드리고 싶어서 찾아뵈었습니다. 고마웠습니다. 안병욱 선생님을 뵙게 되면 저희들의 감사 인사를 꼭 전해주시면 좋겠습니다'라는 인사와 부탁을 하고 돌아갔습니다.

재작년 내가 마지막으로 안 선생 댁을 찾아갔을 때 그 얘기를 하고 싶었는데, 여러 분이 자리를 같이하기도 했고, 다른 일들이 있어 다음 기회로 미루고 떠나왔습니다. 그다음에는 찾아갈 기회도 얻지 못했는데, 병세도 나빠지셔서 지금까지 그분들의 간곡한 부탁을 전하지 못했습니다. 오늘 놓치면 다시는 기회가 없겠기에 이 이야기를 합니다. 그분들의 감사의 마음을 간직하시고 편히 쉬시기 바랍니다."

안 선생에 대한 여러 사람들의 감사의 마음이 연결되어 우리 모두의 감사와 행복이 더해지는 것이라고 생각한다.

소유냐
무소유냐

　서울에서 부산으로 가는 열차 안이었다. 간단한 음식물을 판매하는 승무원이 우리 앞을 지나가는데, 나와 얘기를 나누던 손님이 빵과 사이다를 사면서 내 것까지 주문한 것이다. 내가 "괜찮다"고 하는데도 자기가 대접을 하고 싶으니까 그대로 받아주면 감사하겠다는 태도였다. 그는 왜관수도원에 있는 수사(修士)였기 때문에 주머니 사정이 넉넉지 않은 것 같았지만, 할 수 없이 그가 원하는 대로 나는 대접을 받기로 했다.

　"나는 교수니까 괜찮지만, 수사께서는 여유가 없으실 텐데요?"라고 했더니, "필요한 경비는 받아서 왔습니다. 돌아가서 남은 돈은 반납하면 됩니다"라는 것이다. 빵값은 액수가 적어서 마음대로 쓸 수 있다고 했다. 그 수사는 가까운 친척이 세상을 떠났기 때문에 허락을 받고 문상을 끝낸 뒤 수도원으로 돌아가는 길이었다.

그의 얘기를 들으니 수도원에는 '3무 규칙'이 있다고 한다. 무소유(가난), 무언(침묵), 무이성(여성)이다. 수도원에 있는 동안은 그 세 가지에 대해 엄한 규제를 받는다. 돈은 허락을 받고 외출했을 때 규정대로 사용할 수 있으나, 수도원 안에서는 가질 필요조차 없다. 수도원에서 세상을 떠나게 되면 경제적으로 완전히 무소유가 된다.

내 제자 중에 한 여대생은 가정이 부유했는데, 수녀가 되기로 결심하였다. 지금은 70대 중반이 된 원로 수녀다. 서울 시내 한 수녀원의 원장을 지내기도 했다. 그동안 유럽과 미국에서 공부도 했을 만큼 지적이었다. 연세대학교의 졸업 50주년 재상봉 행사를 계기로 나를 만나게 되었다. 살아 있는 은사는 나뿐이었기 때문이다. 나는 시간을 얻어 오래 신앙생활을 한 여신도와 같이 그 수녀를 방문했다. 나보다도 수녀들의 생활상을 잘 아는 여신도가 "오늘은 김 교수님께서 점심을 대접하기를 원하시는데, 이 고장에서 수녀님이 가장 좋아하시는 최고급 식당으로 안내해주세요. 저도 좋은 음식을 먹어보게요"라고 말했다. 수녀님은 우리를 대접하고 싶으니까 이 골목 저 골목을 돌아가더니 야산 밑에 있는 아늑한 식당으로 안내했다. 정갈하고 품위 있는 채식 위주의 식당이었다. 아마 외부에서 오는 귀빈이 있으면 신부님이나 성당 측에서 안내하는 식당 같았다. 식당은 좋은 분위기인데, 음식값은 예상보다 저렴했다. 수녀님은 1년에 두세 차례는 이곳에 들른다고 했다. 같이 갔던 신도의 설명에 따르면 수녀님은 너무 오랫동안 검소한 식생활을 해왔기 때문에 아마 이곳이 호화로운 곳일 거라고 했다.

내가 답례라도 해야겠다 싶어서 수녀님이 서울에 왔을 때 점심을 대접하기로 했다. 수녀님의 가족들은 항상 드나들 곳이라고 짐작되는 약간 좋아 보이는 식당으로 안내했다. 식사를 끝내고 나오면서 수녀님은 동행한 여신도에게 "수녀가 되고서 오늘과 같이 맛있는 음식은 처음 먹어보았다"면서 다른 수녀님들께도 이런 기회가 있었으면 좋겠다는 얘기를 했다고 한다. 수녀님도 수입이 있으면 좋겠다면서, 자신이 관여하는 어린이집에 머무는 아이들에게 도움을 주고 싶어 하는 마음이었다.

무거운 짐은 먼 길에 방해만 될 뿐

나는 스님들의 생활은 잘 모른다. 법정스님의 글을 읽으면 문필가로서의 예술성에 마음이 끌리곤 한다. 법정스님은 우리 세상 사람들에게 무소유의 가치를 잘 설명해준다. 그분의 생각을 더듬어보면 무소유는 행복의 길이 된다는 공감을 갖게 된다.

성직자들, 특히 스님이나 신부 같은 분들은 인생의 먼 길을 찾아 떠나는 사람들에 비유할 수 있다. 그 길은 정신적인 참과 신성함을 향한 여정이다. 먼 길을 가는 사람은 많은 것을 갖고 떠날 수가 없다. 부담스러운 짐이 되기 때문이다. 짐이 없을수록 편하다. 무거운 짐은 고역일 뿐이다. 무소유가 행복이라기보다는 무소유가 생의 본분이다. 중세기에는 종교적 관심이 많았기 때문에 소유의 노예가 되는 것은 죄악이기도 했다. 소유에 대한 관심이 남아 있었다면 성 프란치스코 같은 성인은 태어나지 못했을 것이다.

그러나 현대인들의 절대다수는 순례의 길을 택하지도 않으며 정신적으로 먼 길을 떠나지도 않는다. 좋은 집을 짓고 가족들과 더불어 한곳에서 인생을 즐기면서 산다. 개신교의 큰 교회의 목회 책임을 맡은 사람들은 세습목회제를 택하기도 한다. 우리가 그분들을 신앙적인 관점에서 평할 자격은 없다. 그 업적은 스스로가 평가할 문제다. 그분들에게까지 무소유를 요청할 수는 없다. 우리 모두가 그렇게 살고 있기 때문이다.

하지만 상식적인 평은 내릴 수 있다. 또한 사회 성장을 위해서는 객관적인 평가와 비판은 서로 있어야 한다. 성직자가 물질적 소유를 목적으로 삼거나 그 소유욕을 극복할 수 없으면, 성직자의 자격과 본분을 상실하거나 망각하게 된다. 정신적 가치를 존중히 여기는 선비들도 청빈을 미덕으로 삼았다. 고귀한 삶의 가치를 추구하기 위해서는 물욕의 굴레를 벗어나야 할 의무를 자인

했기 때문이다. 내 주변에서도 치부하기 위해 교수가 되거나 예술가가 된 사람은 보지 못했다. 정신적 가치의 대가로 어느 정도의 경제적 보수가 생기면 감사할 뿐이다. 돈과 부가 목적이어서 학자가 되는 사람은 없다. 청빈을 미덕으로 여겼다는 것은 더 고귀한 정신적 가치를 위해 필요한 정도의 물질적 소유로 만족했다는 뜻이다.

그러나 또 한 가지 확실한 사실은 인정해야 한다. 소유가 인생의 목적일 수 없듯이 무소유가 인생의 목적일 수도 없다. 갓난아이는 소유 없이 태어난다. 그 애가 세상을 떠날 때는 또 가진 것없이 가게 된다. 그러나 그 사람이 살아 있는 동안에는 필수적인 물질적 소유가 있다. 그것마저 거부하거나 부정할 수는 없다. 무소유라는 것은 물질 그 자체보다도 소유욕을 버리라는 뜻이다. 소유가 목적이거나 전부라는 가치관은 언제나 개인과 사회의 해악의 원인이 된다. 적게 가지고 있으면서도 욕심의 노예가 되는 사람보다는, 많이 갖고 있으면서도 욕심이 없는 사람이 무소유의 미덕을 갖춘 사람이다.

물론 무소유라는 개념 속에는 물질적 소유를 대변하는 돈과 부에 관한 문제만이 있는 것은 아니다. 권력과 명예에 관한 소유욕도 마찬가지다. 경제적 기초 문제가 해결된 사람들은 대개 다른 소유욕을 갖는다. 권력에 대한 욕망이다. 내가 젊었을 때만 해도 흔히 듣는 얘기가 있었다. "돈은 벌 만큼 벌었으니 시의원이나 국회의원에 한번 도전해보고 싶다"는 것이다. 소유욕에는 끝이 없기 때문이다.

문제는 그것으로 끝나지 않는다. 개신교 성직자들의 명예욕은 세상 사람들과 다를 바가 없어 보인다. 교수나 학자들, 예술가들도 명예욕에는 뒤지지 않는다. 그것이 존경받을 만한 미덕이 못된다는 것은 스스로 인정하면서도, 업적에 대한 대가로서의 명예는 누구나 원하고 있다. 또 그런 인간의 본성을 쉽게 거부해서도 안 된다. 인간 문제의 본질을 예리하게 비판한 파스칼도 "칭찬을 받고 싶은 마음이 없는 것이 인간이라면 오늘의 문명은 존재하지 못했을 것"이라고 했다.

소유가 인생의 목적일 수 없듯이

하지만 권력이나 명예를 소유하는 것이 욕망의 대상이 되거나, 소유가 목적이라는 소유욕은 자신과 사회에 불행을 초래한다. 잘못된 정치적 사건이 그 때문에 발생했고, 과도한 명예욕 때문에 다른 사람들에게 피해와 고통을 안겨준 일은 허다하다. 독재자가 자신의 권세와 명예를 위해 수많은 국민들의 시간과 생활을 짓밟은 예는 얼마든지 있다. 권력이나 명예에 대한 소유욕을 극복하지 못하는 사람은 무소유의 미덕을 배우고 따라야 한다.

먼저 제기한 문제로 돌아가기로 하자. 물질적 무소유의 문제다. 미국은 물론 유럽 등지를 여행하는 사람들은 이전의 귀족이나 갑부들의 저택이 소유주의 품에서 떨어져 나와 국가나 사회 소속으로 되어 있는 것을 발견할 수 있다. 그들은 한때 거창한 저택에 살면서 실제로는 주택의 노예가 되어 살았다. 또한 개인 저택을 위해 많은 사람을 희생시키는 과오를 범했다.

집은 무엇인가. 가장 편하게 휴식을 취하면서 일할 수 있는 공간이라고 생각한다. 우리 주변에서는 단독주택보다 아파트를 선호하는 경향이다. 일이 많은 사람은 더욱 그렇다. 미국 사람들이 농담 삼아 하는 얘기가 있다. 별장과 요트와 애인은 처음 생길 때 즐겁고, 처분할 때 또 만족한다는 얘기다.

언젠가 한번 LA에 갔다가 돈을 벌어 저택에 산다는 교포 집을 방문한 일이 있었다. 집이 크기만 했지 갖춘 것은 거의 없었다. 한국에서 사온 산수화가 볼품없이 걸려 있었다. 수준 이하의 그림들이었다. 그 교포는 돈과 큰 집의 노예가 된 것 같았다. 차라리 그 저택의 5분의 1쯤이라도 좋으니 내실이 있는 집이었으면 어울리겠다고 생각했다.

내가 대학에 있을 때 한 기업체에서 서해안에 별장 단지를 조성하는데, 입주 계약자를 모집한다는 얘기가 있었다. 제일 먼저 거절한 사람이 나였다. 삼성그룹의 초대 회장이 용인에 별장을 지어놓고는 쓸모없이 방치해둔 것을 보았기 때문이다. 처음에는 주말마다 친구들과 이용하다가 점점 방문 횟수가 줄어들더니 마침 내는 빈집으로 넓은 공간을 차지하고 있었다. 지금도 집의 노예 로 사는 사람들이 많이 있다.

내가 잘 아는 사학자 김성식 교수는 가난하게 산 사람이 집권하 게 되면 부패하는 것이 보통이며, 군 출신이 정권을 차지하게 되 면 독재가 되는 것이 역사의 교훈이라고 말하곤 했다. 한 번은 부 자 행세를 해보고 싶은 것이 인간 본성이며 권세의 정점까지 올 라가보고 싶은 것이 남자의 야망이라는 뜻이다.

나를 위해서는 적게, 사회를 위해서는 많이

물론 그와 반대되는 사람도 있다. 소유의 욕망에서 해방된 사람 들이다. 무소유의 가치를 터득할 만큼 지혜롭고 인격을 갖춘 지 도자들이다. 내가 잘 아는 선배 중 비교적 물질적 욕심 없이 산 사 람으로는 기독교계의 김재준 목사와 한경직 목사가 있다고 생각 한다. 그 점에 있어서는 고마운 선배들이다. 김 목사는 유교 전통 에서 성장하여 목회자가 되었기 때문일지 모르나, 자연스럽게 청 빈을 즐기며 가난을 감사히 여기는 편이었다. 장공(長空)이라는 그의 아호를 떠올리게 하는 면이 있었다. 자신의 명예보다는 후 배나 제자들에게 아낌없이 베풀려고 마음을 썼다. 좋은 점을 북

돌아주는 배려를 아끼지 않았다. 그의 자연스러운 모습이 좋았던 것 같다. 내가 무슨 일을 했다든지, 왜 나의 업적을 몰라주느냐는 모습이 없는 편이었다. 내가 그분을 떠올리는 것은 내가 접촉해 온 많은 사람들 중에 가장 자연스럽게 무소유의 삶을 유지했던 분이기 때문이다. 무소유의 삶이란 자랑거리도 아니며 또 다른 사람에게 요구하거나 가르칠 것도 아니라고 생각한다.

우리 생각을 마무리해도 좋을 것 같다. 무소유의 삶의 가치는 소유욕의 노예가 되지 말자는 뜻이다. 현대 사회의 물질문명에서는 '나를 위해서는 적게 소유하고 사회에 많은 것을 베풀면서 살자'는 경제관이다. 나도 한때는 많이 소유하는 부자는 옳지 않다고 생각했다. 부자가 있기 때문에 가난한 사람이 많아진다고 듣기도 했다. 성경에도 돈을 사랑하는 것은 만악의 원인이 된다고 했다. 그러나 그것은 부가 목적이 되었을 경우다. 만일 내가 '나는 부자가 되고 싶지는 않다. 그러나 가난한 사람들을 위해서는 열심히 일해서 도와주어야 한다'고 하면 잘못일까. 종교인들 중에는 고아원을 차리고 가난한 사람들을 위해 모금하는 것은 좋은 뜻이나, 회사를 설립해 부자가 되는 것은 칭찬받을 일이 못 된다고 생각하는 이들이 있다. 내 주변에서도 그런 판단을 한다. 그러나 큰 기업체들이 문을 닫거나 폐업을 한다면 고아원으로 사회를 구할 수 있겠는가.

지금도 사회적으로는 두 갈래의 견해가 있다. 재벌을 해체해야 한다는 주장도 있다. 다른 한편에서는 삼성이나 현대 같은 기업체가 열 개만 있으면, 우리나라도 경제적으로 선진국이 될 수 있다고 판단한다. 그러나 기업주들이 자신들을 위해서는 적게 소유하고 사회를 위해서는 큰 공헌을 할 수 있다면, 우리는 그런 기업주들을 존경할 수 있어야 한다.

오래전에 일본을 대표하는 한 경제학자가 한국에 온 일이 있었다. 고려대학교의 경제학자인 조기준 교수가 그에게 일본 경제가 오늘과 같은 성장과 발전을 이룩한 원동력이 무엇인가를 물었다. 그 원로 교수의 대답은 뜻밖이었다. 좌파 성향이 강한 일본 대학생들에게 정치가를 믿고 존경하는지 설문조사했는데, 60퍼센트가 아니라고 대답했다. 반면 기업가들을 믿고 존경하느냐는 질문에는 60퍼센트가 그렇다고 대답했다는 것이다. 그것은 일본을 위한 기여도가 정치인들보다는 기업가들이 더 높았다는 의미다. 다시 말하면 일본의 기업가, 대표적인 경제인들은 적게 소유하고 많은 기여를 한다는 방증이기도 하다. 소유하려는 기업가는 경제가가 못 된다. 사회경제를 책임지는 사람들은 소유인이 아닌 기여 정신의 실천가인 것이다. 나는 우연한 기회에 유한양행의 창립자였던 유일한의 생애를 알게 되면서 그가 한국 기업인들의 모범이 되면 좋겠다는 생각을 해보았다.

90 넘어 비로소
행복을 생각하다

행복은 인생에서 1차적인 관심은 아니었던 것 같다. 행복을 운운하기까지 상당히 긴 세월이 필요했다. 고등학교를 졸업할 때까지는 즐겁거나 기쁘다고 느껴도 인생과 행복의 관계는 생각해보지 않는다. 그보다 먼저 있었던 관심은 '무엇을 위해 어떻게 하지?'라는 행동을 위한 동기와 방법에 대한 것이었다.

그래서 우리에게 행복에 관한 적지 않은 글과 책이 주어져도 젊었을 때는 별로 관심을 갖지 않는다. 나 같은 사람은 철학을 공부했고 윤리학에 관심을 갖고 있었기 때문에 행복론에 관심을 가진 정도였다. 젊었을 때는 존경하는 사람들의 전기, 특히 자서전에 관심을 가졌다. 다른 친구들도 그랬다. 그때도 그 주인공이 무엇을 위해 어떻게 살았는지 알고 싶었다. 그가 행복했는지 아닌지에 대해서는 크게 관심을 두지 않았다.

그러다가 최근의 일이다. 구체적으로 고백하면 96세가 되는 해 정월, KBS「아침마당」에서 1시간 동안 행복에 관한 강의를 해달 라고 부탁받았다. 새해 첫 방송이었기 때문에 행복에 관한 주제 로 시작하려는 것 같았다. 게다가 철학자가 얘기하는 행복론에 대해 기대하는 바도 있었을 것이다. 1시간 동안 무슨 내용을 설명 할 수 있었겠는가. 그래도 반응을 보니 시청자들에게 도움이 되 었던 모양이다.

다음 해에는 『우리는 무엇으로 행복해지나』라는 책에 내 글이 실렸다. 행복에 관한 또 다른 책의 '행복한 사람들' 코너에 내가 소개되기도 했다. 같은 해 여름에 『백년을 살아보니』가 발간되면 서 나도 모르게 '행복 전도사'라는 별명을 붙이는 사람들마저 생 겼다. 주위에서 두세 명의 외국인이 쓴 '행복론'에 관한 책도 기증 받았다.

행복에 관한 다른 이들의 글도 좋았고, 행복에 대한 체계적인 연구 내용도 도움은 되었으나, 나는 나에게 맞는 행복이 있었다. 가르침을 받는 행복론보다는 '어떻게 사는 것이 행복한가' 하는 현실적인 문제가 더 도움이 되었다. 대학생 시절, 스위스의 사상가 카를 힐티가 쓴 『행복론』이 독일어 교재로 사용되었는데, 우리말로 도 일부 번역되었다. 그의 행복론은 평범하면서도 일상생활에 도움 이 되는 교훈을 전해주었고, 인생의 방향을 제시해주기도 했다.

젊어서는 관심 밖이었던 주제

그러나 행복론을 위해 행복을 연구하거나 행복하게 살기 위해 행복을 찾아가는 일보다는, 무엇을 위해 이렇게 살았더니 행복해졌다는 것이 순서인 것 같다. 개인의 인생이나 행복한 사회가 형성되는 것도 이와 비슷한 과정을 밟는다. 선진과 후진 사회의 현실을 비교해보면, 선진 사회의 성장 과정 속에는 행복이라는 요소가 있었다. 반면 불행한 사회에서는 갖추어야 할 성장 과정의 의무를 감당하지 못한 결함이 있었다.

여러 해 전에 은퇴한 공무원들과 고려대 학생들을 대상으로 실시한 '가장 행복한 나라로 이민을 간다면 어느 나라를 택하겠느냐'는 설문조사에서 캐나다가 1위로 꼽혔다. 외국어와 관련도 있고, 전에 캐나다를 여행해본 결과이기도 했을 것이다. 막상 캐나다에 머물러보면, 영국이 누리고 있는 민주주의와 경제복지 정책의 결실을 캐나다가 계승하고 있다는 사실을 인식하게 된다. 그리고 미국과 같은 자본주의 경제가 겪고 있는 단점과 모순을 극복하고 있다는 사실도 느낄 수 있다.

그렇다고 미국인들에게 왜 캐나다로 이민을 가지 않느냐고 물으면, 그들은 캐나다보다는 미국이 더 좋은 사회라고 한다. 캐나다인보다 불행하게 사는 미국인이 있어도 그것은 국가보다는 개인 잘못이 더 크다고 스스로 인정한다. 국민소득이나 행복지수도 미국이 앞선다. 우리나라에서 이민 국가를 선호하는 사람들의 성향도 그렇다. 좀 더 유능한 사람은 장래의 꿈이 있기 때문에 미국을 선호하고, 경쟁 사회에 뛰어들기를 원치 않는 사람은 캐나다를 더 좋아한다. 물론 캐나다나 미국은 우리보다 행복지수가 높다.

캐나다와 미국의 성장과 발전은 영국의 전통을 이어받고 있다. 호주와 뉴질랜드를 포함한 영어 문화권은 세계에서 선진 사회의 위치에 있다. 그 배후에는 '경험주의'가 자리 잡고 있는데, 그 중심에는 영국이 있다. 대륙의 독일과 프랑스의 '합리주의'와 대조되는 사회 이론이다. 합리주의는 수학 및 논리적 사고와 가치를 존중히 여겼으나, 경험주의는 심리학과 현실주의적 가치를 믿어왔다. 논리적 사고와 심리적 사고에는 차이가 있다. 대륙 사회는 원칙을 정해놓고 그에 따랐으나, 영국에서는 현실에서의 질서와 원칙을 발전시키면서 그 가치를 소중히 여겨왔다. 그러면서 영국은 경험주의 사회의 근본 가치는 '최대 다수의 최대 행복'을 추구하는 데 있다는 공리주의적 사회 규범을 모색했다. 그 결과로 의회 민주주의가 성립되었고, 경제 분야에서는 복지 정책을 펼쳤다. 비로소 다수의 행복이 사회 윤리의 목표가 된 셈이다.

이러한 영향을 계승한 나라가 캐나다와 미국이다. 그런데 미국은 영국의 사회 규범에서 한 걸음 더 나아가 다수의 행복을 증진하는 실용주의(pragmatism) 철학을 정착시키면서 가장 앞섰다고 볼 수 있는 현대 사회를 육성했다. 실용주의는 사회생활에 있어 열매가 많은 것이 진리라는 철학이다. 이런 철학을 바탕으로 미국은 오늘의 미국을 만든 것이다.

우리 시대에 와서는 연대로 본다면 19세기 후반부터 사회과학적 이론이 탄생되었다. 합리적 관념론 철학을 개발한 독일을 중심으로 탄생한 '공산주의' 철학이 그것이다. 우리나라는 미국과 공산주의 영향을 동시에 받아들이면서 대한민국과 인민공화국의 대립 양상을 만든 결과가 된 셈이다. 우리와 같은 상황에 처했던 일본은 태평양 전쟁 이후 점차로 선진국 대열에 올라서면서 공산주의적 사회주의는 자취를 감춘 지 오래다. 그러나 북한은 공산주의 사회의 울타리를 벗어나지 못한 채 정체되어 있고, 우리는 민주화와 시장경제의 체제와 가치관으로 성숙되어가는 과정에 있다.

더러워진 연못에서 혼자 깨끗할 수 없듯이

왜 우리는 역사적인 문제와 사고방식에 대해 얘기하고 있는가. 지금 우리나라가 고민하고 있는 최대 관심사는 한국 사회를 지탱하고 이끌어갈 공통된 가치관이 없다는 것이다. 전통을 상실했으며 우리 사회를 육성해나갈 정신적 기반도 없다. 신라와 고려 시대에는 불교적 가치관이 있었고, 조선 왕조 시대에는 유학적 윤리관이 사회의 기초가 되었다. 그러나 일제강점기와 해방 후 오늘에 이르기까지는 시련을 겪으며 혼란기를 지나야 했다. 기독교회는 양적으로 팽창하여 천주교와 개신교 신자를 합치면 그 수를 헤아리기 힘들 정도로 많다. 한때는 그 정신이 민족 성장에 도움을 주었으나, 지금은 그 종교적 가치관을 그대로 수용해도 좋다는 사회적 공감대는 좁아지고 있다. 불교의 기본 정신도 사회적 가치가 되지는 못하고, 그저 사찰의 수와 불교 시설만 확장되었을 뿐이다. 즉, 불교 정신이나 기독교 정신이 우리 사회의 희망이라며 믿고 따르는 의식 있는 국민은 찾아보기 어려워졌다. 남은 것은 교리와 의식을 중요시하는 폐쇄적인 가치관뿐이다.

우리 사회만 그런 것은 아니다. 세계의 몇몇 선진국을 제외하고는 모두 비슷한 상황에 처해 있다. 이런 문제를 언급하는 것은 그런 공통적 가치관과 신념을 상실하여 사회악과 범죄가 만연하고 있기 때문이다. 지금 우리 주변에서 벌어지는 사회악적 현상을 방치한다면, 어떻게 행복의 기반이 무너진 사회 속에서 개인의 행복 추구가 가능할 수 있겠는가. 흐려진 연못 속에서 나만 값지고 깨끗한 삶을 찾아 누릴 수 있겠는가.

그 해결책은 무엇인가. 우리 모두가 찾아야 할 책임이다. 무엇보다도 중요한 것은 지도자들이 모범을 보여주어야 한다. 후진 사회는 말할 것도 없고, 우리와 같은 성장 과정에 있는 사회에서는 지도층이나 개인들의 모범적인 역할이 중요하다. 불행하게도 우리에게는 그런 모범을 보여주는 지도자가 적었거나 없었던 것 같다. 앞에서 신생 국가였던 미국의 얘기를 했다. 나는 미국이 지금과 같은 성장을 거듭한 것은 국가 성립 초창기의 지도자 정신이 큰 역할을 담당했다고 생각한다.

미국을 여행하는 사람들은 미국을 건설한 정신이 깃들어 있는 필라델피아를 방문한다. 이곳에서 정치의 중심지는 워싱턴 DC로, 경제의 중심지는 뉴욕으로 분리되었다. 필라델피아에서도 구(old) 필라델피아에 가면 미국이 어떤 출발을 했는지 엿볼 수 있다. 기독교 정신이 아메리카의 기초였다. 초창기에는 기독교 교회와 기독교 정신이 함께 성장했다. 그러나 세월이 흐르는 동안에 기독교 교회는 종교적 신앙으로 남고, 기독교 정신은 아메리카에 대한 애국심과 휴머니즘으로 성장하게 된다. 미국의 역사가 200년을 지나면서 오늘까지 미국만의 기반을 만든 것은 기독교 정신이다. 그 기독교 정신이 인간애와 자유를 포함하는 휴머니즘이 되면서 오늘의 아메리카를 키운 것이다.

개인적으로 필라델피아를 방문할 때마다 '벤저민 프랭클린'을 떠올린다. 필라델피아에서 벤저민 프랭클린을 배제한다면 어떻게 될까 싶을 정도다. 젊어서 그의 자서전을 읽으면서 벤저민은 아메리카의 정신적 기둥 중 하나라고 느끼기도 했다.

평범한 사람들은 모르는 즐거움

또한 워싱턴 DC에서 조지 워싱턴의 농장과 묘지를 찾아보는
사람은 '국부'라고 불려도 좋을 그의 아메리카인다운 정신에 감
명을 받을 것이다. 워싱턴이 대통령의 첫 임기를 끝내면서 농장
으로 돌아왔다. 모든 국민이 재임을 원했으나 국민의 한 사람으
로 복귀했다. 손님들이 찾아와 대통령이라는 호칭을 쓰면 "대통
령은 백악관에 계신다"고 하면서 자신을 농민으로 불러달라고 부
탁했다. '나라가 나에게 필요로 하는 것은 모범적인 농사꾼으로
서의 애국심'이라고 생각했다. 대통령의 무덤을 국회의사당으로
모시는 것은 그 당시에는 영국으로부터의 전통이었으나, 그는 농
장 한 모퉁이에 있는 돌무더기 언덕을 선정해 그곳에 잠들어 있
다. 필라델피아에서도 벤저민 프랭클린의 무덤을 찾기는 힘들다.
평범한 시민의 한 사람으로 길가의 묘지에 자리 잡고 있다. 이런
정신적 지도자들에 의해 아메리카는 성장했다.

우리 문제의 결론으로 돌아가자. 행복은 크게 두 가지 성격을
띠고 있다. 행복은 '즐거움과 보람된 삶의 결과'다. 즐거움도 두
종류가 있다. 나만의 즐거움을 추구하는 폐쇄적이며 이기적인 즐
거움이 있다. 그 즐거움은 다른 사람의 불행을 초래하기 때문에
우리 모두가 인정하는 행복은 못 된다. 그러나 내 생활에서 가치
있는 즐거움을 찾는 것은 우리 모두에게 주어진 권리면서 의무이

기도 하다. 더 많은 사람이 더 즐겁게 살 수 있는 삶이 우리의 바람이다.

그런데 아메리카를 비롯해 건설적인 책임을 감당한 지도자들은 개인적인 즐거움을 찾아 산 사람들은 아니다. 값지고 보람 있는 삶을 찾아 지성을 다해 그 의무와 책임을 감당했던 사람들이다. 그들은 자신의 행복보다는 더 많은 사람들의 행복을 위해 사회적 책임을 감당했다.

나는 어렸을 때부터 인도의 간디와 아프리카에서 의료 사업에 생애를 바친 슈바이처를 존경해왔다. 가능하다면 그런 생활을 본받고 싶었다. 그들에게도 즐거움이 있었을까. 우리들 보통 사람들이 모르는 즐거움이 있었다. 보람 있는 삶이란 이웃과 사회에 대한 '사랑이 있는 의무'에서 온다. 그 열매는 주는 즐거움과 그들로부터 돌아오는 즐거움이다. 받기만 하는 즐거움보다 찾아서 누리는 즐거움은 높은 차원의 행복이다. 그러나 베푸는 즐거움과 그 대가로 주어지는 즐거움은 가장 높은 차원의 즐거움이다. 역사적인 공로자들은 그런 즐거움을 얻는다. 성숙된 사회일수록 보람 있는 삶을 택하는 지도자가 많았다. 그들은 보람 있는 삶에서 행복을 찾았다. 이처럼 보람 있는 삶이란 사랑과 희생이 동반되는 행복이다.

흔들리지 않고 피는
꽃이 있으랴

'닭이 먼저냐 달걀이 먼저냐' 하는 얘기가 있다. 그와 비슷한 물음도 있다. 사회가 먼저냐 개인이 먼저냐는 질문이다. 가능한 대답은 지금 내가 어느 사회에 살고 있는가이다. 우리 모두는 지금 어느 사회에 속해 있으며 또 살아가고 있기 때문이다. 행복의 문제도 그 삶의 공간적 단위에서 찾아야 한다. 과거의 삶에서도 미래에 대한 기대에서도 행복은 찾을 수 없다. 현재라는 시간의 단위 속에서 행복과 불행이 가려진다. 행복의 사회적 공간도 그렇다. 지금 내가 살고 있는 고장에서 이웃과 더불어 사는 삶이 행복과 불행을 안겨주는 시공간의 장(場)이 된다.

물론 시대에 따라 개인의 역할은 구별된다. 옛날에는 농경 사회에서 살았기 때문에 삶의 비중이 개인에게 있었다. 그러다가 도

시화를 거치고 연이어 산업혁명과 프랑스혁명을 겪으면서 한 인간으로서의 개인보다는 사회인으로서의 개인의 위치로 변모하였다.

이러한 변화도 사회의 성격에 따라 차이가 있다. 공산 국가에서는 개인의 위상이 약화된다. 그러나 미국에서는 아직도 개인주의가 사회 주류를 이루고 있다. 행복이라는 개념도 사회적 영향을 받을 수밖에 없다. 사회 규모가 방대해지면 개인은 자유를 누리기 바라지만, 사회는 평등을 더 중요시한다.

그러나 그런 문제는 지금 우리의 과제가 아니다. 한때 '최대 다수의 최대 행복'이라는 주장을 앞세운 적이 있다. 살아보니 사회가 개인에게 영향을 줄 수는 있어도 결국 행복은 개인의 것이다. 그러니까 소수보다는 다수가 행복해야 하며, 작은 행복보다는 큰 행복이 요청되는 것이다. 행복과 성공의 원동력이 되는 자유도 그렇다. 더 많은 사람이 자유와 성공을 누릴 수 있다면 그것이 행복과도 통하는 것이다.

행복한 가정은 모두 비슷한 이유로 행복하니

우리가 살아가는 대표적인 공간은 가정이다. 행복한 가정은 그 구성원인 가족들을 안아줄 수 있으나 가정생활이 불행해지면 가족들은 자연히 행복을 빼앗기게 된다. 그렇다면 어떤 가정이 행복을 창출해낼 수 있을까.

행복한 가정의 첫째 조건은 사랑에 있다. 가정은 가장 기초적인 사랑의 출발선이기 때문이다. 동물들도 암수끼리 서로 사랑하고, 새끼들을 헌신적으로 이끌어준다. 그런데 인간은 동물들이 하는 본능적인 사랑까지도 포기하는 경우가 있다. 인간에게 주어진 사랑은 인격적인 사랑까지 도달할 수 있어야 한다.

가정에서 성장할 때 부모의 행복한 사랑을 받지 못하면 이성에 대해 왜곡된 생각을 갖게 된다. 아버지가 어머니에게 용납할 수 없는 난폭한 행동을 하는 것을 보고 자라난 딸들은 남성에 대한 불안감과 공포심을 느끼면서 산다. 그것이 잠재적인 원인이 되어 정상적인 이성 간의 사랑을 이루지 못하기도 한다. 그 반대의 경우도 생긴다. 어머니가 아버지와 자녀들을 괴롭히는 것을 보면서 자란 아들은 어머니에 대한 불신과 불안이 모든 여성에 대한 거부의식으로 변한다. 착하고 소심한 아들일수록 더욱 그렇다.

내가 열 살쯤 되었을 때다. 우리 마을에 형제 가정이 있었다. 형은 교회의 장로였고, 동생은 주벽이 심한 가장이었다. 그런데 형의 아들딸은 행복한 가정을 이루었는데, 동생의 자녀들은 그러지 못했다. 내 친구가 그 동생의 아들이었는데, 그 애는 아버지가 술에 취해 귀가할 때는 우리 집으로 피신해 오곤 했다. 나를 만나지 못하면 옆집 볏가리 구석에 숨어 있다가 아버지가 잠든 것을 확인한 후에야 들어가곤 했다. 그 친구는 평생 술을 입에 대는 일이 없었다. 그 친구의 두 여동생도 술을 좋아하는 남자와는 결혼을 안 하겠다고 말하곤 했다. 불행한 가정에서 불행한 사람이 많이 생겨난다면 그것은 사회적 불행이다. 선한 가정이 많아져야 더 많은 사람이 행복해질 수 있다는 책임감을 느끼지 않을 수 없다.

나는 지금도 학교 교육은 전혀 받은 바 없는 어머니에게 감사히 생각하는 일이 있다. 가난한 가정의 맏아들로 태어나 시골 마을에서 중학교까지 졸업한 나는 1년간 초등학교에서 교편을 잡은 적이 있었다.

한번은 모친께서 "네 마음은 고맙게 생각하는데, 너도 대학에 가고 싶으면 집을 떠나보아라. 네 친구들은 다 고학을 하면서도 대학에 가는 것 같은데, 학비는 도와주지 못하겠지만 집 걱정은 안 해도 된다. 내가 동생들을 데리고 꾸려갈 테니까"라고 말씀해 주었다. 그 고마운 마음의 뒷받침이 없었다면 지금의 내가 어떻게 되었을지 모른다. 어른이 되어 그때 어떻게 그런 용기를 주셨느냐고 어머니께 물은 적이 있다. 어머니의 대답은 뜻밖이었다.

그 당시에 김선두 목사님이 다른 큰 교회를 섬기면서 우리 교회도 겸직해서 도와준 일이 있었다. 그 목사님의 큰아드님이 김성락이었는데, 그 옛날에 미국으로 유학을 보냈다. 당시에는 미국까지 가면 생전에 다시 볼 수 없는 이별이나 마찬가지였다. 큰아들을 보낸 사모는 여러 날 동안 식사를 못 할 정도로 힘들어하셨다.

그리고 몇 해가 지난 후에는 차남인 성덕까지 미국으로 떠나보냈다. 모든 교인이 두 아들을 다 보내고 내외분이 어떻게 여생을 보내실지 걱정했다. 얘기를 들으니까 사모는 몸져누우실 정도로 힘들어했다는 것이다. 그 사실을 들은 어머니는 "나야 가까운 일본으로 보내니 방학 때는 볼 수 있을 텐데"라고 하시면서 생각을 굳혔다고 하셨다.

사랑은 위에서 아래로

동양에서는 예부터 부모에 대한 효(孝)의 정신이 강했다. 그 전통적인 가치관의 영향으로 자녀는 부모를 섬기며 모범적인 본분을 다해야 했다. 어리고 젊었을 때는 부모의 사랑으로 자랐으니까 성인이 된 후에는 부모에게 보답하는 것이 당연하다.

그런데 기독교 전통을 이어받은 서구 사회에서는 부모가 자녀에 대한 의무와 책임을 갖는 것을 더 강조하고 있다. 구약은 부모를 공경하라고 되어 있으나 신약에 와서는 자녀들과 어린이들에 대한 책임을 더 강조한다.

사실 동양의 전통도 효보다는 친(親) 정신이 먼저였다. 오륜(五倫)의 기본은 부자유효가 아니라 부자유친이다. '친'이 후에 '효'로 변하면서 '부모를 위한 자녀'라는 생각이 굳어지고, '자녀를 위한 부모'라는 의미가 약화되었던 셈이다. 그런데 직접 가정을 이끌어가다 보면 자녀들에 대한 부모의 사랑과 책임이 더 중하고 정상적인 것 같다. 나도 때때로 아들딸에게 우리보다는 너희들의 아들딸을 더 위해주라고 한다. 늙은 부모로부터 받은 사랑을 부모에게 보답하는 것이 아니라 자녀들에게 베풀면서 가정이 빛나고 가문의 영광이 되는 것이다. 그래서 부모와 자녀 간에는 대화와 이해가 있고, 서로 위해주는 친(親)의 질서가 더 중요했던 것이다. 효는 전통적인 과거 중심의 가치관이나 지금은 친의 가치가 있어야 하고, 미래 지향적인 가정에는 서로의 장래를 위하는 사랑의 가치관이 필요하다.

가정이 갖는 또 하나의 의무는 가족을 통한 사회봉사에 있다. 가정 안에서는 사랑의 질서가 있어야 하지만, 다른 가정과는 상호 간의 도움을 주고받는 질서가 있어야 한다. 넓은 의미에서 베푸는 사랑을 봉사의 생활이라고 본다. 모든 공동체가 그러하듯 닫힌 공동체는 이기적인 경향이 있지만, 열린 공동체는 서로를 위하는 봉사의 공동체로 전환한다. 이기적인 개인이 사회에서 버림받듯이 폐쇄적인 가정도 불행을 자초하게 된다. 가정은 개인보다도 공동체로서의 사회적 책임과 의무를 수행해야 한다. 그러기 위해서는 어려서부터 서로 돕고 위하는 마음의 자세와 체험을 쌓아가야 한다.

김영삼 대통령 때, 중ㆍ고등학교 학생들의 폭력 사건 때문에 정부가 크게 걱정한 일이 있었다. 그래서 당시 제2인자라고 불리던 김종필 씨 주관으로 교육계 대표들이 모여 대책을 강구했다. 그 회의에 참석했던 나는, 중·고등학교 연령 때 사회봉사의 경험을 갖도록 하자는 제안을 했다. 선진국에서는 실제로 행하는 교육 과정이며 그것이 대학 입시의 중요한 조건이 된다. 국방부에서 조사한 바에 의하면 사회봉사의 경험이 있는 학생들은 군에 있으면서도 불미스러운 사고를 저지르는 일이 거의 없다고 한다. 그 제안이 채택되어 중·고등학교 학생들에게 봉사 경험을 갖게 한 일이 있다. 그런데 교육의 취지를 제대로 모르는 학부모들이 학생들을 승용차에 태우고 가서 봉사 점수를 따는가 하면, 입시 준비를 위한 시간도 없는데 왜 바쁜 학생들의 시간을 낭비하게 하느냐는 불만 여론이 높아지기도 했다. 그 취지는 지금 어떻게 되었는지 모르겠다. 한 가정이 사회적으로 자랑스러워지고 행복하게 되는 길은 무엇인가. 행복은 사회에 베풀어서 받은 결과에 대한 감사함이다.

힘들게 두 발로 산에 오르는 이유

나는 중학생 때 윤동주 시인과 같은 반에서 공부했다. 이 글을 쓰고 있는 해, 윤 시인의 모교인 연세대학교가 130주년을 맞는다.

모교를 빛나게 한 대표적인 인물로 가장 강력하게 추대된 사람이 윤동주 시인이다. 나도 연세대에 몸담고 살았기 때문에 감사와 자랑스러움을 느낀다. 그런 고마운 인재를 배출한 가정이 누리는 행복은 더 말할 필요가 없다. 부모의 입장에서도 그렇다. 사회적으로 부끄러움을 남기는 아들딸이나 가족이 있다면 그 치욕스러움을 어떻게 견딜 수 있겠는가. 구한말, 나라의 운명을 비참하게 만든 이들을 우리는 매국노라고 부르지 않는가. 반면 독립운동을 하다 희생된 이들에게는 국민 모두가 존경을 바친다.

오래전 미국에 머무를 때, 내 외손자가 하는 얘기였다. 당시 부통령이었던 록펠러의 손자가 같은 반이었는데, 그 애가 누구보다도 학교에서 제공하는 아르바이트에 열중하여 그 이유를 물어보았다고 한다. 그 애의 대답은 "내가 아버지에게 받는 용돈과 네가 받는 용돈은 같은 액수인데, 나는 가정의 전통에 따라 십일조로 헌금을 해야 한다. 그래서 그 부족함을 채우기 위해 아르바이트를 한다"는 것이었다. 그 얘기를 들은 나는, 록펠러 가문이 지금까지 이어온 명예를 지키기 위해 한 아이가 어렸을 때부터 얼마나 노력을 기울이고 있는지 생각해보았다.

개인에게도 시련이 있듯 가정생활에도 우리를 행복보다 고통으로 이끄는 어려움이 있다. 그런 어려움이 없다면 우리는 행복을 느끼거나 발견할 수 없을 것이다. 병고를 치르고 난 사람이 건강에 대한 감사함을 더욱 깨닫게 되어 있다. 개인의 일생에도 행복의 연속만이 가능하지는 않다. 어려움과 시련을 통해 더 고귀한 행복을 배우게 되기도 한다.

행복은 케이블카를 타고 산 정상에 올라가는 것과는 다르다. 산 밑에서 등산하는 등산객과 같은 것이다. 그렇게 힘들게 올라가는 과정이 행복의 장소다. 바위를 넘고 계곡을 건너는 일 자체가 등산이다. 그렇다고 등산을 중단하거나 무의미하다고 생각해서는 안 된다. 정상에 올랐을 때의 감동적인 희열을 위해서는 과정으로서의 어려움과 난관을 극복해야 하며 그 극복 자체가 또 하나의 행복이다. 새로운 사건이나 상황이 행복이 아니라 그것을 극복하는 마음의 자세에 행복이 머문다.

하나의 성공,
아홉의 인생

　여론조사의 결과를 본 일이 있다. 선진 국가의 부모들은 아들딸의 행복을 원하는데, 우리 부모들은 성공을 바란다는 것이다. 나는 어떤지 과거를 되돌아보았다. 아들에 대해서는 성공을, 딸을 위해서는 행복을 더 기대했던 것 같았다.

　왜 그런 통계 결과가 나왔을까. 역사에 따라 인생의 가치 평가 기준이 달랐을 것이다. 우리는 어렸을 때부터 경쟁 사회에서 성장했던 셈이다. 공부도 남보다 앞서야 하고, 직장에서도 승진이 빨라야 한다. 사회의 양극화 현상이 심하기 때문에 경쟁에서 이기는 사람이 성공한다. 그 성공이 곧 행복인 셈이다. 성공과 행복은 동전의 양면과 같다고 생각한다. 성공이 있는 곳에 행복이 있고, 행복이 없는 곳에는 성공도 없다고 생각했다. 그래서 경쟁에서 이기는 사람이 행복해진다. 성공했기 때문이다. 경쟁에 지면 실패하게 되고 그 대가는 불행이 된다고 믿어왔다. 직장과 사회생활에서 인간관계는 모두가 상하관계로 되어 있다. 직책의 갑을 관계는 어디에나 있다. 설상가상으로 성공과 행복의 척도가 내게 있지 않고 사회가 평가한다. 그러니까 내 행복을 사회적 평가에 맞추어 살았다. 그 결과 경쟁의 승자는 성공하고, 성공에는 행복이 뒤따라온다고 본 것이다.

그런데 선진 사회의 경우는 좀 다르다. 여러 해 전 독일에 갔을 때, 도회지의 한 공원이 조용하고 한가하여 우리나라 대학원생과 휴식을 취하러 나간 일이 있었다. 어린애 하나를 데리고 나와 있는 젊은 부부가 참 행복해 보였다. 남편은 오래전부터 앉아서 그림을 그리고 있었고, 아내는 벤치에 앉아 책을 읽으면서 아이를 돌보고 있었다. 그 모습 자체가 풍경화의 한 장면 같았다.

🍃 성공과 행복 중 하나를 선택해야 한다면

몇십 분이 지난 후, 우리는 그들과 대화를 나누게 되었다. 내가 직업을 물었더니 그는 규모가 큰 중소기업의 기능기술자였다. 대학에 갈 생각은 처음부터 없었고, 뜻대로 되어 좋은 회사에서 일하고 있다고 했다. 고등학교 후배였던 아내는 문학과 독서를 즐기는 편이고, 자기는 어렸을 때부터 그림에 취미가 있어 지금도 주말이 되면 그림을 그린다고 했다. 직장에서 과장이나 부장으로 승진할 계획은 없느냐고 물었다. 그 친구는 열심히 노력하면 될 수 있겠지만 과장이 되어 고생을 하는 것보다는 기술직으로 있는 편이 더 행복하다고 했다. 그 회사의 사장이 주말에도 휴식 없이 회사 일에 열중하는 것을 보면 좀 미안한 생각이 든다고도 했다.

아내 생각도 그랬다. 고등학교 때 대학에 갈까 하는 생각을 했는데, 전문직에 취업하여 고생하는 것보다 평범한 가정을 이루는 것이 더 좋아 보였다는 것이다. 두 사람의 얘기는 전문직을 얻기 위해 대학 가는 사람들이 얼마나 고생하는지 아느냐는 눈치였다.

갑자기 옛날 일이 생각났다. 미국에 머물고 있을 때였다. 무슨 모임에 나갔는데, 한 초로의 부인이 나보고 전공이 무엇이냐고 물었다. 내가 철학과 교수라고 했더니, 결혼을 했느냐고 물어왔다. 뜻밖의 질문에 "그렇다"고 했다. 부인은 다행이라고 하면서 자신의 아들이 철학과 교수가 되었는데, 결혼을 못 할 것 같아 마음 졸였다는 것이다.

나는 짐작할 수 있는 일이었다. 철학을 전공하면 일반적으로 교수가 목표다. 그러려면 석사·박사 과정을 거치고 논문이 통과되어야 한다. 그러는 동안 세월이 다 가버린다. 겨우 시간강사 자리를 하나 구한다. 그 기간에 성공하면 전임이 되고, 조교수가 된다. 그러나 조교수 기간은 계약직이다. 계속 학문적 성장과 강의 성과의 업적이 있어야 부교수가 된다. 그때는 교수로 정착하게 되니까 결혼을 하게 된다. 그러니까 인생을 즐길 수 있는 청춘은 희생할 수밖에 없다. 어머니로서는 안타까운 심정으로 바라볼 것이다. 의사나 법조계에 진출하는 것도 마찬가지다. 그렇기 때문에 일상의 행복을 누리고 싶은 사람은 경쟁 사회에 뛰어드는 것을 꺼리는 편이다.

그런데 유럽의 안정된 나라에 가보면 경쟁 사회이기보다는 공존 사회라는 인상을 받는다. 더불어 살기 위해서 다양한 사회적 가치관이 존재한다. 사회적 양극화 현상이나 어떤 사람만이 성공한다든가 행복해진다는 고정된 관념이 많지 않다. 우선 직장인이 받는 월급 수준이 비슷하다. 등차가 눈에 띄지 않는다. 미국처럼 연봉 차이로 직장인의 위상이나 능력을 평가하지 않는 편이다. 그러니까 경쟁 사회의 승패보다 자신의 취미생활을 즐기면서 즐겁게 일한다. 그것이 행복이라고 본다. 미국보다 사회의 자연스러운 평등관계가 정착되어 있는 셈이다. 각자가 자기 인생의 길에서 즐거움과 행복을 찾아 누린다. 그것이 성공인 셈이다.

일본의 한 고등학교 여학생의 이야기를 신문 기사로 읽었다. 그 학생은 운동에 특기를 보여 유능함을 인정받았다. 그래서 학교의 체육 교사가 그 학생을 국가가 관여하는 체육회에 추천해 국가 대표 선수로 키우자는 제안을 했다. 학교 측과 학부모는 뜻을 같이하고, 그 학생에게 학업을 계속하는 것보다도 국가 대표 선수가 되면 좋을 것 같다는 제안을 했다. 그런데 며칠 동안 생각에 잠겨 있던 학생은 그 제안을 거절했다. 전국 대표가 되기 위해 다른 생활을 포기하고 싶지 않았던 것이다. 또 국가 대표가 되어 메달을 땄다고 해도 그다음의 인생은 어떻게 되겠는가. 가정과 친지들에게는 자랑거리가 되고 명예로울지 모르지만, 한때 성공했기 때문에 찾아드는 허세와 부담이 싫다는 것이었다. 한번 유명해지면 그 이름값 때문에 자기 인생은 희생될 텐데, 자기는 싫다고 대답했다. 하나의 성공을 위해 아홉의 인생을 빼앗기고 싶지 않았던 것이다.

나는 그 모습이 선진 사회의 아름다운 현상이라고 생각했다. 내 아들딸이나 체육학과 학생들이 운동선수로서의 성공만을 바라는 것은 최선의 길이 아니라고 생각한다. 체육계에 몸담고 있는 선수들은 체력의 한계를 일찍 맞이한다. 스물두세 살로 끝나기도 하고, 서른이 되면 노장 축에 속한다. 서른 이후의 길고 긴 인생을 어떻게 살아갈지 고민해봐야 한다. 체력의 한계가 오면 인간적 성장의 한계를 깨닫고는 정신적 상실감이 꽤 크기 때문이다.

하나의 성공을 위해 아홉의 인생을 버린다면

그래서 나는 젊은이들이 운동선수가 되고자 할 때는 경기에만 열중하지 말고, 평소 독서나 예술 또는 정신적 교양에 뜻을 두어야 한다고 충고한다. 미국의 대학에서는 학업이 우수해야 운동선수가 될 수 있다. 학업을 희생하면서까지 운동을 하는 것은 어리석은 선택이다.

지금은 우리들 기억에서 사라진 지 오래나, 일제강점기 경성제국대학(현 서울대학교)에 세 명의 한국 학생 수재가 있었다. 일본 학생들보다 학교 성적이 월등히 좋아 수석으로 졸업했다. 첫 번째는 고려대학교 총장을 지낸 유진오였다. 재동초등, 경기중학, 경성제대에서 1등을 빼앗긴 적이 없었다고 한다. 다음이 이강국이었다. 세 번째가 박치우였다. 박치우의 동생이 내 중학교 동창이기 때문에 잘 알고 있다. 그 사람도 학창 시절에 2등은 모르고 보냈는데, 대학에 있을 때는 축구선수였다고 들었다. 휴식 시간이 운동 시간이었다는 얘기다. 내 외손자 하나도 예일대의 조정선수로 하버드대와의 대항전에 나가기도 했고, 서울에서 개최된 사립대학 조정 경기에 출전한 적도 있다. 내 손자는 그 운동을 위해 다른 학생들보다 더 시간을 쪼개가면서 취미 활동에 열중하고 있었다. 운동 때문에 성적이 떨어지면 안 되기 때문이다.

체육계에 불미스러운 사건이 적지 않은 원인도 정신적 가치관의 부재와 인격적 원만성의 결핍 때문이라고 할 수 있다. 이런 문제를 함께 걱정하자는 뜻에서 제기하는 이야기다. 수많은 운동선수들이 인간적으로 성숙해질 수 있도록, 누구에게도 뒤지지 않도록 이끌어주어야 한다. 내 사랑하는 아들딸을 인간적으로 원만하게 키울 수 있는 것이 '교육'이다. 좋은 인간이 되기 위한 교육이지 훌륭한 운동선수로 키우는 것이 교육 목적은 아니다.

그렇다면 행복의 이유가 될 수도 있고, 행복과 더불어 있어야 하는 성공은 어떤 것인가. 몇십 년 전에 은사 중의 한 분이 제자들 앞에서 했던 이야기가 생각난다. 중소기업에서 성공해 돈을 많이 번 제자에게 "너는 그만하면 성공했다"고 말했다. 다음에는 정부의 차관까지 승진한 제자를 성공했다고 했다. 그리고 나를 보면서 "자네도 성공했네. 교수도 되고 이름도 알려지게 되었으니까"라는 것이었다.

스승의 입장에서 한 얘기지만 많은 사람들의 견해도 비슷할 것 같다. 그런데 만일 그 제자가 사업에 실패해 재산을 소유할 수 없게 된다면 성공은 실패로 바뀔 것이며 행복은 불행으로 전락할 것이다. 어떻게 보면 불행이 행복보다 더 심할지 모른다. 두 번째 제자는 그 관직이 행복일 수도 있고, 불행의 원인이 될 수도 있다. 그의 행정적 결과에 따라 평가될 수 있기 때문이다. 잘못된 선택을 했을 때는 국민에게 고통을 안겨줄 수도 있다. 나는 내 친구가 대학 입시를 개혁한다면서 수능시험 제도를 감행하는 것을 보고 걱정한 적이 있다. 그 결과는 사회가 평가할 것이지만, 나는 창의적인 지성인으로 키워야 할 대학생들을 획일적 평가에 맡기는 것에 대해 후유증이 너무 클 것이라고 보았던 것이다.

그리고 나의 스승은 영예로움이 성공의 한 척도라고 인정했던 것 같다. 내 입장에서 보면 유명해지거나 많은 사람들에게 자랑스럽다는 외형적 평가를 받는 대상이 되는 것은 영예로움이 아니라고 생각한다. 한때 우리나라의 두 대통령 후보가 미국 M대학교의 명예학위를 먼저 취득하기 위해 관심을 쏟는 것을 보고 그것도 하나의 지나친 허욕이 아닌지 생각했다. 가수나 탤런트 같은 직업을 가진 사람들은 인기와 박수가 필요하다. 그러나 국가의 지도자가 되겠다는 뜻을 가진 사람들이 명예학위나 상을 받기 위해 스스로의 인품과 인격에 손상을 입히는 것은 좀 삼가는 것이 좋을 것이다. 나아가 교육계를 대표하는 사람이나 성직자를 자처하는 인사들이 명예욕의 노예가 되는 것은 한때의 실수라고는 해도 부끄러운 과거로 자인할 수도 있다.

그렇다면 진정한 행복을 동반할 수 있는 성공이란 어떤 것인가. 내가 소유하고 있는 재산이 많을 때는 나를 위해서는 적게 소유하고, 그 재산의 사회적 가치와 보람이 어디 있는가를 찾아 도울 수 있을 때 의미가 있다. 많이 벌어 소유하고자 하는 욕망이 아닌, 베푸는 즐거움을 누릴 때 그 행복은 영구한 것이 된다. 높은 관직이나 사회적 책임을 맡았다고 해서 자랑거리로 삼거나, 나는 출세했고 성공한 사람이라고 만족하고 교만해지는 사람은 더 큰 고통과 불행에 빠질 수 있다. 대통령직에 있다가 탄핵을 당한 지도자를 보면 그런 상황과 가능성이 나에게도 없는 것이 아니다. 나에게도 그런 가능성은 언제나 뒤따른다. 성공은 그 직책을 누리는 데 있지 않다. 무거운 직책을 통해 더 많은 사람을 행복하게 해주었기 때문에 성공의 기쁨이 뒤따르는 것이다. 영예로움도 그렇다. 나는 나이 들면서 내가 존경했던 친구들이 많은 사람들에게 "감사했습니다. 고마웠습니다"라는 인사를 받는 것을 볼 때 나도 그런 삶을 살고 싶다는 부러움을 느끼곤 한다. 그 친구들은 세상을 떠난 후에도 많은 후배와 제자들을 통해 고맙다는 마음을 전해 받고 있다. 성공은 그런 삶의 열매로 주어지는 것이 아닐까.

누구의 소유도 아닌
기쁨

내 선배 교수 한 분이 여름방학을 이용해 이탈리아를 다녀왔다. 사학과 교수의 이야기다. 그 당시 이탈리아는 1년 관광 수입이 50억 달러에 도달하고 있었는데, 그 수입의 적지 않은 부분을 미켈란젤로가 벌어주고 있더라는 것이다. 나도 그 얘기를 들으면서 어느 정도 공감이 갔다. 그림만 해도 그렇다. 라파엘로의 그림은 이탈리아보다도 외국에 더 많이 흩어져 있다. 레오나르도 다빈치의 그림은 수가 많지 않다. 그는 화가보다는 과학자에 속한다. 그의 대표작은 프랑스에 가서 보게 된다. 미완성품인「최후의 만찬」은 이탈리아에 남아 있다. 그런데 미켈란젤로의 회화는 시스티나 성당의 벽화로 되어 있다. 그의 조각은 큰 건축물의 일부를 차지하거나 건물 전체에 새겨져 있다. 그러니 미켈란젤로의 예술품을 감상하기 위해서는 이탈리아를 찾아가야 한다. 나도 두 차례 벽화를 보기 위해 방문한 적이 있다. 전 세계에서 모여든 관람객으로 발 디딜 자리가 없을 정도였다.

그래서 이탈리아 사람들이 영국인들에게 "너희 나라의 문호 셰익스피어도 훌륭하지만, 미켈란젤로만큼 경제적 혜택은 주지 못한다"면서 웃기도 한다. 이탈리아의 어떤 기업가가 미켈란젤로만큼 나라에 경제적 기여를 할 수 있었을까, 물어보고 싶을 정도다.

미켈란젤로가 셰익스피어보다 훌륭한 이유

독일 사람들은 철학자 칸트와 시인 괴테를 국가의 자랑거리로 삼는다. 영국 런던의 대영박물관에 가면 칸트와 괴테의 육필이 보관되어 있다. 칸트의 작은 글씨는 인쇄물로 착각할 정도로 또박또박 쓰여 있는데, 괴테의 필적은 자유자재의 호방한 글씨로 예술품같이 종이를 채우고 있다. 두 사람의 성격과 사상을 그대로 보여주고 있다는 인상을 받는다.

제2차 세계대전이 끝난 후의 일이다. 1949년은 괴테 탄생 200주년의 해였다. 독일은 전쟁에서 입은 폐해가 너무 심각했기 때문에 괴테 탄생 200주년 기념식을 개최할 여력이 없었다. 그러한 상황을 이해한 세계의 정신적 지도자들이 우려와 고민을 거듭하다가 전쟁의 적국이었던 미국에서 축전을 열기로 했다. 그 축제의 대표적인 연사로 독일과 스페인의 석학들이 초청을 받았다. 우리나라에서는 250주년 행사를 계획하여 진행한 일이 있다.

20세기를 보내고 21세기를 맞이하면서 미국의 주간지 『타임』은 20세기를 이끈 대표적 인물로 누구를 선정할 것인가를 고민하게 되었다. 세계적인 관심의 대상이 되었다. 『타임』이 내놓은 인물은 과학자 아인슈타인이었다. 정치가가 아니었다.

왜 이런 얘기를 소개하는가. 우리 국민 모두가 경제와 정치에 대한 관심은 갖고 있다. 또 그런 삶 속에서 행복의 길을 찾고 있다. 그러나 기초적인 사회적 관심을 넘어선 더 소중한 정신적 가치와 문화적 혜택을 누리지 못한다면 지성인다운 행복으로부터는 소외되는 것이다. 선진국 국민들은 경제적·정치적 가치보다는 학문과 예술적 가치를 중요시하고 물질은 목적이 아닌 수단 정도로 생각한다. 물질적 소유보다는 정신적 가치를 추구하기를 원하며 정치의 목적이 문화적 창조에 있는 것으로 인정한다.

돈과 권력은 소유의 대상이지만, 학문과 예술은 창조자의 소유물이 아니다. 창출한 가치와 내용을 모든 사람이 공유하도록 되어 있다. 예로부터 학문이나 예술은 국경이 없었다. 또한 노력해서 찾지 않는 사람은 그 가치와 의미를 누릴 수도 없다. 내 친구가 사회적인 존경과 칭송을 받는 시인이 되었는데, 그 가치와 의미를 전연 모르고 사는 친구도 있다. 그렇다고 그 친구들이 잘못됐다고 말하지는 않는다. 다만 시문학과 예술의 가치를 모른 채 돈 벌이와 정치적 욕망이 전부인 듯 사는 사람은 그만큼 행복하지는 못하다.

요사이 우리는 외국 여행을 많이 즐기고 있다. 피카소가 누구인 지도 제대로 모르는 사람이 스페인을 다녀왔다고 하자. 로마의 역사와는 무관하게 이탈리아를 여행한 사람도 있을 수 있다. 왜 그랬느냐고 나무랄 수는 없다. 그러나 스페인의 문화를 잘 아는 사람과 로마의 역사를 공부한 사람이 여행을 했을 때와는 비교할 수 있다. 정신적 가치에서 얻는 행복지수와 차원이 다르기 때문 이다.

나는 중학생 때 빅토르 위고의 『레미제라블』을 읽었다. 여름방 학 때 그 소설을 독파하고 포플러 나무 밑 그늘을 거닐면서 그 작 품의 내용을 재음미해보던 행복감은 지금도 잊지 못한다. 그 감 격과 경이로운 심정이 내 인생의 양식이 되어 나를 키워준 감사 함은 잊을 수가 없다. 철학 강의 시간에 교수의 강의를 듣고 토론 했던 계절이 없었다면 지금의 나로 성장하지 못했을 것이다.

나는 이런 정신적 차원의 행복을 더 많이 찾아 누릴 수 있을 때 우리가 선진 국가의 대열에 참여할 수 있다고 믿는다.

책을 안 읽는다고 굶어 죽지는 않지만

어떤 학문은 특수한 사람이나 제한된 학자들을 위한 영역에 속할지도 모른다. 그러나 음악과 같은 예술은 누구에게나 통하는 정신적 가치와 행복의 조건이 된다. 내가 일본에서 대학 공부를 할 때 옆방에 하숙생으로 머물던 S라는 친구가 있었다. 그는 옛날 평양사범학교에서 공부하고 교사로 봉직하던 중, 음악 공부가 너무 하고 싶어 일본으로 와 피아노를 전공했다. 나는 그 친구 덕분에 음악 감상도 하게 되었고, 많은 도움을 받았다. 그 친구는 나에게 베토벤 이야기를 들려주면서 "베토벤의 교향곡 9번은 마치 하늘나라의 멜로디 같다"고 했다. 죽을 때 베토벤의 음악을 듣다가 눈을 감았으면 좋겠다던 그의 얘기가 떠오른다. 철학가 쇼펜하우어는 '음악은 우주의 멜로디'라고 표현했다. 프랑스 작가 로맹 롤랑의 노벨문학상 수상작인 『장 크리스토프』에는 주인공이 초여름에 농촌의 공간을 가득 채우는 개구리 소리를 들으면서 '아무리 위대한 음악가라 해도 저런 음악을 창조해내지는 못할 것'이라는 주제로 대화하는 장면이 있다. 음악은 동물에게도 통하는 우주의 멜로디라는 생각이 들기도 한다.

우리는 어려서 동요를 부르면서 자랐으나 음악에 대한 감사와 행복은 누리지 못하고 있다. 인간이 가질 수 있는 가장 행복한 직업은 지휘자라고 한다. 그들이 다른 직업에 비해 행복감을 느끼면서 장수한다는 통계도 있다. 그렇다고 모든 예술 분야 종사자가 다른 직업인보다 행복하거나 장수한다는 의미는 아니다. 정치가나 건강을 다루는 의사들보다 행복을 누리며 오래 산다는 통계였다.

문화에 참여함으로써 얻을 수 있는 삶의 가치와 행복 가운데 가장 보편적인 것은 '독서'라고 생각한다. 독서는 생활인의 정신적 양식이다. 음식을 먹지 않고 사는 사람은 없다. 독서는 정신적 양식을 제공하기 때문에 독서하지 않는다고 해서 신체적으로 굶어 죽지는 않는다. 그러나 정신적 양식을 얻지 못하는 사람은 인간적으로 성장할 수 없다. 유치원 때부터 대학을 졸업할 때까지의 교육은 책과 더불어 이루어진다. 우리나라는 교육이 잘못되어 있다. 그래서 공부하는 것과 독서하는 것을 구별하는 과오를 범한다. 고등학교 선생이 독서하는 학생에게 "수능시험이 한 달 남았는데, 공부는 안 하고 책을 읽으면 어떻게 하지?"라고 나무라는 것에 대해 어떻게 생각하는가.

나는 대학을 정년으로 떠나면서 20여 년 동안 국민독서운동을 도운 경험이 있다. 노력은 해보았으나 그 성과는 기대했던 것만큼 얻지 못했다. 독서를 해야 할 기관이나 사회단체에서 독서를 외면하는 것이 보통이었다. 예를 들어 나는 독서를 통해 신앙을 깨달았기 때문에 교회나 성당에서 먼저 독서생활을 장려했으면 좋겠다고 기대했는데, 다른 곳에서보다 더 실망이 컸다.

공부와 독서를 별개로 보는 시선

한번은 삼성그룹과 같은 큰 기업체에서 대졸 신입사원을 대상으로 입사 교육을 한 적이 있었다. 내가 그들에게 "대학생이었을 때 고전에 해당한다고 생각되는 책을 몇 권이나 읽었느냐"고 물어봤다. 놀라울 정도로 책을 읽은 이가 없었다. 그래서 나는 "당신네들이 과장이 될 때까지는 일에 열중하기 때문에 깨닫지 못하나 그 이상의 직책을 맡는 지도자가 되었을 때는 정신적 빈곤을 자인하게 될 텐데 어떻게 할 것인가" 하고 우려를 표현했다.

수십 년이 지나 그들이 중책을 맡는 차례가 되었다. 기업은 지금에 와서야 인문학을 공부한 사원이 필요하다는 자기반성을 하고 있다. 인문학의 필요를 느낀다는 것은 고전적 내용을 갖춘 독서의 빈곤을 느끼게 되었다는 증거다. 자신의 인생관이나 가치관의 결함을 발견했다는 뜻이다. 확고한 인생관이나 가치관이 없는 사람들이 어떻게 크고 작은 기관의 지도자가 될 수 있겠는가.

시야를 넓게 보았을 때는 더욱 그렇다. 지금 세계를 문화적으로 이끌어가는 나라는 다섯 나라에 그친다. 영국, 프랑스, 독일, 미국, 일본이다. 왜 그 나라에 국한되는가. 여러 이유가 있다. 그 이유 중 하나는 해당 국가의 국민들 절대다수가 100여 년에 걸쳐 독서를 해왔기 때문이다. 이탈리아나 스페인은 문예 부흥 이후 문명적으로 가장 앞섰던 국가들이다. 그러나 독서를 안 했기 때문에 더 성장하지 못했다. 스페인의 수도 마드리드의 시청 앞 광장에는 동상 하나가 서 있다. 세르반테스 동상이다. 우리는 세르반테스 외에 세계적으로 유명한 스페인 작가를 떠올리기 어렵다. 러시아는 공산 국가가 되면서 자유로운 인문학을 포기했다. 남미의 여러 나라들을 여행해보라. 책을 읽는 사회가 아니다. 일본을 제외한 아시아도 그렇다.

폭력은 정신적 빈곤의 결과

한국은 어떠한가. 다른 국가들에 비하면 반쯤은 성공하고 있다. 이제부터라도 문화에 동참해 독서율이 높아지게 되면 더욱 성장할 수 있다. 1차적인 책임은 교육 정책에 있고, 다음 책임은 50대 이상의 기성세대에게 있다. 나는 지금도 정직이 애국심이며 독서하는 사람이 애국자라고 믿는다. 만일 지금부터라도 우리 주변의 장년들이 더 많은 책을 읽게 된다면 본인들의 인간적 성장과 정신적 부가 얼마나 큰 행복을 가져다주겠는가.

한때 우리는 중·고등학교 학생들의 폭력 문제를 걱정했다. 지금도 그렇다. 그 해결 방법은 간단하다. 정상적인 운동 경기를 하도록 이끌어주는 것도 중요하다. 폭력을 멀리하는 데 도움이 된다. 나아가 책을 읽는 즐거움을 갖도록 이끌어주어야 한다. 독서를 하는 학생들은 폭력을 쓰지 않는다. 폭력은 정신적 빈곤에서 발생한다. 그리고 선진국에서는 중·고등학교 시절에 봉사 활동을 의무화한다. 봉사 경험이 있는 청소년들은 남을 돕지는 못하더라도 해치는 일은 하지 않는다. 이런 점들을 고려한다면 개인의 불행과 사회악은 정신적 가치의 빈곤에서 유발된다. 교육계와 종교계의 책임이 크다는 사실을 절감하게 된다.

이런 문제의 해결을 위해서는 개인의 노력과 사회적 개선이 동시에 이루어져야 한다. 인간은 성장하는 동안에는 행복이 따른다. 지적인 성장이 문화적인 것이라면 인간적인 성장은 사회와 더불어 가능하다. 병든 사회에 사는 개인이 행복해질 수 없듯이 선한 노력을 포기한 개인들이 모여 행복한 사회를 키워가지도 못한다.

성장의 과정은 언제나 세 가지 과정을 밟는다. 물질적이며 가시적인 것을 소유하려고 애태우지 말고, 더 선하고 값있는 정신적 가치를 위해 도움을 주어야 한다. 그래서 1차원의 삶의 단계를 넘어 높은 차원의 삶의 정신적 성장을 성취해야 한다. 그러나 그것으로 완성되는 것은 아니다. 물질적 가치나 정신적 가치 모두가 더 많은 사람의 인간다운 삶을 위하는 3차원의 삶까지 도달하지 않으면 안 된다. 우리는 그것을 개인에 있어서는 인격의 가치라고 보며 사회적으로는 휴머니즘 또는 인류적 가치라고 본다. 삶의 궁극적인 목표도 거기에 있으며 더 많은 사람들의 행복한 삶도 그 목표를 통해 달성되는 것이다.

서로 달라서
아름다운 세상

오래전에 있었던 사건을 다시 한 번 떠올려본다. 경상북도 안동에서 있었던 일이다. 그 지역의 한 고아원에 '이'라는 성을 가진 한 원생이 있었다. 18세를 맞이하면서 이 군은 고아원을 떠나야 했다. 그 나이까지만 고아원에 머물 수 있는 규정 때문이었다.

마땅히 갈 곳이 없었기 때문에 이 군은 군에 입대하는 절차를 밟았다. 복무를 끝내고는 직업군인이 되기로 했다. 몇 해 동안에 중사의 계급까지 승진했다. 그러나 원망스러운 운명에 대한 울분은 가시지 않았다. 휴가를 얻으면 머물던 고아원을 찾아가는 것이 고작이었고, 사랑을 나눌 친구도 별로 없었다.

하루는 신병들의 사격 훈련을 지도하다가 수류탄 두 개를 훔쳐 탈영을 했다. 어떤 목적이 있었던 것은 아니다. 울분을 참지 못해서였다. 탈영을 했으나 갈 곳이 없어 안동 시내를 방황하다가 막걸리도 마시며 시간을 보냈다. 저녁이 되자 더욱 막막해졌다. 거리를 지나는데 영화 관람을 끝낸 사람들이 극장 앞으로 빠져나오는 것을 보고는, 자신도 모르게 수류탄 꼭지를 열고 군중 속으로 내던졌다. 대상 없는 분풀이를 하고 싶었던 것이다. '나는 갈 곳도 없는 신세인데 너희들은 인생을 즐기고 있어?' 하는 역정스러움이 폭발했던 것이다.

사상자가 발생했고 이 중사는 체포되어 남한산성 밑에 있던 육군교도소로 이송되었다. 살아남기를 포기했던 이 중사에게는 두려움이 없었다. 사형을 받아 죽으면 모든 것이 끝나기 때문이다. 물론 군사재판에서 사형이 선고되었다.

이런 사실을 처음부터 뉴스를 통해 알고 있었던 한 사람이 있었다. 군목(군대 내에 예속되어 있는 목사)이었다. 목사는 수감되어 있는 이 중사를 만나기 위해 찾아갔으나, 이 중사는 완강히 거부했다. 어차피 죽을 운명인데 혼자 있고 싶다는 것이었다. 군목은 몇 차례 면회와 대담을 시도했으나 뜻을 이루지 못했다. 군목은 혼자 깊은 생각에 빠져들었다. 무엇이 이 중사를 저런 운명으로 몰아넣었는가. 그것은 이 중사의 책임이기보다는 우리 모두의 잘못이라는 생각에 도달했다. 이 중사도 누군가의 사랑을 받고 자랐거나 자기도 누군가를 사랑할 수 있었으면 그런 끔찍한 범행은 하지 않았을 것이다. 그렇다면 그 책임은 이 중사를 사랑해주지 못한 우리 모두의 책임이며, 자기도 그 책임자 중의 한 사람이라는 결론에 도달했다.

그런 결론을 내린 군목이 겨우 이 중사와 손을 잡고 대화할 시간을 얻었다. 군목은 "당신이 오늘 이런 운명에 처하게 된 것은 우리 모두의 잘못이며 내 책임이기도 하니까 용서해달라"고 말했다. 약간 당황한 이 중사가 이렇게 된 것은 자기 잘못이며 목사님과는 상관이 없다고 말했다. 군목은 "너에게도 사랑해주는 사람이 있었거나 너도 누군가를 사랑했다면, 그 사랑하는 사람 때문에 죄를 짓지는 않았을 것이다. 너를 사랑해주지 못한 것은 나와 우리 모두의 책임이니까 네가 용서해주어야 하겠다"라고 말했다.

희망과 행복이 머무는 곳

그 얘기를 들은 이 중사는 눈물을 흘리면서 흐느껴 울기 시작했다. "목사님 말씀이 옳습니다. 저는 사랑을 모르고 살았습니다. 사랑을 받아보지도 못했고 사랑을 한 적도 없었습니다. 제게 꼭 필요한 것은 사랑이었습니다. 그러나 이제는 사랑을 할 시간도 사라지고 말았습니다." 두 사람은 손을 맞잡고 울기 시작했다.

그것이 계기가 되었다. 목사는 이 중사에게 "과거에도 너를 사랑했고 지금도 너를 사랑할 뿐 아니라 앞으로도 네 영혼을 사랑해줄 분이 계신데, 우리 그분에게로 가자"고 권고했다. 이 중사는 그가 누구냐고 물었다. 목사는 하나님 아버지라고 확언했다. 눈을 감았던 이 중사가 "저를 그분에게로 안내해주세요. 제가 갈 곳이 없지 않습니까"라고 고백했다.

그렇게 되어서 이 중사는 군목의 권고를 받아 신앙을 고백하고 세례를 받았다. 비로소 빛을 찾게 된 것이다. 한번은 이 중사가 목사에게 부탁한 일이 있었다. "제가 알기로는 형을 받으면서 시신을 기증하면 다른 사람의 생명을 구하는 데 쓸 수 있다고 들었습니다. 저도 누군가에게 마지막으로 사랑을 베풀 수 있으면 감사하겠습니다"라는 청이었다. 군목이 알아본 결과는 총살로 형이 집행되기 때문에 장기를 누구에게 기증하는 것은 어렵고, 각막은 가능하다는 것이었다. 이 중사는 그것만이라도 꼭 도와달라고 간청했다. 베풀 수 있는 마지막 사랑의 길이라고 믿었던 것이다.

나는 신문을 통해서 그 사건의 표면적인 내용을 알고 있었을 뿐이다. 물론 정해진 절차대로 이 중사는 처형되었다. 얼마의 세월이 지난 후였다. 나는 우연한 기회에 이 중사의 각막을 받아 이식해준 군의관을 만나게 되었다.

군의관의 이야기였다. 그날 이른 아침에 사형장에 도착한 이 중사는 군목에게 다가갔다. 군목이 마지막으로 남기고 싶은 유언이 없느냐고 물었다. 이 중사는 안과 군의관님이 오셨느냐고 물었다. 군의관의 손을 꼭 잡은 이 중사는 "군의관님, 저는 육신의 눈은 떴으나 마음의 눈을 뜨지 못해 이렇게 큰 죄를 지었습니다. 제 눈을 받는 사람은 육신의 눈도 되찾고, 마음의 눈도 떠서 제가 하지 못한 사랑을 대신 베풀어달라고 전해주세요"라는 유언을 남겼다. 목사가 다른 유언은 없느냐고 물었더니 없다고 하면서, 목사님과 부르던 찬송가를 부르다가 갔으면 좋겠다는 말을 남겼다.

이 절차를 지켜본 군의관은 이 중사는 착하고 조용한 모습으로 떠났다며, '그런 착한 마음을 갖출 수 있는 사람이었는데' 하는 생각이 들었다는 것이다. 그리고 또 긴 세월이 지났다. 캐나다 해밀턴에 갔다가 몇 명의 목사들과 점심을 먹게 되었다. 그때 가까운 자리에 앉아 있던 한 목사가 "제가 그때의 군목이었습니다. 이 중사를 제가 보내주었습니다"라고 말했다.

우리는 내 인생은 아직 끝나지 않았다고 생각한다. 긴 시간이 남아 있다는 여유를 갖고 살아간다. 그런데 이 중사에게는 며칠 또는 몇 시간이 남았을 뿐이었다. 그때 깨달은 것은 사랑의 절대성이었다. 사랑이 있는 사람에게는 희망이 있고, 희망이 곧 행복의 약속이었던 것이다. 사랑이 단절된 곳에는 희망과 행복이 머물 곳이 없어진다.

🍃 행복한 사회와 행복한 개인의 우선순위

전에는 많은 사람들이 행복한 개인이 모이면 행복한 사회가 된다고 생각했다. 그러나 지금은 행복한 사회가 되어야 더 많은 사람이 행복해진다는 생각이 일반적이다.

오래전 내가 아는 미국 필라델피아 한인교회 목사가 한국에 온 일이 있었다. 친구가 늦은 저녁 시간에 근처 여의도광장에 나가 산책도 하고 벤치에 앉아 있다가 들어오자고 했다. 그 목사는 이렇게 늦은 시간에 나가도 괜찮으냐고 반문하면서 미국에서는 상상도 하지 못한다고 했다. 흑인들과 불량배가 있기 때문에 나가지 못한다는 얘기였다.

선한 질서가 무너진 사회에서 행복한 개인이 사는 것은 힘들다. 그러나 사회 질서가 안정된 사회에서는 모두가 자유로운 생활을 즐길 수 있다. 선진 사회에서는 여행객들이 어디에서 무엇을 하든 만족스럽지만, 후진 사회에 가면 굳이 고급 호텔에서 식사를 해야 위생적으로 안심할 수 있는 것과 비슷하다.

사랑의 질서도 그렇다. 먼저 소개한 이 중사의 경우도 그렇다. 사랑이 있는 곳에 희망과 사랑이 머문다는 사실은 누구나 인정한다. 그러나 그 사랑의 개념이 다 같은 것은 아니다. 사람은 누구나 다 자기 나름대로의 사랑에 대한 견해를 갖고 산다. 사랑의 잘못된 인식 때문에 일어나는 불행은 수없이 많다. 옛날에는 유럽의 신사들이 여자 때문에 목숨을 건 결투를 하는 것이 신사도라고 믿어지기도 했다. 지금도 애정에 얽힌 살인 사건은 그치지 않고 있다. 가정 안에서도 비극이 벌어지곤 한다. 잘못된 사랑 때문이다. 먼저 말한 이 중사의 사건도 그런 여러 사건이 얽힌 복합적인 문제의 발로였던 것이다.

지금 우리가 언급하고 있는 사랑은 인간관계에 있어서의 사랑이다. 인간 생활 자체가 복합적이며 다양한 성격을 띠고 있기 때문에 순수한 인간관계만을 얘기하기는 힘들다. 권력관계도 정치와 더불어 우리 생활에 영향을 끼치고 있다. 경제적 관심을 제외한 사회생활은 불가능한 현실이다. 그러나 지금 우리가 문제 삼고 싶은 것은 인간관계에 있어서의 사랑과 정의의 문제인 것이다. 그리고 그 대전제가 되는 것은 인간애의 길이다. 더 많은 사람이 인간답게 살아가기 위한 사랑의 길과 방법을 찾자는 뜻이다.

이기주의자는 사랑할 자격이 없다

가장 중요한 것은 이기적 목적을 위한 인간관계는 사랑이 못 된다는 사실이다. 개인관계는 물론 사회생활에 있어서도 이기적 목적이 전제가 된다면, 그것은 사랑이 아니다. 솔직히 말하면 이기주의자는 사랑할 자격이 없다. 쌍방이 다 이기주의자일 때는 서로의 인격을 이용하는 더 큰 불행을 저지르게 된다. 아직도 우리 주변에는 이기주의와 개인주의를 혼동하는 사람들이 적지 않다. 그 본질적 차이는 이기적 목적의 유무에 있다. 이기주의자는 합리적 판단을 내릴 수 없으며 객관적 가치를 수용하지 못한다. 그러나 개인주의자는 언제나 합리적 판단과 객관적 가치를 수용한다. 이기주의자는 전체를 생각하지 못하기 때문에 폐쇄적이다. 그러나 개인주의자는 전체와의 관계와 질서를 위하기 때문에 사회에 도움을 준다. 우리 사회는 오랫동안 개인주의 전통을 키우지 못했기 때문에 개인주의는 자기중심적 사고와 이익을 추구하는 것으로 착각할 때가 있다. 개인주의 전통을 이어받은 사회에서는 사회적 폐해를 주는 개인은 사회적 악인으로 취급한다.

이런 경우 개인적 불행을 초래하는 가장 많은 문제는 애정관계와 재정 문제에서 발생한다. 이혼 문제나 살인 사건도 그렇고, 사회적 불행의 원인으로 번지기도 한다. 나와는 상관이 없는 다른 사람의 문제라고 생각해서는 안 된다. 우리들 모두의 문제인 것이다. 이혼하는 가정도 그렇다. 젊었을 때는 성격의 차이 때문에 헤어진다고 말한다. 그러나 부부간에는 성격의 차이가 있기 때문에 더 깊은 사랑을 할 수 있으며 더 풍부한 사랑을 체험하게 된다. 두 사람의 성격이 꼭 같다면 깊이가 없을지도 모른다. 미국 같은 나라에서는 모교 출신 졸업생을 교수로 채용하는 것이 옳지 않다고 본다. 대학이 동질 사회가 되어 질적 발전이 약화되기 때문이다. 성격 때문에 이혼하는 것이 아니라, 양쪽이 다 이기적이든가 한쪽이 이기적인 목적을 극복하지 못하기 때문이다.

석가와 예수를 흠모하는 이유

사회 문제도 그렇다. 나는 북한을 경험해보았기 때문에 그 폐습의 결과를 보곤 했다. 조만식이 조선민주당을 조직했다. 공산주의 국가에서는 두 정당이 공존하지 못하게 되어 있다. 조선민주당을 배제하는 처음 단계는 공산당 안에 여러 개의 사회단체를 조직하는 것이다. 그러고는 공산당과 사회단체연합회에서 다수 결정을 내린다. 조선민주당은 하나뿐이다. 그런데 공산당 산하의 정당이나 사회단체는 압도적인 수를 차지한다. 어떤 결정을 내리더라도 조선민주당은 발언권조차 얻기 힘들다. 여기에 사회적 여론몰이가 가담해 결국 야당은 존재의 기반을 빼앗긴다. 공산당 독재 세력이 국론이 된다. 그 결과는 오늘의 북한이 보여주는 현실이다. 세상에서 가장 큰 사회악은 이기주의 집단과 더불어 파생된다.

그렇다면 사랑의 본질은 어떤 것인가. 사랑의 가장 큰 본성은 공존과 공생의 기능이다. 사랑하는 사람은 함께 있기를 원하며 더불어 살기를 바란다. 사랑하는 사람이 가장 싫어하는 것은 이별이다. 죽음이 가져오는 이별은 사랑의 종말이기도 하다. 이별

후 싸움은 있을 수 없다. 싸움은 사랑을 상실했을 때의 부작용이다.

사회적으로도 그렇다. 사랑의 질서가 있는 사회에서 투쟁은 최선의 방법이 못 된다. 투쟁 대신에 선의의 경쟁이 있다. 민주주의 사회가 대화를 강조하는 것은 이해와 협력의 방법인 사랑으로 갈등을 해결하기 위함이다. 사랑하는 사람은 상대방을 욕하지 않는다. 남의 일같이 비판하지도 않는다. 사랑은 용서와 공존의 질서다.

사랑에 뒤따르는 과제는 완성을 위한 노력이다. 우리가 자녀들을 진정으로 사랑한다는 것은 자녀들의 인격을 키워주는 것이다. 성공은 그 뒤를 따르게 되어 있고, 더불어 행복도 주어지는 것이다. 그 인격의 성장과 완성을 위하는 것이 사랑의 책임이다. 스승이 제자를 키워주는 것도 사랑이 있기 때문이다. 종교 지도자인 성직자들이 사랑을 강조하는 것은 다른 직업이나 사회 영역에서 일하는 사람들보다 폭넓은 인간애의 의무를 자각하고 있기 때문이다. 우리가 석가나 그리스도를 흠모하는 것은 그들이 자신보다도 인류의 희망과 행복을 위해 더 많은 정성과 노력을 쏟았고, 그 정신을 우리에게 물려줄 수 있기 때문이다.

그런 마음들을 받아들이게 된다면 사랑에서 행복을 받아들이지 못하는 책임은 먼저 나 자신에게 있다. 마음의 문을 닫고 살면서 다른 사람이 나를 위해주기를 원한다면, 그것은 사랑을 거부하는 잘못을 저지르는 일이다. 또 주변에 우리의 동정과 사랑을 기대하는 많은 사람들을 외면하는 것도 행복의 길을 부정하는 잘못이 된다.

    사랑은 이기심을 버리고, 나보다도 더 많은 사람이 기쁨과 행복
을 누릴 수 있도록 돕고 위해주는 것이다. 그것이 곧 사랑이 있는
삶과 인간관계인 것이다.

2

일하는
기쁨

지금 이 순간을
살아라

‘행복은 어디에 있는가’ 하는 물음은 타당하지 않다. 공간적 존재가 아니기 때문이다. 행복은 어느 시간에 머무는지 물어야 한다. 행복은 의식의 내용이며, 의식은 시간과 더불어 머물기 때문이다. 많은 사람들은 행복이 머무는 곳이 시간적으로 현재라고 생각한다. 과거는 이미 지나갔기 때문에 행복도 함께하지 못하고, 미래는 아직 주어진 시간이 아니기 때문에 행복과는 상관이 없다. 행복이 있다면 현재의 의식 안에 머물 수밖에 없다.

그렇다면 어려움이 생긴다. 현재라는 시간에서 과거로 돌릴 것은 다 돌려보내고, 아직 찾아오지 않은 미래도 모두 없는 것으로 치부한다면 행복은 극히 짧은 순간에 머물 수밖에 없다. 1초의 100분의 1쯤 되는 순간순간에 행복이 머문다면 우리는 그 행복을 감지할 수가 없을 것 같다. 아무리 순간이 연장된다고 해도 성공에서 오는 행복은 파악하기 힘들 것이다. 또 그런 행복은 있으나 마나 한 것이 된다.

행복은 현재와 더불어 존재하며 나타나기 때문에 사람들은 현재를 즐겁게 보내라고 말한다. 행복은 즐거운 마음과 정신적 상태이기 때문이다. 한 시간 한 시간을 즐겁게 보내지 못하면 행복을 모두 잃어버린다. 오늘을 즐기지 못하는 하루하루가 합쳐져 1년이 되기 때문에 행복은 머물지 못한다. 한 해 한 해를 행복하게 살지 못하면 한평생 동안 행복을 떠나보낸다.

그러면 현재는 순간인가, 하루인가, 1년인가를 묻게 된다. 그렇게 따지면 현재는 지금 나와 더불어 있는 시간이다. 그 시간의 길이가 하루도, 1년도, 10년도 될 수 있다. 그래서 행복의 길이도 그 현재의 길이만큼 시간적 연장성을 갖는다. 그래서 사람들은 학창 시절이 가장 행복했다든지, 결혼 초기보다 행복한 때가 없었다는 식의 생활 속 개념으로 받아들인다.

행복의 가장 큰 단위

그런데 왜 현재라는 시간적 개념을 강조하는가. 보수적이며 전통적인 동양 사회에 살아온 사람들은 회고적인 성향이 있어서,

선하고 아름다운 것은 과거에 있었던 것 같은 인습에 젖어 있다. 그래서 선하고 아름다웠던 시대는 어느 때였던가를 묻기도 한다. 종교적 신앙을 잘못 받아들인 사람들은 석가 당시의 삶이나 예수 시대의 모범적인 교훈을 받아들이곤 한다. 그렇게 되면 행복했던 시절과 꿈이 있었던 시대를 과거의 연장으로 생각하기 쉽다. 자유와 행복을 창출하는 적극성과 가능성이 약화된다.

그와 대조적으로 더 귀하고 좋은 역사적 삶은 미래에 있을 것이라고 믿고 살아온 사회에서는 행복도 '미래를 위한 현재'로 착각하게 된다. 마르크스주의자들이 갖는 대표적인 가치관이다. 현재를 마지막 목적 달성의 과정으로 본다. 미래에 있을 꿈을 위해 오늘의 현실을 희생하기도 한다. 또 무한 경쟁을 주장하면서 성공은 경쟁에서 승리하는 자에게 있으며 성공이 곧 행복이라는 관념에 빠진다. 지금 일에 성공한 사람은 다음 경쟁에서 또 이겨야 한다. 말하자면 성공의 연장이 행복의 연장이 된다고 믿는다. 지금 세계 경제를 주도해가는 기업 풍토가 그렇다. 쉴 새 없이 뛰어야 하며 경쟁의 역사에서 뒤지면 낙오자가 된다. 경쟁에서 경쟁을, 성공에서 또 다른 성공을 위해 여유와 휴식도 없이 인생을 다 소비해버리면 행복은 머물 곳이 없다. 오히려 성공을 바라지 않는 경쟁이 행복할지도 모른다. 그래서 휴식이 필요해진다. 그런 인생을 사는 사람들은 경쟁의식에 빠져 행복은 성공과 공존하며 동전의 양면과 같다고 생각한다. 그러나 오히려 성공을 따르다가 행복을 놓친다. 미래만 보고 달리는 동안 현재를 내실 없이 빼앗기는 우를 범한다.

생각해보면 인생도 그렇다. 늙은이들은 행복했던 과거를 회상하길 좋아하며 젊은이들은 미래의 꿈을 생각하면서 행복의 그림자를 품고 살아간다. 행복은 현재에 머문다고 말하면서도 현재를 잃어버리는 사람은 행복도 놓치곤 한다. 그렇다면 행복이 머무는 현재란 어떤 성격을 갖는가. 우리가 살고 있는 현실 속에서 찾아보기로 하자.

'지금 생각해보니까 학창 시절이 가장 좋았던 것 같아', '아프리카를 여행할 때보다는 동남아를 여행할 때가 더 즐거웠다', '대학을 졸업하는 것이 꿈이었는데, 졸업을 앞두고 보니까 갈 직장이 없어 더 걱정이다'라는 이야기들을 자주 듣는다. '마지막에 웃는 사람이 잘 산 셈이다', '성공은 그의 일생을 통해 평가된다'는 말도 있다.

이런 내용들을 종합해보면 행복은 삶과 더불어 현재의 의식 속에 머물고 있으면서도 삶의 단위로서의 시간과 함께 평가된다. 내가 내 인생을 끝내면서 "나는 행복했습니다. 여러분도 행복하십시오"라고 말한다면, 그 행복 평가의 단위는 나의 일생이 된다. 죽음을 앞둔 아내가 "당신이 있어 행복했습니다"라고 고백할 때도 행복 시간의 단위는 그녀의 한평생을 말한다. 결혼하기 전의 독신 기간도 있었으나 임종을 앞둔 시점에서는 모두 잊힌 시간이 된다. 행복의 질과 양이 결혼 기간 동안에 가장 뜻이 있었다는 표현이다. 이런 점들을 감안한다면 행복의 큰 단위는 그 사람의 한 평생이 된다.

나는 안병욱, 김태길과 친구로 지내면서 행복하다고 생각했다. 50년 가까이 유지해온 우정이다. 우리들의 행복 단위는 50년 정도가 되는 것이다. 나는 가까이 있는 호텔에 들러 가벼운 점심을 먹을 때가 있다. 점심시간에 맞춰 연주해주는 피아노 음률에 취해보기도 한다. 그러다 보면 왜 그런지 먼저 간 아내와의 추억이 떠오른다. 같이 있던 내 후배는 자기는 음악을 들으면 첫사랑이 그리워지곤 한다고 고백했다. 추억도 시공간을 넘어 행복의 조건이 된다. 그리고 행복은 인간관계를 통해 이루어지기 때문에 다양성을 지닌다. 주변 조건이 같다고 해서 행복과 불행이 같은 것은 아니다.

이제 종합해보면 행복의 단위는 삶의 단위와 함께한다. 그 삶의 단위는 일생일 수도 있고 몇 해일 수도 있다. 하루 이틀이 될 수도 있으나 몇 시간으로 단축될 수도 있다. 그래서 결론적으로 일을 하더라도 즐겁게 하며, 운동을 할 때도 즐길 줄 알며, 즐거운 마음을 갖고 예술을 감상하는 사람이 현재의 행복을 누릴 수 있다. 생활 단위로 주어지는 시간의 빈 그릇에 즐거움과 행복을 담아 가져야 한다. 행복의 내용은 시간의 제약을 받지 않는다. 주어진 삶이 시간의 제약을 받기 때문에 행복의 질과 내용은 우리 자신이 만들어 '갖는' 것이다.

마디마디 빈틈없는 대나무처럼

행복을 만들어가는 삶은 어떤 것인가. 대나무가 자라는 것에 비유하면 어떨지 모르겠다. 대나무는 마디마디가 단단하고 빈틈없이 자라야 한다. 한 마디가 병들거나 약하게 되면 그 마디 때문에 대나무 전체가 부실해지고 버림받는다. 인생도 그렇다. 학생 때는 가장 모범적인 학생이 되고, 군에 가서는 가장 용기 있고 애국심을 지닌 군인이 되어야 한다. 직장에서는 누구보다도 책임감과 추진력을 갖춘 일꾼이 되어야 한다. 어른이 되어서는 신념이 있고 지도력을 갖춘 인격의 소유자가 되어야 한다. 늙었다고 해서 사회로부터 외면당하는 처신을 해서는 안 된다.

간단히 말한다면 인생을 살아가면서 주어진 역할에 최선을 다해야 한다. 일과 사람을 대할 때 사랑을 베푸는 사람이 행복의 주인공이 된다. 일을 사랑하는 사람은 즐겁게 일할 수 있다. 피로와 어려움을 즐겁게 극복할 수도 있다. 사랑이 있는 사람은 가족과 이웃은 물론 직장 동료를 배려해주면서 행복을 주고받을 수 있다. 인간관계에서 실패하는 사람은 행복의 닻줄을 스스로 끊어버린다. 서로 위해주고 사랑할 수 있다면 더 많은 행복을 주고받을 수 있다. 사랑이 행복의 원천이라는 말은 정당하다. 사랑을 모르는 이기주의자는 참행복을 스스로 포기하는 잘못을 저지른다. 앞에서 "나는 행복했습니다. 여러분도 행복하십시오"라는 말을 소개했다. 그 뜻을 밝힌다면, '나는 많은 사람을 사랑했기 때문에 섬겼습니다. 여러분도 이웃을 사랑하고 위해주십시오'라는 의미다.

행복은 어디에 머무는가. 우리는 주어진 시간에 최선을 다해 살아가야 하며, 서로 사랑하고 위해주는 삶 속에 행복이 머문다는 해답에 도달한다. 사랑한다는 것은 행복을 나누어주는 것이다. 순간순간 최선을 다하는 사람은 무슨 일에서나 후회가 없기 때문에 성공한 사람이다. 상대방에게 전해 받는 행복의 열매를 풍요롭게 하는 인생이 성공한 삶이다.

우리는 100의 능력을 가진 사람이 70만큼의 일을 했고, 60의 능력을 지닌 사람이 60의 결과를 초래했다면 70의 결과를 남긴 사람을 성공했다고 생각한다. 그러나 60의 결과를 가져온 사람이 성공한 것이다. 최선을 다했기 때문이다. 물론 누가 더 행복했는가 묻는다면 60을 남긴 사람이다. 앞 사람은 30의 결함을 방치했기 때문이다. 누가 더 일을 사랑했는가. 후자다. 그래서 넉넉함과 기쁨을 누리게 된다.

때때로 주변에서 교양도 갖추고 사회적 지위도 높은 가정의 부부가 별거를 하거나 이혼을 하는 경우를 보곤 한다. 그들은 쉽게 말한다. 성격이 맞지 않았다는 것이다. 따져보면 성격이 다르기 때문에 서로 매력을 느끼며 단점을 보완해갈 수 있다. 별거나 이혼의 원인은 성격이 아니고, 사랑을 하지 않았거나 사랑할 자격을 상실한 데서 오는 결과다. 어떤 사람이 사랑을 못 하는가. 이기주의자는 사랑을 못 한다. 솔직히 말하면 상대방을 이용하면서 사랑으로 착각한다. 인생을 길게 보았을 때 이기주의자는 성공하지도 못하며 행복해지지도 못한다. 주어진 일에 최선을 다하며 만나는 사람과의 인연을 소중히 여기는 사람은 언제 어디서나 행복한 삶을 누리도록 되어 있다.

교육계에서 여러 사람을 대하다 보면 나보다 존경스러운 사람들을 많이 보게 된다. 그들은 세상 사람들이 모두 칭찬하고 부러워하는 유명인이 아니라 평범한 주변 사람들이다.

오래전의 일이다. 20대 후반쯤으로 보이는 한 젊은이가 찾아왔다. 그 젊은이는 어렸을 때 시골에서 가난하게 자랐다고 했다. 초등학교는 졸업했으나, 집안 사정이 여의치 않아 중학교 입학을 포기했다. 옛날에는 이런 환경의 우수한 학생들이 사범학교로 가는 길이 열려 있었다. 국비생으로 사범학교를 졸업하면 초등학교 교사 자격을 얻게 된다. 그도 국비생이 되어 사범학교를 다녔다. 그리고 지방 초등학교의 교사가 되었다. 그 길밖에는 열려 있지 않았던 것이다. 교사가 되어 8~9년의 세월이 지났다. 다른 친구들은 중·고등학교를 거쳐 대학에 진학해 사회적으로 출세 가도를 달리고 있는데, 자기는 평생을 초등학교에 바쳐야 했다. 그래서 고민 끝에 늦기는 했으나 직업을 바꾸기로 작정했는데, 자기 판단이 옳은지 어떤지를 상의하러 나를 찾아온 것이다.

🌿언제 어디서나 행복한 삶

나는 그 젊은이의 장래에 경솔하게 관여할 수도 없어 생각을 정리하다가, "선생의 문제를 내 생각이나 입장에서 판단하기는 어렵습니다. 그러나 내가 당신의 위치에 있다면 직업을 바꾸지 않겠습니다. 나는 지금 우리나라에서 가장 소중한 일과 직업은 교육이라고 생각합니다. 또 초등 교육은 전 국민이 받아야 하는 기본 교육입니다. 국민 교육의 기초가 되는 과정입니다. 그런데 내가 알기로는 우리나라에는 아직 초등 교육의 전문 학자가 없습니다. 대한민국의 초등 교육 전문가가 누구냐고 물으면 존경받을 만한 지도자가 없습니다. 내가 선생의 위치에 있다면 나라를 위해 중요한 직업을 포기하지 않고, 대한민국에서 가장 자랑스러운 초등 교육자나 전문가가 되어 국민 교육에 봉사하는 길을 택하겠습니다. 아직 선생 앞에는 걸어가야 할 100리 길이 남아 있는데, 그 책임까지 포기하고 더 보람 있는 직업을 어디서 찾을 것입니까. 선생이 한국 교육계의 대표적인 원로가 될 꿈을 키우면 더 좋지 않겠어요?"라는 내 선택적 판단을 얘기해주었다. 내가 바라는 최선의 선택이라고 믿었던 때문이다.

한참 동안 생각에 잠겨 있던 선생이 "그렇게 하려면 어떤 길을 밟아야 합니까" 하고 물었다. 갑작스러운 질문에 할 말이 없었으나 "나 같으면 당장 영어 공부부터 하겠습니다. 그래서 선진국 초등 교육에 관한 연구를 하게 되면 새로운 길이 열리지 않겠어요?"라고 말했다.

그 선생은 생각해보겠다고 말하면서 돌아갔다. 그리고 나는 20~30년 그를 잊고 지냈다. 긴 세월이 지난 후였다. 필리핀 마닐라에서 학교로 국제우편이 왔다. 편지를 보낸 사람이 내 기억에 전혀 떠오르지 않았다. 편지를 뜯어보았다.

'선생님은 저를 기억하지 못하실 겁니다. 예전에 초등학교 교사직을 버리고 직업을 바꾸고 싶어 선생님을 찾아갔던 S입니다. 선생님과 대화를 하면서 선생님은 진심으로 제자들과 학생들을 사랑하고 있는데, 나는 마음으로부터 제자들을 사랑하지 못했다는 죄책감을 느꼈습니다. 제자를 사랑하는 것이 나라를 사랑하는 것임을 늦게 깨달았습니다. 제자들을 위해서라면 모든 정성을 쏟아야겠다고 다짐했습니다. 이번에 마닐라에서 아시아 지역 초등 교육 전문가들의 국제 세미나가 열렸는데, 저도 한국 대표로 참석하게 되었습니다. 선생님 생각이 떠올라 감사의 편지를 드리고 싶었습니다'라는 사연이었다.

긴 세월이 지나 그 선생이 교육계의 원로가 되어 초등 교육을 위해 헌신하고 있는 사실을 알게 되었다. 학생들을 사랑하고 위하는 교육자로서의 행복과 감사의 생활을 하고 있었다.

세상에서 가장
행복한 직업

　내가 중학교에 다닐 때 영어 교과서에 실렸던 이야기가 생각난다. 한 철학자가 행복한 사람을 찾아보기 위해 나섰다. 햇볕이 따뜻하게 내리쬐는 들판에서 한 농부가 소에게 연장을 메우고 밭을 갈고 있었다. 밭이랑을 따라 기름진 땅을 갈고 있는 모습이었다. 싱그러운 봄바람이 대지 위를 스치고 지나가는가 하면 여기저기서 새소리가 들려오기도 했다. 농부가 앞서 걷는 소에게 "이랴! 이랴!" 하는 소리가 마치 음악 소리와도 같이 정겹게 들려왔다. 저 밭이랑에 씨를 뿌리면 곡식이 자라고 가을이면 추수할 것이라는 생각을 하니까 인간과 대자연의 섭리가 가득해 보이기도 했다. 나도 저런 직업을 가졌다면 얼마나 행복했을까 하는 흠모의 뜻이 솟아오르는 것 같았다. 농부가 일손을 멈추고 잠시 나무 그

늘에 앉아 휴식을 취하자 철학자가 말을 걸었다.

"밭을 가는 모습을 보고 있었는데, 참 행복해 보였습니다. 마치 한 폭의 풍경화를 보는 것처럼 아름답고 훌륭했습니다. 지금 쉬시는 것을 보니까 세상의 누구도 맛볼 수 없는 즐거운 휴식 시간인 것 같습니다"라며 찬사를 했다.

그 얘기를 들은 농부가 물끄러미 철학자의 모습을 살펴보면서 "행복이요? 내 직업이 부럽다고요? 나도 내 재산이 있으면 이런 농사일을 하지 않습니다. 일찍부터 배운 것이 농사일이고, 내 땅도 없으니까 할 수 없이 주인집의 머슴으로 들어가 죽지 못해 이일을 하고 있어요. 당신이 나 같은 일을 한다면 행복하겠어요? 시골에서 품팔이를 하는 처지가 얼마나 처량한지 아십니까? 앞으로 한평생 이렇게 살 팔자라면 살고 싶지도 않습니다"라는 대답을 했다. 철학자는 아무리 연구해도 알 수 없는 일이라고 생각했다.

철학자 눈에 비친 농부와 골퍼

며칠 후 철학자는 산등성이 길을 걷다가 언덕 밑에 몇 사람이 몰려다니는 것을 보았다. 가까이 가보니 몇 사람이 점잖은 운동복 차림으로 넓은 잔디밭에 몰려다니고 있었다. 자세히 보았더니 작은 달걀 비슷한 흰 공을 작대기 같은 채로 때리고는 따라가는 것을 반복하고 있었다. 그러다가 그 공이 파놓은 구멍으로 들어가면 박수를 치면서 탄성을 지르는 것이다. 그런 일을 여러 시간 반복하는 것 같았다.

철학자는 가까이 다가가 한 사람에게 말을 건넸다. "내가 오래전부터 당신네들이 하는 일을 보았는데, 무엇 때문에 그 죄도 없는 공을 때려서 좁은 구멍에 집어넣는 직업을 갖게 되었습니까? 아무 소득도 없고 보상도 없을 것 같은데, 그런 수고를 하고 일급의 대가라도 받습니까? 나 같으면 많은 돈을 준다고 해도 그런 직업은 갖지 않겠습니다. 내가 보기에는 가엾어 보이기도 하고. 얼마나 할 일이 없으면 그런 직업을 택하셨지요?"라면서 측은히 여기는 표정을 지었다.

골프를 치던 한 사람이 철학자의 질문을 받고는 할 말이 없다는 표정으로 "당신은 골프를 치는 일이 얼마나 즐겁고 행복한지 아세요? 우리는 세상에서 가장 행복함을 누리는 사람들입니다. 우리보다 행복하게 사는 사람도 없을 것입니다"라며 다른 일행을 뒤따라 가버렸다.

철학자는 발걸음을 옮기면서 달걀 같은 공을 수없이 때리고는 쫓아가고, 그 공을 그 좁은 구멍에 때려 넣고는 행복해하는 사람도 있는가 생각에 잠겼다. 아무 선입견 없는 사람이 농부와 골퍼를 보면 철학자와 같은 생각을 했을 것이다.

사람은 누구나 직업을 갖도록 되어 있다. 내가 젊었을 때만 해도, 놀고먹는 팔자가 상팔자라는 말이 어디서나 통하고 있었다. 내 아내가 하던 얘기도 그랬다. 어렸을 때 또래의 여자들이 모이면 "이다음에 우편배달부한테 시집을 갔으면 좋겠는데" 하며 "농사꾼 집에 시집가게 되면 어떻게 하는가"라는 걱정을 했다는 것이다. 양반이나 부자들은 일을 하지 않고 놀면서 사는 계급으로 되어 있었다.

또 직업을 갖더라도 사, 농, 공, 상의 순서가 있었다. 상업은 윤리성 때문에 천시했다. 기술자도 대우를 받지 못했다. 선비 직업이 최고였다. 나는 어렸을 때 건강 상태가 좋지 못했다. 그래서 농사를 짓는 노동을 하면 안 되겠으니까 중학교에 가라는 생각이 부모의 마음에 있었다.

지금은 직업의식이 완전히 달라졌다. 서구화되었다고도 할 수 있고, 선진 사회로의 과정을 밟고 있다고 해도 좋을 것 같다. 1981년에 서울대 사회학과 교수진이 '한국인의 의식 구조'를 조사한 일이 있었다. 조사 항목 가운데 '먹을 것이 있고 생활이 안정되어도 일을 하겠느냐?'라는 물음에 국민의 86퍼센트가 '그렇다'고 대답했다. 우리 국민이 게으른 민족의 타성을 버리지 못하고 있음을 개탄스럽게 생각하던 내 주변 사람들은 눈물겨울 정도로 감격스러워했다. 이제는 선진 사회로 갈 가능성이 보인다고 했다. 단군 이래의 의식 구조가 혁명적으로 바뀌었다. 다음 과제는 국민 모두가 일을 '사랑하는' 단계로 올라가면 된다.

생활의 기초 조건을 갖추지 못한 사람이 돈을 위해 일하는 것은 누구에게나 주어진 의무다. 최소한의 경제는 다른 사람의 도움을 받지 않고 자립할 수 있는 책임이다. 먼저 얘기한 농부의 경우가 그렇다. 그러나 일을 사랑한다는 것은 수입이 필요해서 일을 한다거나 돈을 벌기 위해 일하는 단계는 아니다. 돈이 인생의 목적이며 부자가 되는 것이 평생의 소원이라면, 그 사람은 돈의 노예가 된 사람이다. 가난한 사람만 그런 것이 아니다. 사업을 하는 사람도 부자가 되는 것이 전부라면 일을 사랑하는 행복은 모른다. 그런 사람들을 위해 예로부터 '빈손으로 왔다가 빈손으로 간다'는 교훈이 있다.

돈을 벌려고 학자가 되는 사람은 없다. 수입을 위해 예술계에 뛰어든다면 그는 일을 사랑할 수도 없으며 일에서 얻는 행복감도 모른다. 나는 때때로 수입을 위해 누군가 예술성을 외면한 그림을 많이 그린다든지, 남을 시켜 그림을 그린다는 얘기를 들으면, 그는 이미 예술인의 본분을 저버린 사람이며 돈으로 예술 정신을 파는 과오를 범하는 것이라고 본다. 부자가 되기 위해 학문하는 사람도 없지만, 돈을 벌기 위해 정치를 하는 사람도 있어서는 안 된다. 그렇게 본다면 돈을 벌기 위해 사업을 한다거나 부자가 되려고 기업을 하는 사람도 바른 길을 걷는 건 아니다. 그렇게 되면 그 사람은 일을 즐기는 행복은 모른다. 일의 가치와 목적을 망각하고 있기 때문이다.

'일을 사랑한다'는 의미

나는 유한양행의 창립자인 유일한을 자랑스럽고 모범적인 기업가 중의 한 사람이라고 생각한다. 그는 젊었을 때 미국에서 열심히 사업을 했다. 돈도 많이 벌어 상업적으로도 크게 성장할 수 있었다. 부자가 되어 가족들이 행복하게 살아갈 길이 열렸을 때 그 모든 것을 포기하고 자금을 정리해서 한국으로 돌아왔다. 교육계나 의료계에서 봉사하는 것을 생각해보다가 제약 회사를 설립해서 크게 성공했다. 그 당시의 한국 사회에 있어서는 괄목할 만한 모범적인 기업체를 정착시켰다.

정경 유착의 유혹이 얼마든지 있었다. 그러나 유일한은 기업의 자주성과 사회에 대한 기여 정신을 끝까지 지켰다. 정치자금은 탄압을 받으면서도 반대했으나 세금은 언제나 세무 당국에서 책정한 액수보다 더 많이 납부하는 것이 보통이었다. 사회와 국가에 많은 기부를 아끼지 않았다. 막대한 재산을 모았으나 세상을 떠날 때는 그 모든 재산을 사회에 환원했다. 하나밖에 없는 아들에게는 대학을 졸업할 때까지 도와주었으니 자신의 능력으로 살아가라고 아무것도 남겨주지 않았다. 딸에게는 가난한 학생들을 위해 설립한 유한전문학교가 있는 유한동산의 관리를 부탁했다. 손녀에게는 대학 졸업까지의 학비를 남겨주었다. 그리고 재산 전체를 사회에 헌납하고 세상을 떠났다.

유일한은 "너는 미국에 가서 주권을 빼앗긴 조국을 위해 큰 인물이 되어 한국에 봉사해야 한다"는 아버지의 충고와 애국심을 잊을 수 없었던 것이다. 아홉 살의 어린 소년이 단신으로 미국에 건너가 공부를 하고, 많은 난관을 극복하면서도 애국적인 정성으로 일관했다. 그렇기에 그는 일과 더불어 행복한 생애를 살았고, 그런 애국의 목적이 있었기에 행복한 꿈을 성취했다. 사랑하는 조국을 위하는 정성이 있어 인생의 행복과 보람을 만끽할 수 있었던 것이다.

수입이나 돈보다 일이 중하기 때문에 일한다는 것은 일의 가치를 추구한다는 뜻이다. 일의 가치는 일 자체에 있다기보다 일의 목적을 위하는 일이다. 일의 목적이 돈이 아니라면 다른 목적이 있어야 한다. 그 해답은 비교적 간단하다. 일의 가치를 창출해 사회에 기여하는 데 있다. 더 많은 사람이 인간다운 삶을 누릴 수 있도록 돕는 일이다. 우리가 유일한의 정신을 거론한 것도 그 때문이다. 경제적인 가치만 그런 것이 아니다. 정치·교육·문화를 비롯한 모든 일이 그렇다. 더 많은 사람이 인간다운 삶을 영위할 수 있어야 내가 행복해지고, 성공과 영광을 누리게 된다.

무슨 일이든지 다른 사람에게 피해와 고통을 주는 일이라면, 그 일은 하지 않는 것만 못하다. 앞서 우리는 골프를 즐기는 사람들 이야기를 했다. 누가 보든지 골프보다는 농부의 일이 중하다. 농부가 하는 일은 농작물을 통한 나눔의 길이 있으나 골프는 자신들을 위한 여가운동이다. 그러나 더 큰 일을 하기 위한 휴식과 준비의 운동이기 때문에 우리는 그 가치를 인정하는 것이다. 한평생을 골프에만 다 바친다면 우리는 그 활동의 사회적 의미를 찾아보기 힘들다.

우리는 때로 수입을 위해 운동하는 선수들을 본다. 사회는 그들의 운동 경기를 관람함으로써 즐거움과 만족감을 받아들인다. 그 때문에 선수들의 노고에 고마움을 느끼기도 한다. 선수로서 성공했다는 것은 자신의 노력에서 일의 가치와 인생의 의미를 찾아 다른 사람에게 행복감을 전했다는 증거기도 하다. 국제 대회에서 골프선수로 활약하면서 결과의 자랑스러움을 팬들과 공감할 수 있다는 것은 그만큼 사회적 기여도가 있다는 뜻이다. 그러니까 같은 골프 활동이라고 해도 일의 가치는 천차만별일 수가 있다. 한 가지 확실한 것은 일을 운동하는 마음으로 하면 즐거움과 행복을 느낀다. 그러나 수입을 위해 억지로 한다면 일의 가치를 모르기 때문에 한평생을 불행하게 끝낼 수도 있다. 일을 사랑하게 되면 즐겁게 일할 수 있다. 일의 사회적 가치를 기대한다면, 일은 행복과 영광스러움을 더해준다.

같은 일, 다른 가치

농부가 골퍼보다 불행하다고 생각하면 잘못이다. 생산성 측면에서 사회적 기여도가 골퍼보다는 높기 때문이다. 골프를 즐기는 사람들은 농부보다 행복하다고 착각해서도 안 된다. 내 휴식과 즐거움을 위한 운동이라면 사회적 관심과 감사의 대상이 되지 못한다.

나는 한평생을 교수로 살았다. 많은 동료 교수들이 대학으로부터 무슨 도움을 얼마나 많이 받을 수 있을까 생각하며 지내는 편이었다. 월급이 많아지면 좋아하고, 보너스가 나오면 즐거워한다. 그러나 등록금을 내기 위한 가난한 학생들의 힘겨운 생활과 학부모들의 고생은 잊어버린다. 대학에서 보직이라도 맡겨주면 출세한 듯이 흐뭇해한다. 나도 그렇게 살았다. 그런 교수들은 정년이 되면 대학도 그를 잊어버리며 사회에서도 환영을 받지 못한다.

그런데 많지는 않으나 어떤 교수들은 학교와 교육에 대한 걱정을 먼저 한다. 대학과 좋은 교육을 위해서는 자신을 억제하거나 희생적인 봉사를 아끼지 않는 사람도 있다. 그들은 교수직에 머무는 동안에 대학의 중직을 차지하기도 한다. 때로는 학장이나 총장이 된다. 대학을 위하고 사랑한 마음의 대우를 받는다. 정년이 되면 그의 명예는 대학과 더불어 남고 사회로부터도 존경을 받는다.

항상 국가와 사회 문제를 걱정하거나 사회적 책임을 지니고 사는 교수들도 있다. 대학에 있을 때는 그들이 알려지지 않는다. 그런데 그런 교수들은 정년이 되어 대학을 떠나게 되어서도 사회와 국가를 위한 직책을 맡거나 기관의 중진이 된다. 때로는 국민들의 존경을 받는 지도자가 되기도 한다. 사회적 관심과 노력을 쌓아왔기 때문이다. 나는 정년 후 사회생활과 사회교육에 몸담고 있는 그런 이들을 볼 때마다 누구보다도 보람 있고 행복한 인생을 이어오고 있음을 존경스러운 마음으로 대하곤 한다.

직장이 행복의
터전이 되려면

1950년대 말에서 1960년대에 세계 여행을 해본 사람들은 기억할 것 같다. 세계 어디를 가든지 볼 수 있는 광고는 미국의 코카콜라와 일본의 소니 제품 광고였다. 그만큼 소니의 위력이 얼마나 컸는지를 보여주고 있었다.

소니 회사의 간부 한 사람이 한국을 방문했을 때 우리나라의 『현대경영』이라는 월간지에서 그와 인터뷰를 진행했는데, 그 내용을 녹음테이프를 통해 들을 기회가 생겼다. 편집 책임자가 서울대 철학과 출신이었는데, 나에게 경영 문제가 아닌 윤리적 견해를 듣고 싶다는 부탁을 했기 때문이다.

우리 기업계의 한 사람이 "소니 회사를 설립한 기업 목표가 무엇이었느냐"고 물었다. 그 대표는 "우리 회사의 설립 목표 중 첫 번째는 우리 사원 전체가 회사에서 일하는 동안 가장 행복한 인생을 살도록 돕는 일이었다"고 답했다. 지금은 그 일에 성공했다고 생각하느냐고 물었더니, "우리는 실망하지 않고 있다. 내가 도쿄에 있는 큰 공장에 공장장으로 근무하고 있을 때, 고민거리의 하나는 직원들의 점심 식사였다. 한때는 회사에서 식사를 제공해주었는데, 어떤 사원은 도시락을 가져오기도 하고 외식을 즐기는 사람도 있었다. 그래서 고민하다가 카페테리아식을 채택하기로 했다. 여러 가지 식단을 제공하고, 각자가 선택하여 식사를 하는 방식이었다. 식사 후 각기 자기가 먹은 대로 기록하면 월급에서 공제하는 방법을 택했다. 우리는 허위로 기록하는 사람이 간혹 있지 않을까 걱정했는데, 첫 달부터 차질이 발생하지 않았으니 성공했다고 할 수 있다. 우리가 우리 직원을 믿지 못하면 믿을 사람이 어디 있겠느냐고 내가 주장했는데, 그 정성과 뜻이 버림받지 않았다. 우리의 꿈은 수십 년의 세월이 지난 후, 우리 사원들이 사회에서 서로 만났을 때 '우리가 전에 소니 회사에 다니고 있을 때가 참 좋고 행복했는데……'라고 인사를 나누는 그런 회사를 만드는 것이다"라고 이야기했다.

그 내용을 듣고 나는 '모든 사람이 직장생활로 긴 세월을 보내게 되는데, 그 몇십 년 동안 행복하지 못하다면 어디서 그 불행의 보상을 받을 수 있겠는가' 생각하면서 내 직장생활에 관해 반성해본 일이 있었다.

직장에서는 일이 최우선이지만

물론 기업의 성격은 사회에 따라 다를 수 있다. 또 우리가 선택하는 직업에 따라 직장 내 생활도 다를 수 있다. 미국 같은 사회에 가보면 기업은 행복을 추구하는 곳이 아니다. 능률적인 경쟁에 의해 이윤을 극대화하고, 그 혜택은 사회가 공유하는 것으로 되어 있다. 행복을 추구하는 것은 가정이나 다른 공동체에서 찾으면 된다. 직장은 일하는 곳이지 즐거움을 찾는 곳은 아니라고 본다. 심지어는 대학도 그렇다. 교수와 학생 간의 인간관계는 합리적이고, 지식 문제가 우선이다. 우리나라에 비하면 사제관계는 삭막하다.

내가 미국의 대학에 머물고 있을 때였다. 멀리서 제자들이 찾아와 자기네 가정으로 나를 초대하는 것을 본 미국인 교수들은 그 실정을 이해하지 못했다. 교수 간에도 그렇다. 내 친구인 김하태 교수는 미국 대학에 있으면서도 말년에는 한인교회를 다니곤 했다. 정년퇴직 후에 고독하게 혼자 남을 것 같아 미리 한국인 친구들을 가까이하기 위해서였다.

기업체 안에 있어서는 능률적인 일의 성과가 최선이다. 그리고 그 대가로 보상을 하면 되는 것이다. 그런 기업체가 성공한다. 개인의 행복은 스스로가 처리하게 된다. 그것은 당연하다.

직장은 일이 우선이며 일하기 위한 곳이다. 그렇다고 해서 선하고 아름다운 인간관계가 훼손되거나 소외되어도 좋다는 법은 없다. 또 직장에서 일하는 동안 다른 기업체에서 일하는 사람들보다 덜 행복하거나 불행해져도 된다는 논리도 통하지 않는다. 소니 회사는 다분히 동양적인 정서를 유지하는 편이다. 그렇다고 직원들의 행복을 위해 일을 소홀히 해도 된다는 이치는 통하지 않는다.

나는 교육계 밖에서는 직장생활을 체험해보지 못했다. 그러나 교수생활을 하는 동안은 교수들, 학생들과의 인간관계를 소홀히 할 수는 없었다. 나 때문에 행복을 느끼며 나누어 갖는 사례가 많아져야 한다고 생각했기 때문이다. 나 때문에 어려움과 고통을 치르는 동료나 학생이 있다면 그것은 교육자의 자세가 아니다.

나는 연세대로 직장을 옮기기 전에 중앙중·고등학교에 근무한 일이 있었다. 그 기간에 그 학교 설립자였던 인촌 선생을 통해서 인간관계의 소중함을 배웠다. 그 시절 얻은 교훈이 한평생 나에게 좋은 지침이 되었다.

나 자신이 윗사람에게 아첨하는 일을 해서는 안 되며 그런 사람을 가까이해서도 안 된다. 자신에게 도움이 되기 위해서 동료들을 비방하는 비겁한 반인격적인 행동을 해서는 안 된다. 무슨 일이 있어도 직장 안에서 편을 가르는 일은 옳지 않다. 그것은 편견을 갖게 하며 마침내는 집단 이기주의에 빠지게 한다. 자기보다 유능한 동료가 있으면 그에게 양보하고 추대하는 일에 인색하지 말라는 가르침을 견지하고 싶었다.

직장생활을 하다 보면 이런 기본적인 과오를 범하는 사람들이 적지 않다. 직장에는 언제나 선의의 경쟁이 뒤따르게 된다. 그런데 같은 일에서도 선의가 아닌 이기적인 경쟁심에 빠져드는 사람이 적지 않다. 그런 사람에게는 성공의 길도 열리지 않으며, 자신의 그런 마음 때문에 그 자신이 고통과 불행의 짐을 지고 살게 된다.

이런 경우를 얘기해서 도움이 될지 모르겠다. 내가 몇 해 동안 중앙학교의 교감으로 있으면서 새로운 선생을 받아들여야 하는 일이 있었다. 교장은 그런 얘기를 꺼내기 어색할지 모르나, 오랫동안 함께 일할 친구기 때문에 내가 한 가지를 권고하는 것이 있었다.

"선생님이 우리 학교에 와서 함께 계시는 동안 열심히 공부를 계속해서 학자가 되거나 교육학과 교육에 관심을 가져 교육자가 되어야 합니다. 그저 다른 선생님들과 즐겁게 지내는 것도 좋지만, 우리에게 주어진 평생의 의무를 소홀히 하게 되면 50이 넘고 60이 되어 자신의 인생에 대해 후회하게 될지도 모릅니다."

그즈음에는 선생들이 술자리도 같이하고 모여서 즐기는 일도 많았다. 그때 학문을 계속한 사람들은 대학으로 자리를 옮겼고, 교육자가 되기 위해 노력한 이들은 교장이 되거나 교육계에서 봉사하는 길을 걷기도 했다.

물이 위에서 아래로 흐르듯

한번은 이런 일도 있었다. 교장이 나를 불러 H선생을 이번 학기를 끝으로 퇴직시키는 것이 좋겠다는 뜻을 밝혔다. 실력도 달리고 학부모의 불만도 있다는 것이었다. 나도 공감하는 점은 있었으나, 교장이 직접 받아들인 선생을 너무 쉽게 해임하는 것 같아 고민하게 되었다. 그러나 할 수 없이 그 선생을 조용히 찾아 함께 상의를 했다. 그리고 내가 한 학기의 여유를 얻을 테니까 다음 학기 동안은 같이 최선을 다해보자고 약속했다. 한 학기가 지난 후에는 학교와 학생들을 위해 교장과 협의해보기로 했다. H선생도 동의하여 한 학기 동안 노력을 했다. 마침내 학기가 끝나고 방학이 되면서 나는 그 선생과 마주했다. H선생은 한 열흘 정도 여유를 주면 자신이 결정을 짓고 찾아뵙겠다며, 나에게 시간의 여유를 요청했다. 얼마 후에 그 선생이 부인과 함께 집으로 나를 찾아왔다. 자기가 지방 학교에 있다가 서울의 명문 학교로 오고 싶어 노력했는데, 지금 생각해보니까 교장의 말씀이 옳은 것 같다고 했다. 그렇다고 해서 아무런 준비도 없이 떠날 수는 없으니까 교감께서 교장과 상의해서 다시 지방 학교로 옮길 수 있도록 도와주면 감사하겠다는 요청이었다.

나는 교장과 협의해서 그 선생의 길을 열어주었다. 그리고 나는 연세대학교로 직장을 옮겼다. 그런데 최근까지도 그 선생과 가족들은 나를 고마운 은인이나 존경하는 친구로 대해주고 있다. 나는 그 선생을 잊었으나 그 선생은 오랫동안 나를 고맙게 기억하고 있었다.

나는 인촌에게서 인간관계의 소중함을 배웠고, 인촌이 나에게 베풀어준 후의를 그 선생에게 조금 나누어준 것뿐이었는데, 그 작은 배려가 계기가 되어 나와 그 선생은 아름다운 행복을 함께 할 수 있었다. 직장에서 합리주의와 능률성이 중요하다고 해도 서로 나눌 수 있는 따뜻한 배려와 사랑의 정은 있으면 좋다고 생각한다. 윗사람이 그렇게 모범을 보여주어 그 사랑의 정이 또 다른 이에게 연결돼 세상이 좀 더 따뜻해진다면 얼마나 좋겠는가.

나는 큰 직장의 책임을 맡아본 일이 없다. 위에서 아래를 내려다보지는 못했고, 아래서 위를 쳐다보면서 긴 세월을 보냈다. 교사와 교수생활을 하며 중간 위치에서 위아래를 연결 지어본 경험이 전부이다. 넓고 높은 경험은 없는 셈이다.

직장생활을 하면서 느끼는 가장 중요한 문제는 직책의 상하관계와 인격의 평등관계를 혼동하거나 망각하는 윗사람들이 많다는 것이다. 그런 윗사람 밑에서 일하는 사람들은 항상 자기 갈등을 느낀다. 윗사람에게 항의를 하거나 복종을 해야 하는 갈림길에 서기 때문이다.

오래전 J육군참모 총장에게 들은 얘기가 생각난다. 미국에 머물고 있을 때 자신과 같은 계급인 미국 장군의 가정을 방문한 일이 있었다. 그날 저녁에 미국 소장이 저쪽에 사는 부하 대위 딸의 생일 파티가 있는데, 같이 갈 수 있겠느냐고 물었다. 호기심도 있고 친분이 있는 편이기 때문에 동행하기로 했다. 대위의 집에서는 두 육군소장을 맞이하게 된 셈이다. 미군 소장이 방으로 들어서면서 대위의 딸에게 정중히 생일 축하한다고 인사를 했다. 그 태도가 자기 딸의 생일에 그 대위가 와서 인사하던 모습을 연상케 했다는 것이다. 그 딸도 소장을 오늘은 아버지의 상관이 아닌 자신을 축하해주러 온 손님으로 대하는 모습이었다면서, 우리 군대에서는 찾아보기 어려운 장면이었다는 얘기였다. 소장과 대위의 계급의식 때문에 그런 분위기가 만들어지지 못한 것이 문제라기보다는, 대위는 부인을 동반하고 소장의 집에 인사를 가야 하지만 소장은 대위 가정에 가는 일이 드물 거라는 것이다. J소장은 자기의 친구 소장이 어린 소녀의 손에 입을 맞추면서 축하해주는 모습이 인상적이었다고 했다.

나는 대장, 너는 부하라는 태도

그런 모습은 미국이나 서구의 상류 사회에 가면 자주 볼 수 있다. 우리에게는 생소한 느낌을 준다. 나는 소장이라는 계급의식을 갖는다. 그런데 그 소장은 부하인 대위의 딸을 마치 친구의 소중한 따님처럼 대해주었던 것이다. 자기 딸을 다른 사람들이 그렇게 대해주기를 바라듯 말이다.

내가 겪은 일이 있다. 내가 잘 아는 후배가 자신이 근무하는 대학교에서 총장으로 선출되었다. 그런데 취임식이 끝난 다음 날부터 그는 '나는 총장, 너희들은 내 밑에서 일하는 부하'라는 식으로 교수들을 대하더라는 얘기를 들었다. 내가 다른 일로 지방에 갔을 때 그 총장과 행사에서 만나게 되었다. 나는 그에게 총장직을 맡아 수고하게 되었으니 축하한다고 인사를 했다. 나도 총장과 같이 연사로 초대를 받았기 때문에 몇 시간을 함께 보냈다. 물론 같은 장소에서 강연도 했다. 주최 측에서도 총장 대우를 하기 위해서인지 그 총장이 먼저 강연을 하고, 내가 다음 시간을 맡게 되었다. 우리를 초대한 곳이 기독교 기관이었다. 맡은 일을 다 끝내고 돌아오면서 혼자 생각해보았다. 그 교수는 오래전부터 총장이 되기 위해 노력했는데, 총장이 되니 교수로 있을 때보다 더 높은 위치에 올라간 것으로 생각하는 것 같았다.

나는 때때로 교회를 방문하는 기회를 갖는데, 어떤 교회에 가면 당회장 책임목사가 함께 일하는 부목사나 부서담당목사를 대할 때 그 사이에도 계급의식 비슷한 것이 보인다. 같은 일을 하는 동역자 개념보다도 직책의 상하의식이 앞서는 것 같다. 교수 사회보다 더 심한 것 같았다. 종교계까지도 그렇다면 일반 사회에서는 인격의 평등성과 직책의 상하성이 공존하는 일이 얼마나 힘들겠는가.

우리는 모두 크고 작은 직장에서 일하고 있다. 직책의 상하관계는 엄존해야 한다. 아랫사람이 더욱 의식해야 한다. 그러나 인격의 평등관계는 더욱 소중하다는 사실을 윗사람들은 잊지 말아야 한다. 그것이 직장생활에 있어서의 행복의 길이다.

왜
일을 하는가

중학교 4학년 때였다. 도서관에서 『단순생활』이라는 소설을 읽었다. 프랑스의 작가가 쓴 것을 일본어로 번역한 책이었다.

소설의 주인공은 외교관이었다. 늦은 나이에 결혼을 했다. 결혼식을 위한 모든 준비를 갖추느라고 많은 시간을 보냈다. 결혼식 당일에도 새벽부터 바쁘게 서둘러야 했다. 아침 식사도 제대로 먹지 못하고, 옷을 갈아입은 후 몇 군데 전화를 했다. 결혼식을 도와줄 사람들에게 인사를 했다. 신부 집에서 오는 연락도 받고, 겨우 시간에 맞추어 결혼식장으로 갔다. 하객들 중에는 꼭 직접 인사를 드려야 할 사람도 있었다. 신부 측 귀빈에게도 인사를 드려야 했다.

신부는 잠도 제대로 못 잔 얼굴이었다. 그녀는 대기실에 있다가

입장을 했다. 신부님의 주례도 길었다. 축사도 있었다. 그 외교관
은 신부가 쓰러지기라도 하면 어쩌나 마음이 쓰였다. 식이 끝난
다음에는 더 많은 일이 기다리고 있었다. 하객 테이블을 찾아다
니면서 인사하기 위해 신혼부부는 식사할 시간의 여유도 없었다.
직장의 상사나 귀빈들에게는 각별한 예우를 갖추어야 했다.

오후 3시가 되어서야 겨우 뒷방에서 자리를 잡고 앉아 쉬고 있
었는데, 이번에는 신부 측 가족들과 대화를 나누어야 했다. 안내
장을 받고도 오지 못한 손님들의 전화 전문들도 챙겨 보아야 했
다. 겨우 자유로운 몸이 되어 옷을 갈아입고 신혼여행을 떠날 준
비를 끝냈다. 일생에서 가장 바쁘고 자유롭지 못한, 어떻게 보면
지금까지 가장 힘들었던 하루를 보내야 했다. 가족과 친구들의
인사를 받으면서 신혼여행을 떠나는 자동차 안에서야 비로소 해
방되고 자유로워져 안도감을 느꼈다는 식의 얘기였다.

왜 그 소설을 읽었는지는 모르겠다. 특별한 재미가 있었던 기억
도 없고, 그다음에 나오는 얘기들은 다 잊어버리고 말았다. 그런
데 이상한 것은 지금도 때때로 '단순한 생활'이 필요하다는 생각
이 들 때가 있다.

전에는 국방부의 요청을 받아 전방 부대를 방문한 일들이 있었
다. 주로 군인들을 위한 강연회 때문이었다. 그럴 때는 군단장실
이나 사단장실에 들르곤 했다. 그들은 꼭 필요한 몇 가지 물건만
사무실에 놓고 있었다. 신속한 행동을 위해 불필요한 물건들을

갖고 다니지 않는다. 그런 것을 보면서 나도 저렇게 꼭 필요한 물건들만 지니고 힘차게 사는 방법은 없을까 하는 부러움을 느끼기도 했다. 군인들은 최소한의 필수품 이상은 필요하지 않다. 귀부인들이 수십 벌의 옷을 옷장에 채워 넣고 사는 것과는 대조적이다.

관청에 간 촌닭 같은 기분

농촌에서 20여 년을 살아온 습성 때문일까. 도회지는 나 같은 사람의 생활을 번거롭게 만든다. 대학생활을 일본 도쿄에서 했다. 도시의 혼잡을 벗어날 방법이 없었다. 자연과 벗 삼는 농촌생활에 비하면 도시생활은 잡초가 우거진 연못을 헤매는 물고기 같은 번거로움을 느끼게 한다. 농촌에서는 맑은 물만 가득 차 있는 호수 속에 사는 것 같았다. 도회지는 살고 싶은 곳이 아니다. 할 수 없이 갇혀 살아야 하는 소란스러운 공간이다. 멀리할 수만 있으면 떠나고 싶은 배움터나 일터다.

이런 촌뜨기가 40을 넘기면서 미국까지 갔다. 시카고대학교에 머물면서는 국제학사의 한 방에서 지내야 했다. 7층이었던 것 같다. 승강기를 타는 것이 비위에 거슬렸는지 머리가 무겁고 힘들어 높은 층층대를 걸어서 오르내리기도 했다. 그렇게 높은 집에 살아본 경험이 없었던 것 같다. 미국생활 몇 달 동안은 '촌닭이 관청에 온 것 같다'는 속담이 생각날 정도로 힘들었다. 이유 없는 두통을 느끼기도 했고, 식사를 하는 것이 부담이 될 정도로 식욕이 저하되기도 했다. 때마침 대학에서 실시하는 건강검진이 있어 도시생활에 적응하기 힘들다고 걱정했더니, 의사는 가벼운 노이로제 증상이라고 진단했다. 아마 더 심했다면, 연구 활동을 중단하고 귀국했을지도 모른다.

나도 모르게 환경의 변화가 내 삶을 위협하고 있다는 생각을 했다. 장기간에 걸친 오랜만의 여행이기도 했고, 언어의 장벽도 부담이 되었을지 모른다. 지금도 나는 고층 아파트에 살 생각은 못한다. 좁은 공간에 갇혀 있는 자신을 그려보곤 한다.

뉴욕에서 두 달 정도 보냈다. 50~60층 아파트가 아니면 70~80층 아파트에 머물 수밖에 없었다. 한번은 내 외손자가 사는 뉴욕 맨해튼 지역에서 4~5일 머문 일이 있었다. UN 본부가 있는 부근이어서 비교적 상류층 사람들이 살고 있었다. 그런 곳에서 한두 달 살라고 하면 무슨 일이 있어도 사양했을 것 같다. 도저히 내가 적응하거나 이겨낼 수 없을 것 같았다. 내 정신적 건강이 약했기 때문인지, 환경의 압력이 강했던 이유인지 모르겠다.

미국에 사는 한국 교포들과 사귀는 것에도 익숙해지지 못했다. 모두가 바쁜 직장생활을 하고 있기 때문에 주중에는 어떤 약속도 힘들다. 그러니까 두 달 후의 토요일 몇 시라든가, 다음 달 첫째

일요일 저녁 식사를 같이 할 수 있겠느냐는 식의 초대를 받는다. 그런 약속이 많아지게 되면 나의 자유로운 시간은 사라져버린다. 미국인들도 중대한 약속이 있을 때는 서너 달 후의 날짜를 잡아놓곤 한다. 그것이 습관이 되면 괜찮은데, 익숙하지 못한 사람에게는 생활의 구속이 된다. 내겐 그런 일은 부담이 되곤 했다.

그런데 요사이는 내 아들딸이 그보다 몇 배로 짜인 시간 계획의 노예가 된다. 딸과 사위만이 아니다. 손자들까지도 한국에 한번 다녀가려면, 길게는 2년 전부터 짧게는 6개월 전부터 계획을 세워야 한다. 하는 일이 바쁠수록 더 심각해지고, 직책이 높을수록 자유로운 시간은 줄어들기 마련이다. 어떻게 보면 행복하게 살기 위한 시간이 아니고, 시간에 맞추어야 하는 생활이 된다. 짜놓은 스케줄에 따라 살도록 정해져버린다.

스케줄에 얽매인 인생이라니

내 손자 하나가 MIT(매사추세츠공과대학교)를 졸업하고 좋은 회사에 취직했다. 그 애의 일과와 계획을 보면 자기를 위한 시간의 선택은 없다. 너는 왜 세상에 태어났으며 무슨 목적으로 일류 대학을 다녔고, 지금의 기업에 무슨 목적으로 있느냐고 물어보면 뭐라고 대답할까. 지금 살고 있는 그대로 얘기해보라고 한다면 뭐라고 대답할까. 일의 노예가 되기 위해 태어났다고 대답할 것이다.

일은 왜 하느냐고 묻는다면 성취하기 위해서다. 나를 위한 일은 아니다. 일 자체의 성과를 위해서다. 언제까지 그 일을 계속할 것이냐고 물으면, 아마 70까지는 하게 될 거라고 한다. 그 대가로 얻는 것이 무엇이냐고 물으면, 많은 수입과 성공했다는 명예다. 그 수입과 명예를 얻었으면 끝내야 하지 않겠느냐고 묻는다. 그러면 더 많은 수입을 원하고 출세욕이 있기 때문에 끝낼 수는 없다고 말한다. 그러면 너 자신을 위한 인생은 어디 있느냐고 물어본다. 대답은 어디 있는지 모른다. 아마 일 속에 있을 것 같다고 대답할 것이다. 일에 매달려 성취하는 짧은 즐거움이 끝나면, 또 다른 일에 매달려야 한다. 일을 위해서 나 자신을 희생하는 인생을 이어 가고 있다.

이것이 경제적 성장과 부를 자랑삼는 아메리카 엘리트들의 생활상이다. 그렇다면 그들이 최선의 삶과 행복을 누리는 인생을 선택했으며 자기들처럼 살라고 권할 수 있을까. 최근에는 이런 인생관에 불만과 회의를 느끼는 사람들이 새로운 비판을 가하고 있다. '행복은 어떤 것이며 어떻게 찾아 누릴 수 있는가' 하는 자성론(自省論)이다. 일 때문에 자신의 인생은 희생당하고 있기 때문이다.

몇 해 전 서울에서 있었던 일이다. 한 여자 대학에서 교양 과목을 위한 신임 교수를 선발한 일이 있었다. 여러 지원자 가운데 한 여성은 국내 최고 기업의 촉망받는 부장 자리를 떠나 대학의 전임강사 자리를 찾아온 경우였다. 미국서 우수한 대학을 나왔고 그 기업체에 특채로 오게 된, 장래가 유망한 엘리트였다. 왜 지금의 직책을 버리고 교수직을 지망했느냐고 물었다. 그는 두 가지 이유를 들었다. 봉급도 훨씬 많은 편이고 어느 정도 성공했다고 생각했으나 일의 노예가 되고 싶지 않았고, 성과 여하에 따라서는 회사에 남는 기간이 단축될 수도 있기 때문이었다. 게다가 대학에 있으면 65세까지 정년이 보장될 수도 있고, 여유 있게 자신의 인생을 즐길 수 있기 때문이라는 것이었다.

나에게는 의과대학을 나와 공화당 때 발탁되어 정부에 들어간 친구가 있었다. 그는 6·25 전쟁 때 군의관으로 많은 업적을 올렸다. 그 성과를 인정받아 일찍 보건사회부 차관이 되고, 장관의 직책까지 올라갔다. 그리고 50대에 장관직을 떠나게 되었다.

나를 만났을 때 "그대로 의과대학에 남든가 김 형과 같은 학자가 되었으면 65세까지 일하고 그 이후에도 계속 봉사할 수 있었는데, 너무 일찍 공직에서 떠나게 되니 내 인생을 다 채우지 못하고 있다는 후회스러운 생각이 든다"고 얘기했다. 인생을 좀 더 긴 안목을 갖고 살았어야 했다는 반성 같았다.

일은 인생의 가장 소중한 의무다. 그러나 그 일 때문에 자신의 삶의 가치와 행복을 놓친다면 그것도 지혜로운 선택이 못 된다.

우리는 도시생활에서 자연을 상실한 불행을 얘기했다. 많은 사람들과의 인간관계 문제로 삶의 자아성을 상실하는 사회적 문제를 제시해보기도 했다. 자연 상실에서 오는 불행은 자연을 찾아 누리면 된다. 그 방법은 누구에게나 가능하다. 도심지에서 일하고 집은 교외에 장만하는 것도 하나의 방법이다.

인간관계의 번잡함이나 지켜야 하는 약속은 줄이면 된다. 서로 도움이 되고 위안이 되는 인간관계는 생활의 지혜에서 찾을 수 있다. '지나침은 미치지 못한 것과 같다.'『논어』에 나오는 말이다. 중용과 적절한 조화에서 해결할 수 있다.

놓치지 말아야 할 제3의 경쟁

그러나 일의 속박에서 벗어난다는 것은 쉽지 않다. 현대인들에게 주어진 운명적 과제일 수도 있다. 인간은 자유를 원한다. 자유를 얻기 위해서는 성장과 성공을 위한 경쟁을 포기할 수가 없다. 경쟁은 성공의 필수 조건이다. 인생은 싸움이 아니지만, 경쟁에서 그 의미와 가치를 발견한다. 그래서 최근에는 무한 경쟁이라는 개념이 상식화되고 있다. 무한 경쟁은 경쟁의 시간적 길이만 뜻하지 않는다. 경쟁 상대의 공간도 무한히 넓다. 모든 일에서 많은 사람들과 끝없는 경쟁을 하면서 사는 것이 현대인의 운명이 되었다. 그 운명의 굴레에서 벗어나지 못하고 있는 현실이 되어버렸다. 무한한 경쟁을 시정하거나 포기하지 못한다면, 행복을 누리는 사람은 줄어들 것이다. 그래서 옛날로 돌아가야 한다는 회고적 가치를 되살려보기도 한다.

지금 우리 모두가 무한 경쟁의 마라톤에 뛰어들고 있는 것이 사실이다. 그 규모와 거리에 차이가 있을 뿐이다. 그런데 따져보면 무한 경쟁에는 확연한 질적 차이가 있다. 그것은 목적과 방법의 구별을 동반하게 되어 있다.

그 하나는 이기적 무한 경쟁이다. 나의 만족과 소유와 향락을 위한 경쟁이다. 이기적 목적을 버리지 못하고 관철하기 위해 무한 경쟁에 전 생애를 바친다면, 그것은 자아 상실이면서 삶의 가치와 행복을 빼앗기는 결과를 초래한다. 한 사람의 부를 위해서 많은 사람이 가난을 겪어야 한다. 독재적 집단을 위해 수많은 국민이 고통을 감수하게 된다. 모든 사회악의 원인이 되면서 고통과 불행을 가중할 뿐이다.

사회악적 경쟁을 선의의 경쟁으로 승화시켜 행복과 삶의 가치를 증대시켜가자는 운동이 지금은 세계적 추세다. 올림픽 경기가 탄생된 것도 집단 이기적 경쟁인 전쟁의 악에서 스스로를 구출하자는 하나의 평화운동으로 시작되었다. 선의의 경쟁은 개인과 사회적 성장을 도울 뿐만 아니라 행복의 원천이 되기도 한다. 지금 우리는 정치·경제를 비롯한 사회의 모든 문제가 이기적 경쟁에서 선의의 경쟁으로 승화되기를 기대하고 있다. 군사보다는 정치가, 정치보다는 경제가, 경제보다는 문화가 점차로 선의의 경쟁을 가능케 하는 방향이라고 믿고 있다.

그러나 더 소중한 또 하나의 무한 경쟁을 잊어서는 안 된다. 사랑이 있는 경쟁이다. 모든 윤리와 종교적 교훈이 원하는 것은 사랑이 있는, 더 많은 사람을 위하고 섬기는 인간애의 경쟁인 것이다. 현대인들은 제3의 경쟁인 사랑의 경쟁을 놓치고 있다. 더 많은 사람들이 인간다운 삶을 누리기 위해 무엇을 할 것인가를 찾아 실천하는 경쟁이다. 이기적인 경쟁을 선한 경쟁으로 승화시키기 위해서는 정의로운 판단과 질서가 필요했으나, 사랑을 주고받음으로써 더 큰 행복을 창출하기 위해서는 서로 위해주는 원동력이 되어야 한다. '나는 사랑했다. 그러므로 행복했다'는 명제가 진실이 되어야 한다.

누가 더 행복한
의사였는가

부산에 한 의사가 있었다. 일찌감치 병원 개업을 했다. 병원의 위치도 좋았고, 열심히 환자를 돌봐주었기 때문에 흔히 말하는 성공한 의사였다. 그런데 어느 정도 돈을 벌고 보니까 좀 더 쉽게 돈 벌 방법을 찾고 싶었다. 그래서 부인과 힘을 모아 부동산 투기를 시작했다. 그 당시만 해도 돈이 돈을 버는 시기였다. 몇 차례 부동산을 사고파는 동안에 재산이 크게 늘었다. 의사는 후배에게 병원 일을 맡기고 본격적으로 돈벌이에 나섰다.

잘 아는 사람과 합의해서 도심지에 대지를 사고, 그곳에 빌딩을 짓기로 했다. 그렇게 되면 환자를 보는 고생을 하지 않고도 의사 몇 명의 수입보다 더 많은 소득을 올릴 수 있다는 계산을 한 것이다. 그런 사업을 계획하고 있을 때, 거금을 들여 사놓은 땅이 도시

계획 선에 걸려 상당히 많은 부분이 도로가 된다는 것을 알게 되었다. 그 당시에는 흔히 있었던 일이다.

그 사실을 뒤늦게 알게 된 의사는 문제를 해결하기 위해 노심초사하다가 결국은 변호사의 힘을 빌려 소송을 하게 되었다. 그 재판에 열중해 몇 달 동안 마음을 태우던 어느 날, 차를 타고 시내를 달리다가 뇌졸중으로 쓰러졌다. 병원에서 치료를 받았으나 후유증은 예상보다 심각했다. 소송을 진행할 건강을 상실한 것이다. 부인은 서울에서 대학 졸업을 앞둔 아들을 불러 재산 처리를 위한 해결책을 찾기로 했다.

그렇게 세월이 지나는 동안에 의사는 세상을 떠나게 되었고, 아들은 대학 공부를 계속하지 못했다. 결과적으로 의사의 가족은 졸지에 불행의 늪으로 빠져들게 된 것이다.

교수다운 교수, 의사다운 의사

나는 그 의사를 모른다. 나의 가까운 친구가 그 의사의 장례식에 참석하고 돌아와, 주말에 시간이 있으면 차 마시는 시간을 갖자는 뜻을 전해왔다. 무슨 얘기라도 나누고 싶었던 모양이다. 약속 장소에서 만났을 때 부산의 의사 장례식에 다녀온 소감을 말하면서 나의 의견을 묻는 것이었다.

대학병원 의사인 그 친구는 더 나이 들기 전에 개업을 하는 것이 좋겠다는 권고를 받고 마음의 준비를 하고 있었는데, 이번에 부산 친구의 죽음을 보게 된 것이다. 과연 개업을 해서 좀 더 여유 있는 생활을 하는 것이 옳은 건지, 나의 생각을 듣고 싶어서 자리를 마련했다고 했다. 나와 내 가족들이 그 친구의 도움을 받고 있는 동안에 서로 잘 이해하는 사이였다.

나는 생각을 정리해서 "내가 만일 당신과 같은 상황에 처한다면 개업을 하기보다는 대학병원에 그대로 남겠다"고 했다. 그 당시에는 개업의의 수입이 가장 높았고, 일반 종합병원의 봉급이 그다음이었다. 대학병원은 명예롭기는 했으나 봉급은 훨씬 적은 때였다. 나는 친구에게 "당신이 의사가 된 것은 많은 환자들에게 사랑을 베풀고 그들의 건강을 지켜준다는 뜻이었는데, 만일 개업을 해서 더 많은 환자를 위해줄 수 있다면 개업을 하는 것이 좋을 것이다. 그러나 수입은 적더라도 대학병원에서 연구를 계속하면서 더 좋은 의료 서비스로 환자들을 보살펴줄 수 있다면, 지금의 직책이 더 귀하고 보람 있지 않을까. 그것이 의사다운 의사의 본분이고"라는 의견을 말했다. 내 얘기를 들은 친구는 좀 더 생각을 정리해보겠다고 했다.

며칠 후에 그 친구에게서 전화가 왔다. 여러 가지로 생각해보았는데 대학병원에 끝까지 남기로 했다는 얘기였다. 내가 교수다운 교수로 남기 위해 대학에서 주는 보직도 사양하던 일이 생각나서

상의했는데, 자기도 의사다운 의사로 고통받는 더 많은 환자를 위해 도움을 주기로 했다는 것이었다. 나는 잘했을 뿐 아니라 고맙다고 말했다. 동지 비슷한 친구를 얻은 것 같았다. 더 많은 제자를 위할 수 있는 것이 교수의 책임이라면, 더 많은 환자를 사랑할 수 있다면 그 길을 택하는 것이 의사의 도리일 것이라고 생각했다.

그 친구 의사는 후에 정년으로 떠나면서 새로 생긴 의과대학에서 더 좋은 대우를 받으며 일하게 되었다. 두 딸이 있었는데 한 명은 교수가 되고, 다른 한 명은 소아과 의사가 된 것으로 기억하고 있다. 대학병원에서 연구를 계속한 보람이 컸던 것으로 생각한다.

지금도 나는 의사다운 의사 생각을 하게 되면 중·고등학교 때의 두 친구를 잊지 못한다. 한 친구는 기독교계에서 존경을 받았던 김재준 목사의 조카다. 일찍 부친을 여의고, 삼촌 슬하에서 공부를 했다. 세브란스에서 내과학을 전공했다. 나와 가족들의 건강을 오래 보살펴주었고, 중·고등학교 동창들에게도 많은 도움을 주었다. 적십자병원에서 과장직을 맡고 있을 때나 개업을 했을 때도 언제나 환자를 극진히 대해주곤 했다. 일본에서 의사생활을 하는 기간에도 실력 있는 의사로서 존경을 받았다.

그 친구는 언제나 후배 의사들에게 돈을 버는 것이 목적이라면 의사가 되지 말고 사업을 하라면서, 환자를 돈벌이의 수단으로 삼는 일은 범죄 행위가 아니냐고 타이르곤 했다.

또 한 친구는 일찍부터 의사가 되는 것이 꿈이었는데, 그중에서도 소아과가 목표였다. 이름을 밝히는 것이 송구스러워 그냥 H교수라고만 하겠다. 중·고등학교 시절에도 우수한 성적이었고 대학에서도 인품과 학문으로 계속 모범생이었다. 서울대학교를 나오고, 외국에서도 연구를 계속했다. 서울대 교수로 있으면서 기독학생 지도를 맡고 있었다. 나에게도 요청을 해서 기독 학생들 모임에서 강연을 해주기도 했다.

서울대에서 정년을 맞이한 후에는 서울아산병원 원장을 맡았다. 그때도 병원 의사와 간부들을 위해 강연을 맡아 도와준 일이 있었다. 독실한 기독교 신자여서 교계에서도 많은 사람의 존경을 받고 있었다.

나는 내 평생의 두 의사 친구를 생각할 때마다 정치, 경제, 교육계에도 저런 뜻을 가진 동료나 친구들이 많았으면 좋겠다는 생각을 굳히곤 했다. 내가 교수다운 교수가 되고 싶다는 뜻을 지켜온 것보다 두 친구 모두가 의사다운 의사로서의 생애를 살아온 것이 고맙다.

그들에게는 공통점이 있었다. 환자들을 지성으로 사랑하고 위해주었다. 내가 교육계에 있으면서 제자들을 대해온 것보다 더 진심으로 환자를 사랑하고 위해주는 마음을 갖고 있었다. H교수는 어린애들의 건강과 행복을 위하는 간절한 마음으로 한평생을 보냈기에 존경을 받았다.

환자보다 더 기뻐하는 의사라면

누구나 마찬가지겠지만 나도 환자가 되어 병원을 찾을 때가 있다. 그때마다 나를 대해주는 의사가 진심으로 나를 위하고 걱정해주는 모습을 볼 때, 의사는 고마운 직업이라는 부러움을 느끼기도 한다.

한번은 독감 때문에 세브란스병원을 찾았다. 나보다 연상인 K 의사가 진단을 했다. 몇 가지 주의 사항을 얘기해주고는 처방전을 쓰기 위해 창가로 가면서 "나쁜 놈들, 갈 데가 많은데 왜 하필이면……"이라며 중얼거리는 것이었다. 나는 먼저 진료를 받고 나간 환자와 언짢은 일이라도 있었는가 싶어, "여러 환자들을 대하다 보면 불편한 환자들도 많지요?"라고 물었다. 그 의사는 "아니, 그런 일은 별로 없어. 하기야 고통스러워하는 환자가 있기는 하지"라면서 "왜 무슨 일이 있었어?" 하고 되물었다. 내가 "지금 나쁜 놈도 있다면서 중얼거리던데?"라고 했더니, "내가 언제 그런 소릴 했던가? 아아 그랬구나, 그놈의 독감 바이러스 말이야. 다른 데 갈 곳도 많은데 하필이면 좋은 일로 항상 바쁘게 고생하는 김 선생한테 갈 게 무어냐고 한마디 했지. 소식을 들으니까 무척 바쁘게 지내던데, 내가 건강은 도와줄게. 오해하지 마세요. 그놈들 바이러스를 욕한 거니까"라면서 웃었다. 나도 웃었다. 나는 "아무도 없는 방에서 나쁜 놈이라고 하니까 내가 그렇게 나쁜 놈은 아닐

텐데 싶어 물어본 거야"라며 또 웃었다.

그 선배이면서 친구였던 의사도 여러 해 전에 세상을 떠났다. 2~3년 전에 내과학 교수들을 위해 강연을 갔다가 기념 책자를 한 권 얻어 왔다. 펼쳐보았더니 "나쁜 놈들이……"라던 원로 교수의 사진이 있었다. 많은 업적도 있었고, 후학들의 존경을 받은 의사로 적혀 있었다. 나에게도 깊은 인상을 남겨준 의사였다. 환자를 걱정해주던 마음을 지금도 잊을 수가 없다.

내가 90이 넘은 나이에 왼쪽 귀에 중이염을 앓게 되었다. 종합병원이나 대학병원에 가면 대기하는 시간이 길기 때문에 소개를 받아 멀지 않은 개인병원을 찾아갔다. 담당 의사가 나를 먼저 알아보고 증상을 물었다. 설명을 들은 의사는 귓속을 살펴보더니 귓속에 물이 고였다가 고름으로 변했다고 설명해주었다. 별로 말을 하지 않는 성격 같았다. 몇 가지 치료를 하고 처방전을 써주면서 "연세가 많으셔서 좀 더 시일이 걸릴 것 같기도 하고, 또 재발할지도 모르겠다"는 걱정을 했다. 할 수 없이 항생제를 써야겠는데, 과거에 항생제를 쓴 일이 생각나느냐고 묻기도 했다. 여러 가지 여건으로 봐서 완치가 힘들 것 같아 걱정되었던 모양이다.

처음 치료는 괜찮았는데, 몇 달 뒤에 같은 증상이 또 생기는 듯싶었다. 다시 진찰을 받았다. 의사는 전보다 좋아진 것으로 미루어 잘될 것 같다는 위로를 해주었다. 의사의 표정으로 보아 완치가 될지도 모르겠다는 희망을 갖고 돌아왔다.

약속한 날에 다시 갔다. 의사는 3일분의 약을 처방해주면서 복약이 끝나면 오시지 않아도 될 것 같다면서 안심하는 표정이었다. 진찰실 밖 대기실 앞까지 나와 인사를 나누고 들어갔다. 무뚝뚝한 성격 같았는데, 크게 안도하는 모습이었다. 환자인 나보다도 치료해준 의사가 더 만족하고 감사하는 표정이었다. 나는 병원 층층대를 내려오면서 의사가 환자인 나보다 더 기뻐하는 것 같다고 생각했다. 환자를 위하고 걱정하는 마음이 가득했던 것 같았다. 환자를 위하고 사랑하는 마음이 넘치는 자세였다.

누구나 가질 수 있고, 가져야 하는 의무

모든 사람은 사회 안에서 직업을 갖도록 되어 있다. 평균수명이 길어진다면 직장생활의 기간도 길어지게 된다. 그 직업을 갖고 사는 동안은 누구나 행복과 보람을 느껴야 한다. 내가 하는 직업의 목적과 일의 과정에 따라 행복해질 수도 있고 불행해질 수도 있다. 의사도 직업 중의 하나다. 많은 사람이 흠모하는 전문직의 하나기도 하다. 환자와 더불어 기쁨과 행복을 나눠 가지는 동안에 더 큰 즐거움과 보람을 창출할 수도 있다.

문제는 의사라는 직업의 목적이 어디 있으며 무엇인가를 물어야 한다. 불행하게도 상당히 많은 사람이 의사가 돈벌이가 잘되는 직업이어서 되려고 한다. 최근에는 그런 경향이 점점 더 심해지는 모양이다. 전공 분야에서 인기가 없는 학과는 수입이 적은 학과와 위험도가 높은 학과라고 말한다. 선배 교수들은 안전하고 편하면서도 돈벌이가 잘되는 학과에 편중되는 추세가 점차 강해지고 있다며 걱정한다. 선배들 때는 외과의사가 인기였는데, 지금은 외과를 지망하는 후배를 찾아보기 힘들다는 것이다.

다른 직업도 마찬가지지만 돈이 목적이어서 일하는 사람은 소유가 목적이 되고, 그에 따르는 만족감은 행복의 초보인 3분의 1쯤 된다. 돈보다는 일의 가치를 찾아 선택하는 사람은 일을 즐길 수 있고 보람을 찾아 지닐 수 있기 때문에, 행복의 3분의 2쯤인 기쁨까지 차지하게 된다. 그러나 일의 가치로서의 목적이 무엇인가를 깨닫는 사람은 행복의 100을 찾아 지니게 된다. 일의 궁극적인 목적은 다양하면서도 하나의 방향이다. 더 많은 사람이 인간답게 사는 일에 동참하는 것이다.

그 일을 위한 길은 한 가지다. 나를 필요로 하는 상대방을 진정으로 위하고 사랑하며 섬기는 것이다. 그런 자세로 제자를 사랑하는 스승이 되고 국민을 섬기는 정치가가 되고 가난한 사람을 위하는 기업인이 된다면, 그들의 보람과 행복은 성직자나 위인들과 차이가 없는 것이다. 우리는 소유보다는 일의 가치를 찾아야 한다. 일의 목적은 이웃에 대한 사랑이라는 신념은, 누구나 가질 수 있고 또 가져야 하는 의무다.

노동운동을
할 수 있는 자격

오래전에 문학평론가인 백철 교수, 서울대의 박종홍 교수와 같이 지방에 강연을 갔을 때 박 교수가 청중에게 소개했던 우화다. 이솝 우화에 나오는 이야기일 것이다.

우리 몸속에 있는 여러 장기들이 모임을 가졌다. 파업 여부를 결정짓기 위한 회의였다. 손과 발이 먼저 발언을 했다. 우리가 아침부터 저녁까지 열심히 뛰어다니면서 벌어온 돈으로 음식을 만들어주면, 위장은 아무 일도 하지 않고 있다가 혼자 먹고 즐긴다고 했다. 입이 이어서 소리를 질렀다. 내가 굳고 딱딱한 음식까지 다 씹어 맛있게 만들어주면 위장은 고맙다는 말도 없이 혼자 차지한다고 항의했다. 심장도 거들었다. 나는 한시도 쉬지 않고 활기를 얻도록 펌프질을 계속하는데, 위장 저놈은 아무 일도 하지 않고 맛있는 것을 다 차지한다고 대들었다. 모두가 한마디씩 위장에 대한 불만을 보탰다.

그래도 위장은 말이 없었다. 화가 치민 모든 장기들이 만장일치로 파업을 결정했다. 위장이 잘못했다고 사과를 하거나 굴복하면 다시 회의를 열기로 했다. 그 결정에 따라서 눈은 아무것도 보지 않고 감아버렸다. 발과 다리는 움직이지 않고 제자리에 있었다. 손은 일체의 작업을 멈추었다. 처음의 1시간 동안은 편하고 좋았다. 한나절이나 하루가 지나면 위장이 잘못했다, 배가 고프니까 내가 사과하겠다고 머리를 숙일 것이라고 믿었다.

그런데 하루가 지나고 이틀이 경과했는데도 위는 편안히 누워 있었다. 기운이 빠지고 힘을 잃어버린 머리가 위에게 말했다. "너 때문에 파업을 하는데 너는 편안히 쉬고 있고, 우리는 먼저 힘이 빠져 죽을 지경인데 어떻게 된 일이냐"고 물었다. 위가 대답했다. "지금까지 너희들은 피곤하면 쉬기도 하고 밤에는 잠들곤 하지 않았느냐. 나는 세상에 태어나서 오늘까지 한 번도 쉬어보지 못했다. 너희들이 잠든 밤중에도 나는 혼자서 말없이 일했다. 너희들이 편하게 마음 놓고 쉴 수 있도록 조용히 영양가가 있는 것은 간으로 보내고 찌꺼기는 장으로 넘겨주곤 했다. 그러다가 너희들이 파업을 하니까 나는 겨우 휴식 시간을 가진 셈이다. 나야 태어나서부터 너희들을 위해 봉사했지, 내가 차지한 것은 아무것도 없다. 봐라, 내가 지금 갖고 있는 것은 아무것도 없지 않느냐"고

148

설명해주었다.

그 얘기를 들은 다른 장기들은 미안하다고 사과했다. 이러다가는 파업을 한 자기들이 먼저 탈진해서 죽겠다고 후회했다. 위장에게 정중히 사과하고 파업을 철회해 새 출발을 했다는 이야기다.

파업의 최대 피해자

그 당시에 있었던 일이다. 경남 마산 지역에 수출 단지가 생기고, 신생 기업체를 정부가 후원해주는 정책이 진행되고 있었다. 서울대 공과대학 출신 기술자들이 카메라 렌즈 등의 광학(光學) 관련 회사를 운영하던 때였다. 시설과 생산이 궤도에 오르고 있어 희망을 갖게 되었는데, 많지 않은 종업원들이 임금 인상 등의 조건을 내걸고 파업을 감행했다. 그 당시에는 우리나라 산업계의 노사관계가 정착되어 있지 못했기 때문에 파업이 어디서나 벌어지고 있었다. 내가 봉직하고 있던 대학에도 노조가 발족하면서 87개 항의 요구 조건을 제시했던 일이 있기도 했다. 어쨌든 그 광학업체는 공장이 멈추고 외국 거래가 끊기면서 폐업을 면치 못했다. 실업자가 된 노조원들이 뒤늦게 경영진을 찾아와 다시 공장을 가동할 것을 요청했으나, 회사는 소생하지 못했다. 그리고 경영진보다 기술직 근로자가 더 많은 고통을 겪었다. 그 지역의 수출 단지에서는 그런 경우가 속출했고, 후에는 그 단지가 제구실을 못 했던 것으로 기억하고 있다.

이런 사태는 선진국에도 자주 일어나고 있다. 지금은 그 연도를 잘 기억하지 못한다. 내가 미국에 갔다가 휴스턴에서 LA로 가는 ― 정확하지는 않으나 ― 콘티넨털항공의 비행기를 타게 되어 있었다. 그런데 뉴스에서 그 회사가 파업을 했기 때문에 다른 항공사들이 승객 탑승을 대행한다는 소식을 전해주었다. 마침내 LA에 도착했을 때였다. 그 난관을 극복하지 못한 사장이 고민 끝에 자살했다는 뉴스가 보도되었다. 노조원들은 정당한 권리를 요청했을지 모르나 회사의 책임자가 스스로 목숨을 끊을 정도라면 파업보다 더 좋은 방법도 있지 않았겠는가 하는 생각을 했다. 경영주와 근로자들 사이의 직업의식과 인간관계에 어떤 잘못이 있었던 것은 사실이다.

영국의 대처 수상이 높은 평가를 받는 것은 세계에서 가장 오랜 전통을 지니고 있는 강력한 노동조합과 대결해 승자가 되었기 때문이다. 늘 노조의 표를 의식해야 하는 정당은 노조와 대립하면 손해를 보기 마련이다. 그 결과 노조의 세력이 정당을 뜻대로 좌우하는 지경까지 이르고 있었다. 그러나 대처 수상은 영국의 장래와 국민의 경제를 위해서는 노조의 횡포를 근절해야 한다는 결의를 들고 나섰다. 생각이 있는 많은 국민들이 호응해주었기 때문에 결국 노동조합이 백기를 들었다. 그것이 전환점이 되어 영국 경제는 성장과 함께 국가적인 경제 회복을 할 수 있었다.

대학에 있을 때 마르크스와 공산주의 이론을 접할 기회가 많았다. 그 당시 대학과 사상계에는 좌파 사상이 강하게 침투하고 있었다. 해방 후에는 2년 동안 평양에 머물렀는데, 그 당시의 공산 정권은 하나의 철칙을 갖고 있었다. 공산 정권이 확립될 때까지는 모든 기업체의 근로자들이 파업을 해야 한다. 그러나 정권을 잡은 뒤에는 파업은 절대로 안 된다. 파업은 정권 탈취나 장악을 위한 기본 수단의 하나였다. 세계 어느 공산 국가에나 그 원칙은 통하고 있었다. 노동자와 농민의 정권이 목적이었기 때문이다. 이런 사회적 분위기와 상황들 때문에 우리도 그동안 많은 시련을 겪어야 했다.

일을 사랑하지 않는 자는 방관자일 뿐

이런 사회 및 역사적 여건이 우리의 행복과 어떤 관련이 있느냐고 묻는다면, 그것은 어리석은 생각이다. 우리 모두가 그런 역사와 사회적 현장에 살고 있으며, 그런 문제의 선한 해결이 없으면 우리들이 바라는 삶은 신기루와 같아진다. 개인의 삶과 행복은 역사와 사회 안에서 이루어지기 때문이다. 그리고 그것은 우리들이 해결해야 할 의무기도 하다. 더 많은 사람의 행복을 위한 선결

과제기 때문이다. 우리 사회가 지금 그런 국면에 처해 있다.

나는 지금도 나 자신에게 타이르는 마음의 소리를 갖고 있다. 일을 사랑하지 않거나 못하는 사람은 노동운동에 참가하거나 앞장서지 말자는 주장이다. 지금까지 우리 경제가 이만큼 성장한 것은 노사가 합심해서 일을 사랑했기 때문이다.

한 학생이 나에게 물었던 얘기가 생각난다. 경부고속도로를 만들 때, 대통령이 밤중에 현장에 나가 근로자들을 격려하려고 했는데, 근로자들이 웬 사람들이 와서 일을 방해하느냐며 불평하는 장면이 영화에 나왔다. 그게 사실이었겠느냐는 것이다. 나는, 그건 단순히 영화의 장면이 아니고 그 당시는 그렇게 모두가 일을 위하고 일해야 산다는 의지가 있었다고 말했다. 그런데 사실은 그때 야당 대표들과 나도 경부고속도로를 억지로 밀고 나간다고 반대했었다. 경제가 안정되지도 않은 상황에 무리한 공사이며, 박 정권이 공적을 올리기 위한 정치적 의도가 깔려 있다고 회의를 느끼기도 했다.

그런데 지금은 누구도 경부고속도로 건설이 잘못되었거나 시기가 적절하지 못했다고 보지 않는다. 후에 전해 들은 바에 의하면, 박 대통령이 독일에 갔을 때 에르하르트 수상이 고속도로 건설이 지역의 균등 발전에 원동력이 된다고 간접적인 암시를 주었다고 한다.

나 자신이 이런 반성을 하는 것은 일을 사랑하지 못하는 사람은 언제나 방관자의 위치에서 비방을 할 뿐, 건설적인 자는 못 된다는 생각에서다. 일을 사랑하지 않는 사람이 노동운동을 이끌어간다든지 정치적 목적으로 노동운동을 수단으로 삼는 것은 마땅치 않다. 일을 사랑한다는 것은 일의 가치를 생각하는 사람에게 주어지는 것이다. 일의 가치를 위하고 창출한다는 것은 일의 사회적 가치를 위하는 마음에서 발원한다. '더 많은 사람이 인간다운 삶을 누리기 위해 어떤 봉사를 하는가'에서 해답을 얻어야 한다. 그래서 근로자들의 노력이 정치가나 문화인들의 일과 동등한 가치를 인정받는 것이다.

우리가 얻은 결론이 있다면 일을 사랑한다는 것은 직장의 모든 사람이 마음을 모아 행복하고 성공적인 직장을 만들자는 뜻이다. 우리 모두의 만족과 성공, 행복의 길이다. 직장에서 실패한다는 것은 내 인생의 실패기도 하며 사회적 불행이 된다. 우리는 언론을 통해 회사나 국영 기업체의 간부들이 이기적인 목적을 위해 부정을 저지른다든지 개인적인 축재를 했다는 보도를 접하게 되면 분노를 느낀다. 지도자를 자처하는 사람들이 직장을 파국으로 몰고 가며 주변 사람은 물론 사회를 불행으로 이끄는 범죄를 저지르기 때문이다.

문제는 거기에 그치지 않는다. 최근 우리는 비정규직 문제로 고민하고 있다. 각자의 사정에 따라 비정규직 직무를 원하는 사람들도 있다. 그들은 적은 금액이더라도 일의 적절한 대가를 받을 권리가 있고, 업주는 감사한 마음으로 그들에게 수고의 대가를 지불해야 한다. 나는 오래전 미국에 갔다가 내가 잘 아는 교육계의 원로 부부가 일주일에 몇 시간씩 호텔이나 공공기관에 시간제 근무를 하러 가는 것을 보았다. 두 사람은 기독교 성지를 여행하기 위해 일하고 있었다.

형은 정규직, 동생은 비정규직이라면

전해지는 바에 의하면 높은 임금을 받는 정규직 근로자들이 비정규직 근로자를 정규직으로 전환해야 한다고 주장하면서도, 자신들의 임금에는 영향이 없어야 한다는 운동을 벌인다. 그렇게 해서 회사가 흑자 운영이 된다면 그 주장은 당연하다. 그러나 회사는 주주들에게 배당해야 할 책임도 있고, 노동생산성지수가 다른 회사나 외국에 비해 뒤처지지 않게 관리도 해야 한다. 근로자가 회사의 고통과 운영 문제는 고려하지 않고 자신들의 권리만을 요구한다면, 그것은 일을 사랑하고 일의 가치를 사회적으로 창출하는 일은 못 된다. 때로는 '귀족노조'라는 말까지 들려오곤 한다. 형이 정규직이고 동생이 비정규직이라면 그 양극화 간격을 방치하겠는가. 직장은 선의의 경쟁도 있으나 공존의 질서로서의 배려와 사랑도 있어야 한다. 더 많은 회사원이 더 큰 행복을 함께 누려야 한다는 기업체의 윤리의식을 포기해서는 안 된다.

요사이 인문학적 사유라는 말이 유행한다. 인문학의 기초가 되는 논리학에는 옛날부터 하나의 기본 명제가 주어져 있다. 인간은 어떤 사물과 사태를 보고 대하든지 하나의 사물을 반드시 세 가지 측면에서 보아야 한다는 공식이다.

삼각형의 관계로 비유한다면, 그 세 가지는 개체와 특수체, 전체에 해당한다. 삼각형의 다른 한 각이나 두 각을 배제하고 하나만 보아서는 안 된다는 논리다. 개체로서의 나는 직장이라는 특수체를 거쳐 전체에 해당하는 사회에 기여하게 된다. 나 같은 사람은 대학 교육을 통해 대한민국에 봉사했다. 그러기 위해서는 먼저 나라는 개체가 이기적인 사고를 버리고, 소속된 공동체인 대학에 열성껏 봉사해야 한다. 대학은 또 대한민국이라는 전체를 위한 기여 정신과 봉사의 의무를 책임질 수 있어야 한다. 정치를 하는 사람들은 소속된 정당을 위하고, 그 정당은 국민과의 약속에 따라 정책으로 국가에 이바지해야 한다. 정치인은 개체, 정당은 특수체, 국가와 국민은 전체가 된다. 기업도 그렇다. 우리는 회사를 통해 민족과 국가를 섬기는 의무를 망각해서는 안 된다.

나의 성공과 행복은 어디서 오는가. 내가 몸담고 있는 기업체에서 최선을 다해 간부나 책임자가 되면, 그 후부터는 국민과 사회를 위한 노력을 다해야 한다. 그렇게 함으로써 내가 행복해지는 것이다. 내가 성공하고 행복을 누리는 것은 회사를 통해 사회에 기여하는 봉사 후에 이루어진다. 국가가 목적이고, 회사는 국가를 위한 기관이다. 그리고 나는 회사를 통해 국가를 도울 수 있어 진정한 성공과 행복을 누리게 되어 있다. 이기적인 개체로서의 개인은 버림을 받는다. 사회에 기여하지 못하는 기업체는 성공할 수도 없으며, 그 기업체에 머무는 직장인은 성공의 길을 스스로 포기하게 된다.

3

무엇이 우리를
불행하게 하는가

명예와
존경의 거리

내가 서울이나 지방 도시에서 만나는 사람들의 대부분은 경제인들이다. 대부분의 개인은 돈을 벌기 위해서 뛰어다닌다. 경제적 여유가 있는 사람들은 정치적 활동에 시간과 정열을 쏟고 있다. 다른 사회도 비슷한 실정이다. 인간은 사회적 존재이며 사회생활을 위해서는 국가마다 정치를 외면할 길이 없다.

그런데 이상한 것은 큰 국가는 나라 정치가 방대하기 때문에 정치에 열중하나, 후진 국가들은 후진성 때문에 정치에 대한 관심과 노력이 많아진다. 국민들의 절대다수가 행복을 누리는 선진국 국민들은 정치에 많은 시간과 열정을 바치지 않는다. 정치는 사회생활의 목적이 아니라 수단의 하나라고 여긴다. 북유럽의 여러 나라들, 캐나다나 호주 같은 나라 사람들은 정치보다는 경제와 사회의 선한 질서를 더 소중히 여긴다.

　불행하게도 우리나라는 열심히 정치를 하는, 또 해야 하는 국가에 속한다. 공산주의를 신봉하고 있는 북한은 마치 정치를 위해 국가가 존재하는 듯 살고 있다. 대한민국은 4대 국가 사이에 끼어 있기 때문에 정치 그 자체가 존재 과제라고 인식하는 한 세기를 보내왔다. 구한말의 정치적 혼란, 일제강점기 동안의 사회 활동, 해방 이후부터 6·25 전쟁까지는 말할 것도 없고 민주화 투쟁도 정치운동의 흐름이었다. 지금도 그렇다.

정치는 그저 수단일 뿐

　그러니까 정치인들은 정치가 주업이 되었고, 국민들은 정치적 관심과 참여가 불가피해진 현실이다. 그런데 그 정치 활동 여하가 국민들의 행복과 불행을 좌우하기 때문에 잘못된 정치를 선한 정치로 향상시키기까지는 우리 모두가 행불행을 정치와 더불어 치러야 하는 운명을 벗어날 수가 없다. 정치의 낙후성은 국민들의 불행의 원인이 되기도 한다. 얼마나 많은 후진 국가들이 정치의 후진성 때문에 불행을 감수하는지 모를 정도다. 우리도 그런 과정을 밟아왔다. 그래서 정치는 필요악이라는 평가를 받기도 한다. 선진국 정치로 올라설 때까지는 그러하다. 따라서 우리 정치인들은 정치 속에 살게 되고, 많은 사람들은 정치계의 일원으로 살고 있다. 잘못된 정치 때문에 전쟁이나 혁명이 일어나는 것은 말할 것도 없고, 선거와 정당의 활동은 우리를 정치의 소용돌이 속으로 끌어들이곤 한다.

그러나 아무리 정치가 중요하다고 해도 정치는 인생이나 사회의 전부도 아니며 목적도 아니다. 더 좋은 삶과 행복을 위한 수단일 뿐이다. 정치보다 더 소중한 경제 문제가 있고, 경제보다 가치 있는 문화도 정치보다는 더 큰 비중을 차지한다. 선진국의 생활상을 보면 누구나 이해할 수 있다.

우리가 잘 아는 한두 가지 예를 들어보자. 알렉산더대왕은 전 유럽과 동방까지 점령했던 명실공히 대왕이었다. 그런데 알렉산더가 왕세자로 있을 때 그의 스승이었던 아리스토텔레스는 조용한 철학자였다. 대왕이 군대를 이끌고 세계 정복에 나서는 것을 본 아리스토텔레스는 자신이 학구생활을 했던 아테네로 돌아가 스승이 된다. 수십 명의 제자들과 함께 학문 탐구와 저술에 전념했다. 그리고 두 사람은 세상을 떠났다. 지금은 어떻게 되었는가. 알렉산더의 업적은 역사의 기록으로 남아 있을 뿐이다. 그러나 아리스토텔레스의 저서와 학문은 2300년이 지난 현재까지도 인류 역사에 크게 기여하고 있다. 앞으로도 그럴 것이다. 정신적 가치와 정치적 유산의 차이는 이렇게 현격한 차이가 있다.

알렉산더와 비교해보고 싶은 또 한 사람의 정치가는 로마의 율

리우스 카이사르다. 그의 야망은 자신이 정치권력의 최고 정점인 로마의 황제가 되는 것이었다. 그 야망 때문에 공화국의 지지자들에 의해 암살당했다. 누가 보든지 권력의 독점은 국민을 위한 공화정치보다 후진적이며, 권력욕의 최후는 비극으로 끝나는 것이 역사의 교훈이다. 정권은 소유의 대상이 아니다. 국민을 위한 봉사의 의무와 책임인 것이다. 정권욕의 노예가 된 사람은 본인도 불행해지며 그 국민들도 인간적 행복을 상실하게 된다. 우리는 지금도 이승만 대통령이 4·19 혁명 이전에 정권을 후계자에게 넘겨주지 않은 것을 아쉽게 여긴다. 박정희 대통령도 유신헌법 이전에 권좌에서 물러났다면 국민들의 존경과 사랑을 받았을 것이며 개인과 가정의 파국도 모면했을 것이다.

나는 세계 여러 국가들을 여행하면서 가장 화려하게 꾸며진 나폴레옹의 무덤과 누구의 묘소보다도 초라해 보이는 조지 워싱턴의 묘를 찾아본 적이 있다. 두 사람 중에 누가 더 정치가다웠는가. 누구의 유지와 업적이 그 민족과 국가에 건설적 업적을 남겼는가. 두 지도자의 정치적 말로는 어떻게 되었는가. 오귀스트 콩트(Auguste Comte) 같은 사회과학의 창시자는 프랑스 철학자임에도 불구하고 '나폴레옹 같은 사람은 태어나지 않았거나 앞으로는 없어야 할 인물'이라고 평했다. 나폴레옹은 권력과 더불어 영광을 누리려고 한 사람이었고, 워싱턴은 조국 아메리카를 위해 봉사하고 모든 권력과 권위는 물론 명예까지도 내려놓은 섬기는 애국자였다. 누가 모범적인 정치가였는가.

이런 생각을 정리해보면 정치에 관여하고 있는 우리 모두에게 소중한 교훈을 남겨준다. 정치는 더 중요하고 가치 있는 삶을 위한 방편으로서의 과정이지, 삶의 목적은 못 된다는 결론이다. 정치가 삶의 전부이거나 목적이 된 나라의 국민들은 자유와 행복은 물론 삶의 가치를 상실하게 된다.

그럼에도 불구하고 국가와 사회를 위한 더 소중한 직책을 버리고 정치계로 뛰어드는 사람들을 많이 보게 된다. 교수들도 정계로 진출하며 심지어는 종교계의 지도자들까지도 신앙적 지도 책임을 버리고 교단이나 연합기관의 행정적인 정치 활동에 전념하는 이들이 있다. 문학이나 예술 단체의 감투를 위해 학문이나 예술적 의무를 포기하는 사람들을 언제 어디서나 보게 된다. 나는 교수생활을 하면서 그런 사례를 주변에서 수없이 많이 보아왔다. 나의 편협한 견해가 아니라면 지금에 와서도 말하고 싶어진다. 교육학계나 사범대학 출신의 인사들이 행정적 직책을 맡기 위해 노력하는 경우가 너무 많다. 그들이 정부의 교육행정을 맡게 되면 정치 교육자로 변신한다. 개신교의 목회자들이 주어진 교회의 목자가 되는 것보다는 행정적 정치 활동으로 때로는 과오까지 범하는 것을 보게 되면 종교계의 미래가 걱정스러워진다.

'교수다운 교수'로 일관하고 싶었던 꿈

나 같은 무능한 사람은 스스로를 교수로 출발해서 교수로 끝내는 것을 천직으로 생각하고 살았다. 그리고 지금은 그런 과거를 후회하지 않는다. 대학에 있을 때 두세 차례 행정직을 권유받은 일이 있었다. 그러나 더 유능한 교수를 추천하고 교수직을 고수해왔다. 정년퇴직한 후에는 지방 대학의 책임자로 올 수 있겠느냐는 제안을 받았다. 그때마다 학생들을 위한 강의를 부탁한다면 고려해보겠으나, 총장직은 원하지도 않으며 할 자신도 없다고 사양했다. 나에게 있어서는 교수다운 교수로 일관하고 싶은 꿈이 있어 대학에 왔기 때문이다.

나는 분야는 다르지만 소설가 박경리나 화가 천경자 같은 이의 자세를 높이 평가하며 존경해왔다. 무슨 협회 회장이라든가 학회나 연합회의 책임자가 되기 위해 천직을 가벼이 여긴다면 그것도 그 영역에 있어 또 하나의 정치성을 띤 행위라고 생각해본다. 그렇다고 학회나 문화 및 종교계의 조직 기능 그 자체를 반대하거나 과소평가하고 싶은 뜻은 없다. 그런 조직이나 협의체에서의 정치성을 지닌 활동은 최선의 방향과 의미를 갖추기 어렵다는 뜻이다. 정치성을 배제한 정신적 가치가 더 목적이어야 한다는 소원이다.

내 제자가 겪은 사례가 있다. 그 대학에서 총장 선출을 위한 교수들의 투표가 진행되었다. 제자가 1차 투표에서 다수의 지지를 얻었으나 과반수가 되지는 못했다. 그래서 차점을 얻은 후보자와 결선투표를 하게 되었다. 상대는 정치성이 앞서 있었다. 탈락한 후보들의 지지를 얻어내 총장이 되었다.

나는 사전에 알았다면 제자의 입후보를 찬성하지 않았을 것이다. 그 시간과 열성을 학문과 다른 일에 바치면 더 보람 있는 교수 생활을 할 수 있기 때문이다. 문제는 적지 않은 대학들이 비슷한 선거에 열중한 일이 많았다는 것이다. 선진국에서는 찾아보기 힘든 일이다. 일본은 동양에서 유일하게 노벨상 수상자를 많이 배출하였다. 그런 수상자들은 총장이 되기 위한 운동을 한 교수들이 아니다. 총장은 높은 행정직이어서 대외적인 정치 활동이 요청된다. 교수는 행정직에 몰두해서는 안 된다. 그것이 본업이 아니기 때문이다.

나는 후배 교수들에게 "총장의 존경을 받는 교수가 돼라"고 말한다. 세계적인 명문 대학에는 총장과 학생들로부터 존경을 받는 교수가 많다. 그런 대학에서 총장은 총장으로서 교수들과 사회의 존경을 받는다. 우리나라에도 그런 대학이 많아졌으면 좋겠다. 정치성이 제자리를 찾은 지성 사회에서 가능한 일이다. 정치가 개인과 사회적 생활의 목적이 아니고 과정으로서의 방편이라면, 정치인은 자연히 더 높은 삶과 그 가치를 위해 섬기는 자가 되어야 한다는 결론에 도달하게 된다.

그런데 또 다른 문제가 있다. 많은 직업 가운데 정치 지도자들이 대중의 폭넓은 명예를 차지한다는 점이다. 선거를 치르며 공개적인 경쟁을 한 후에 승자가 차지하는 영예는 다른 어떤 직업보다도 월등히 앞선다. 대통령이나 수상이 차지하는 유명 인사로서의 명예는 대단한 것이다. 그러니까 사람들이 정치계에 뛰어든다. 정치계에 몸담고 있는 사람들도 정치적 발언을 하거나 활동무대에 등단하는 것을 영예로운 일로 받아들인다. 물론 잘못된 일도 아니며 사회적 기여도가 없는 것도 아니다. 그러나 사회의 여러 영역의 활동이 정치적 가치로 편중된다는 것은 좋은 일이 아니다. 정년퇴직하는 교수들을 소개할 때, 흔히 대학에 있을 때의 보직이나 학회장 또는 사회단체의 명예직 등을 거론한다. 그의 학문적 업적은 뒷전으로 밀려나곤 한다. 그 이유는 명예에 대한 관심 때문이다.

그러나 인격을 갖춘 사람들은 다른 면도 있다. 미국의 아이젠하워 대통령이 세상을 떠났을 때보다도 덜레스 국무장관이 작고했을 때 더 많은 국내외의 조문이 이루어졌으며, 더욱 존경받는 대상이었다는 소식을 들었다. 많은 미국인들이 케네디와 존슨 대통령보다도 인격적으로는 두 대통령의 국무장관을 지낸 러스크 국무장관을 높이 평가하며 존경했다는 얘기를 전해 들었을 때 그것이 미국의 장점이라고 생각했다. 카터 대통령이 집권하고 있을 때 미국에 머문 일이 있었다. 이란에 미국인들이 인질로 잡혀 있을 때의 사건을 전후해서 미국인들이 대통령보다는 밴스 국무장관이 더 애국적인 판단을 내렸다고 평가한다는 얘기를 미국 교수들로부터 듣기도 했다. 그들은 밴스 국무장관의 인품과 미국을 위하는 애국심을 높이 보고 있었다.

우리도 그런 면에 관심을 가져 대통령의 정치력보다도 사회 지도자들의 인격과 수준 높은 애국심을 느끼면서 자랑하는 사회가 되었으면 좋겠다는 부러움을 가질 때가 있다. 또 정치인들에게 주어지는 명성은 임기와 더불어 다른 지도자에게로 옮아가지만, 인격과 사회적 업적으로 존경받는 지도자들의 명예와 고마움은 역사에 남는다는 사실을 잘 알고 있다. 만일 우리나라에서 노벨 문학상을 받는 작가가 배출되었다고 상상해보라. 5년 임기를 맡는 대통령보다 더 높은 존경과 감사의 대상이 될 수 있지 않겠는가.

본말을 가리지 못하는 어리석음 때문에

그렇다고 해서 정치적인 업적과 명예를 가벼이 보아야 한다는 뜻은 아니다. 정치가에게 주어지는 명예가 다른 분야의 지도자 못지않게 고귀해지기를 바라는 마음이다. 만일 명예욕을 채우기 위해 정치를 하는 사람이 있다면 그것은 본말을 가리지 못하는 어리석음이다. 한때는 '돈은 벌어놓았으니까 국회의원이나 되어 볼까' 하고 생각하는 사람도 있었다. 또 정치적 지위나 권력을 배경으로 명예를 탐내는 지도자들도 있었다. 그런 사람들은 명예를 인격이나 사회적 질서보다도 우러러보기 때문에 부끄러운 인생을 사는 사람들이다. 우리가 나라와 국민을 위하는 정치가는 존경하고 따르지만, 정권을 쟁취하기 위해 정치하는 사람들을 지도자로 존경하지 않는 이유가 거기에 있다. 공산주의자들은 정권을 탈취하기 위해서는 어떤 수단과 방법도 가리지 않았다. 그 사상 때문에 공산주의는 버림을 받았고, 그 지도자들은 존경을 받지 못했다. 정권을 소유하려는 욕망과 한가지로 명예를 찾아 누리려는 욕심도 긴 역사의 무대에서는 버림을 받는다.

우리는 미국인들이 조지 워싱턴이나 에이브러햄 링컨을 존경하고 사모하는 것 못지않게 세종대왕과 이순신 장군을 존경하며 자랑스럽게 바라보고 있다. 나 같은 사람도 도산 안창호의 애국심을 본받고 싶어 한다. 젊었을 때 많은 것을 깨닫게 해준 인촌 선생을 감사히 생각한다. 기업체의 정도를 찾아 실천한 유일한 같은 선구자를 존경한다. 때로는 같은 뜻을 갖고 나라를 걱정하던 친구들이 있었음을 기억하고 있다. 그래서 행복의 길을 함께 개척해가는 것이다.

빈손으로 왔다가
빈손으로 가는 인생

나는 중학교 2학년 때부터 톨스토이를 좋아했고 존경했다. 대학에 가기 전까지 그랬다. 지금도 톨스토이의 동화가 기억에서 사라지지 않고 있다.

러시아에 가난한 농부 한 사람이 있었다. 남들처럼 내 땅에서 농사를 지어보았으면 좋겠다는 꿈을 갖고 살았다. 소작인의 신세를 벗어나고 싶었다. 어느 날 농부는 뜻밖의 소식을 들었다. 한 귀족이 원하는 사람에게는 무상으로 농지를 나누어준다는 것이었다. 농부는 그 귀족을 찾아가 사실이냐고 물었다. 그리고 얼마나 넓은 농지까지 주는지 알아보았더니 "네가 필요한 땅이 어느 정도면 되겠느냐"고 되묻는 것이었다. 농부는 한껏 많이 갖고 싶었다. 그래서 아침에 해가 떠오를 때부터 지기 전까지 달려 돌아오는 땅을 차지하고 싶다고 제안했다. 귀족의 승낙을 받은 농부는 다음 날 아침 해가 떠오르기 직전, 저 언덕 위에서 다시 만나기로 약속하고 돌아왔다.

그날 밤 농부는 내일이면 자기도 지주가 될 것을 생각하면서 준비를 갖추었다. 점심 도시락과 물통을 준비하고, 돌아오는 땅을 표시해야겠기에 괭이까지 마련해놓았다. 너무 기뻐서 잠을 잘 수도 없었고, 아침 식사도 제대로 먹지 못했다. 해가 뜨기 오래전부터 약속한 언덕 위에 올라가 해 뜨는 시각과 귀족이 오기를 기다렸다.

해 뜰 무렵, 귀족이 나타났다. 농부는 "해가 산 위에 보이게 되면 저는 달리기 시작할 것입니다"라고 말했다. 귀족은 "해가 지기 전에는 돌아와야 하네. 약속을 어기면 안 되니까"라고 다짐했다.

다섯 자 땅이면 충분한 것을

농부는 뛰기 시작했다. 멀리까지 달렸지만 돌아설 생각이 없었다. 농토는 비옥했고, 한 발자국이라도 더 넓혀야 했기 때문이다. 점심때가 되었다. 달리면서 식사는 대충 때웠다. 나중에는 물통도 떼어버렸다. 조금이라도 더 자기 땅을 갖고 싶었다.

오후가 되었다. 농부는 해가 지기 전에 약속한 언덕까지 도달하기 어려울 것 같아 걱정스러웠다. 마지막에는 있는 힘을 다해서 뛰고 또 뛰었다. 언덕 밑에 이르렀을 때는 해가 서산에 반쯤 가려 있었다. 죽을힘을 다해 언덕에 도착한 농부는 "아직 해가 지지는 않았습니다"라는 말을 남기고 기진맥진 쓰러졌다.

그 모습을 본 귀족은 '그렇게까지 욕심을 낼 필요는 없는데……. 좀 쉬라고 두어야겠다'고 생각하면서 주변을 거닐었다. 얼마간의 시간이 흐른 후, 지금쯤은 일어났을 것이라고 짐작한 귀족은 그 자리에 그대로 엎드려 있는 농부를 흔들면서 "이 사람아, 이제는 일어나야지"라고 말했으나, 농부는 움직이지 않았다. 다시 어깨 를 젖히면서 "지금까지 돌아온 땅은 다 자네 것이 되었으니까 일 어나게"라고 재촉했으나 꼼짝도 하지 않았다. 이상하게 생각한 귀족이 자세히 살펴보았더니 이미 숨을 거둔 뒤였다.

귀족은 종을 불렀다. 저 농부가 너무 힘들어 죽었으니까 그곳에 조용히 묻어줘야겠다고 말했다. 종은 지시를 받은 대로 농부를 묻어주었다. 어둠이 찾아드는 시간이 되었다. 귀족은 "이 사람아, 다섯 자 땅이면 족하지 않았는가. 그런 다섯 자 땅은 누구나 갖도 록 되어 있는데, 공연히 고생만 하고 인생을 끝냈구먼……"이라 며 쓸쓸히 돌아서 언덕을 내려왔다.

이 이야기를 읽었을 때, 어리석은 농부라고 생각했다. 그런데 세월이 지나면서 보니까 주변의 꽤 많은 사람들이 그 농부와 같 은 인생을 살고 있다는 사실을 알았다. 마흔이 가까워졌을 때는 나도 그런 인생을 살고 있는 것이 아닌가 묻기에 이르렀다.

나는 어려서부터 가난하게 자랐다. 대학을 졸업하면서 일본 경찰을 피해 다녀야 했다. 해방이 되면서 겨우 가정적 자립이 가능해졌을 때는 무일푼으로 탈북자가 되었다. 겨우 자리가 잡히는가 싶을 때에 다시 6·25가 터졌다. 휴전이 되면서 서울에 돌아온 후에는 직장을 연세대학교로 옮기게 되었다. 중앙학교의 사택을 떠나면서 셋방을 얻을 준비도 갖추지 못했다. 갈 곳 없이 헤매다가 겨우 셋방을 얻었다. 방이 두 칸이었는데, 방값은 예상보다 적었다. 먼 후일에야 알게 되었는데, 그 셋방은 내가 들어가기 얼마 전에 살인 사건이 일어나 입주하려는 사람이 없게 된 흉가였다. 그런 사실을 몰랐고 이웃집에서도 그 사실을 비밀에 부치고 있었기 때문에 마음 편히 몇 해를 살았다.

그 당시 나에게는 여섯 아이들이 있었고, 전쟁 도중 고향에서 온 세 동생과 모친이 있었다. 나 혼자의 대학 봉급으로는 도저히 생계를 이어갈 길이 없었다. 설상가상으로 대학에서는 기본 봉급을 30퍼센트 인상하면서 부양가족 수당을 폐지하는 결정을 내렸다. 나는 부양가족이 열 명이나 되었기 때문에 그때까지 받던 봉급 총액의 20퍼센트 정도가 줄어든 셈이었다. 아내는 오히려 중앙학교의 교감으로 있었던 때만 못하다는 걱정을 했고, 나는 가장의 책임을 감당할 자신이 없었다.

나의 경제관이 완전히 바뀔 수밖에 없었다. 돈을 벌어야 했다.

수입을 올려야 했다. 돈이 되는 일이면 무엇이나 할 수밖에 없었다. 다른 대학에서 시간강사 책임도 맡았다. 원고도 썼다. 드물기는 해도 강연 청탁에도 응했다. 수입이 생활의 안정 여부와 직결되어 있었다. 왜 일을 하느냐고 물으면 돈을 벌기 위해서였다. 그럴 수밖에 없었다. 그런 노력 끝에 겨우 식생활을 해결하고 아이들의 학비는 충당할 수 있게 되었다. 여러 해 동안 그런 생활이 계속되었다.

그즈음이었다. 한번은 대구에서 내 제자가 찾아왔다. 그 제자는 대구의 한 고등학교 교감이었다. 나를 찾아온 목적은 1년에 한 번씩 대구의 중·고등학교 교사들을 위한 연수회가 있는데, 올해는 내가 교장 회의에서 기념 강연의 연사로 선정되었으니 와달라는 교섭 책임을 맡았기 때문이었다. 나는 고맙기는 하지만, 그 토요일에는 삼성그룹 사원을 위한 강연이 약속되어 있어 갈 수 없다고 거절했다. 옆에서 그 상황을 듣고 있던 아내도 같은 생각이었을 것이다. 내가 아내에게 두 곳에서 강연 부탁이 왔는데 어디로 갈 것인지 물었다면 아내의 대답은 간단했을 것이다. 돈 많이 주는 곳으로 가라고 말했을 것이다. 만일 대구로 간다면 하루를 보내야 하고, 강사료도 기업체보다는 훨씬 적었다. 기업체에서는 왕복 교통비까지 제공해주던 때였다.

여름에 겨울옷을 입은 것 같은 인생

내가 못 가겠다는 대답을 했을 때의 제자 표정은 나를 원망하는 듯싶은 정도였다. 자기는 꼭 믿고 왔는데, 빈손으로 돌아가야 하느냐는 허탈한 표정이었다. '교육자가 교육계를 뒤로하고, 수입이 많은 곳으로 가나' 하는 배신감 비슷한 심정을 느낀 것 같았다. 내 강의를 들어온 제자는 더욱 그랬을 것이다. 나는 잠시 생각을 정리한 후, 선약이 있었던 기업체에 전화를 걸었다. 좋은 뜻으로 양해가 된다면 대구를 다녀오고 싶다는 처지를 설명했다. 내가 할 수 있는 선택은 교육을 위한 의무와 봉사를 위한 것이기 때문이다.

다행히 삼성그룹에서 호의를 베풀어주었다. 나는 토요일에 대구를 다녀오게 되었다. 저녁 늦게 서울역에서 내려 버스를 탔다. 스스로 반성했다. 오늘의 내 선택이 옳았다. 지금까지는 돈을 위해 일했다. 그러나 앞으로는 수입보다 무슨 일이 더 소중한가를 물어야 한다고 다짐했다. 수입을 위해서 일을 하는 낮은 차원의 직업관을 버리고, 일이 중하기 때문에 일을 한다는 차원 높은 선택을 해야 한다는 다짐을 했다. 돈의 노예가 되어서는 안 된다는 생각이었다. 돈을 따라가는 일이 아니라 보람 있는 일에서 일을 사랑하는 자세로 바뀌어야 한다는 신념을 기르고 싶었다.

비슷한 선택의 경험을 몇 차례 겪는 동안, 내 생활에는 행복한 변화가 찾아왔다. 돈을 위해서가 아니라 일 자체가 귀하기 때문에, 일을 사랑하는 즐거움을 찾아가는 길이 열린 것이다. 일을 사랑하는 사람은 일을 즐기게 된다. 즐길 수 있다는 것은 행복을 찾아 지닌다는 뜻이다. 기대하지 못했던 변화도 생겼다. 돈을 위해서 일할 때보다도 일을 위해서 일을 즐기게 되면서 수입도 더 늘었다는 사실이다. 수입은 일다운 일을 따라온다는 체험을 하게 된 것이다. 그렇게 제2의 경제관을 찾아 30~40년을 즐겁게 일했다. 돈을 따라다닐 때보다 수준 높은 인생관을 가지고 감사히 살 수 있었다.

그러는 동안에 80고개를 넘기는 나이가 되었다. 아들딸은 부유하지는 못해도 중산층 생활은 할 정도로 안정된 경제생활을 하게 되었다. 내가 아들딸에게 권하고 싶은 생활관이 있었다. 정신적으로는 상류층에 속해야 하나 경제적으로는 중산층에 머무는 것이 좋다는 인생관이다. 또 나 자신이 그렇게 사는 모범을 보여주고 싶었다. 많은 재물을 소유하고 있으면서 정신적으로 빈곤한 사람은, 여름에 두꺼운 겨울옷을 입고 즐기는 것 같은 어색한 인생을 살도록 되어 있다.

내 경우만 그런 것이 아니다. 가까운 친구들 모두가 자녀들과의 경제적 관계는 서로 독립된 것이 옳다고 여기는 것 같았다. 1980년대 이후에는 나 자신의 경제생활도 안정되었기 때문에 이제는 어떤 일이 여생을 통한 값있고 보람 있는 일인지 찾게 되었다. 수입보다는 일을, 나를 위한 일보다는 사회적으로 보람이 있는 일을 할 수 있다면 그것이 곧 가치 있는 삶이 된다는 생각을 하게 되었다. 그러기 위해서 때론 나에게는 지출이 되더라도 필요한 일은 해야 한다는, 좀 더 차원 높은 생활관을 받아들이게 되었다. 우리 주변에도 돈을 값있게 쓰기 위해 열심히 일하는 사람이 많이 있다. 사실 따져보면 돈은 많이 소유해서 값있는 것이 아니다. 값있게 쓰는 사람이 부자인 것이다.

이런 생각으로 1980년대 이후를 보내면서 내 경제관이 된 셈이다. 부유한 편은 아니지만 나를 위해서는 적게 남기고, 필요한 사람들을 위해서는 많이 베풀려고 한다. 내 경제관이 나의 인생관인 동시에 사회적으로 행복을 나누는 가치관이 된 것 같다. 적게 갖고 많이 주는 사람이 모범적이면서도 존경스럽다는 생각을 실천에 옮길 수 있기를 바랐다.

욕심은 죄를 잉태하며

톨스토이가 나에게 전해준 이야기의 교훈은 소중했다. 80년 동안 나의 마음속에서 몇 가지 지혜를 깨닫게 해준 충언이 된 셈이다.

수없이 많은 사람이 왜 소중한 인생을 낭비하거나 주어진 행복을 버리고 불행과 고통의 길을 걷고 있는가. 물질적 소유가 인생의 목적이며 그것이 인생의 전부라고 믿는 사람은 예외 없이 불행하고 무의미한 생애를 보내게 되어 있다.

예로부터 '사람은 빈손으로 왔다가 빈손으로 간다'는 격언이 전해진다. 인간은 무소유로 태어났기 때문에 무소유로 갈 수밖에 없다. 소유를 행복으로 믿는다면, 그것은 행복의 그림자를 한평생 따라가는 어리석음을 저지르는 인생이다. 소유물은 나를 떠나거나 빼앗기는 것이 세상의 상식이며 현실이다.

인생의 본분과 뜻을 모르는 사람은 소유에서 오는 만족과 즐거움이 인생의 행복일 것이라고 착각한다. 그러나 소유가 목적이며 전부라는 욕심을 극복하지 못하면, 소유하려는 과정도 불행한 경쟁과 싸움이 되며 그 결말은 공허해진다. '욕심은 죄를 잉태하며 죄는 사망에 이르게 한다'는 교훈은 진실이다. 소유욕이 개인과 사회의 범죄와 고통의 원인이 되기도 한다. 사실 소유는 욕망과 더불어 공존하도록 되어 있다.

재물은 독점욕의 산물일 때 죄악과 불행을 가져온다. 재물은 이웃과의 공유물이다. 선한 뜻을 가진 사람들의 주고받음이 있어야 행복을 증대시킬 수 있다. 인간은 내가 많은 것을 혼자 소유하고 싶다는 욕심 못지않게 사랑하는 사람들과 나누고 싶다는 마음도 갖고 산다. 그래서 행복한 가정이 되며 친구와의 우정이 기쁨을 더해주는 것이다. 우리는 때때로 재산 때문에 부부싸움을 하는 사람들을 보며, 형제나 부자간에도 재산으로 소중한 인륜을 역행하는 사례를 보곤 한다. 소유가 목적이라는 욕망에서 오는 불행인 것이다. 재물은 독점을 위한 욕망의 대상이 될 때 불행과 고통의 원인이 된다. 재물은 선한 생활의 공유물이 되어야 한다.

그런데 인생의 값있고 선한 경험을 쌓아가게 되면 재물의 사회적 가치와 의미를 찾게 된다. 나를 위해서는 적게 가지나 필요한 사람들에게는 많은 것을 주는 것이 최고의 경제관으로 떠오르게 된다. 나는 기업의 정신도 마찬가지라고 생각한다. 진정한 의미의 경제는 많은 사람이 경제적 혜택을 누릴 수 있도록 도와줌으로써 나는 더 보람 있는 경제적 혜택을 향유하게 된다. 살다 보면 소유의 그릇은 크지 않다. 그러나 베풀 수 있는 그릇은 사회이기 때문에 얼마든지 넓혀질 수 있는 것이 인간의 사회적 삶이다. 내가 사랑하는 사람들이 가난하게 사는 것을 보면서 나만 부를 소유하겠다는 사람은 이미 사회로부터 버림을 받고 있는 것이다. 사랑하는 사람들에게 재물을 나누어줄 수 있어 그들이 인간다운 삶을 행복하게 누릴 수 있다면, 내 소유를 위해 욕심을 부릴 수는 없을 것이다.

공짜 행복은
없다

내가 적을 두었던 연세대에서는 새해가 되면 하례식이 열리곤 했다. 그때 교수들이 나누는 가장 보편적인 인사는 "새해에 복 많이 받으십시오"라는 축사다. 미국 교수들도 우리처럼 인사를 나누곤 한다. 그런데 따져보면 그 사람들끼리 나누는 인사는 "행복한 한 해가 되십시오"라는 말이다. 그런데 우리는 행복이라는 말보다는 복이라는 말을 많이 쓴다. 성경에는 예수의 8복이라는 가르침이 있다. 그 번역에도 '마음이 가난한 사람은 복이 있나니……' 라고 되어 있다.

우리는 옛날부터 복이라는 개념이 행복이라는 개념보다 일반적인 것 같다. 동양인들은 서구인들보다 운명론적 사고가 깊었던 듯하다. 그래서 복은 주어지는 것이지 찾거나 만들어가는 것이라는 생각이 적었다.

이러한 생각은 일상어에도 잘 나타나고 있다. 내가 오래전에 썼던 책을 읽어보면 '된다'라는 말이 많이 나온다. 그러다가 점차 그 말이 줄어들고 '한다'는 말로 바뀌었다. 노력하면 된다든가 기다리면 된다, 참으면 된다는 말들이 개척해야 '한다'는 표현으로 바뀌고 있다. 피동적인 표현이 능동적인 개념으로 변하고 있음을 알 수 있다. 나 자신의 길지 않은 생애를 통해서도 많이 사용하던 '된다'는 생각이 '하면 된다'라는 개념으로 발전했다. 그것이 요사이는 '한다'는 의미로 발전한 것 같은 인상을 받는다.

그래서 우리는 '복'을 받는다는 생각이 더 강했던 것 같다. 내가 어렸을 때 익숙히 들어온 동화나 이야기들의 대부분이 복은 주어지는 것이라는 뜻을 내포하고 있었다. 흥부와 놀부의 얘기도 그렇다. 흥부가 한 일은 아주 작은 것이다. 제비 다리가 상한 것을 보살펴준 것뿐이다. 그러나 그 대가로 주어진 보은은 금박이 주렁주렁 달리는 결과로 나타난다. 줄거리는 기억하지 못하나 도깨비가 나타나 보답하듯 "금 나와라 뚝딱, 은 나와라 뚝딱" 하면 금은보화가 쏟아졌다는 얘기로 감탄한 일이 있었다.

이처럼 복은 주어지는 것이지, 찾거나 노력해서 얻는 것이 못된다는 생각을 가지고 자랐다. 주어지는 것은 공짜라는 뜻이다. 노력의 값이 아니다. 복권에 당첨된다면 그것은 복 중의 복이다. 그러니까 새해에 복 많이 받으시라는 인사는 행운이 찾아들라는 축원이다. 선택과 노력의 대가로 주어지는 행복보다는 복의 개념이 더 컸던 것 같다.

큰 운명의 울타리 안 작은 인간의 노력

지금도 우리 주변에는 그런 사고가 일반적이다. 젊은 친구들도 "운이 좋아야지, 노력한다고 되나"라고 흔히 말한다. 관운이 좋다든지 부자가 될 팔자라는 말은 어디서나 듣는다. 교회 목사들도 고통을 겪고 있는 가정을 방문하면 "그러니 어떻게 하겠습니까. 하나님의 뜻이 그런 걸"이라고 위로한다. 그러나 그 생각은 기독교 정신이 아니다. 옛날부터 내려오는 '팔자가 그런 것을 어떻게 하겠어요'라는 생각과 일치하는 운명론적 의미다.

왜 이런 생각을 하는가. 우리가 앞으로 살펴볼 행복에 관한 연구는 노력 없이 주어지는 복의 개념과는 다르기 때문에 그 개념의 차이를 지적해두고 싶은 것이다. 성경의 8복에 관한 예수의 가르침이 그 의미를 잘 보여주고 있다. 천주교와 개신교 신학자들의 공동 번역에 따르면 다음과 같다. 옛날 번역은 '복'으로 되어 있으나 지금은 '행복'으로 바뀐 것이다.

옳은 일에 주리고 목마른 사람은 행복하다.

그들은 만족할 것이다.

자비를 베푸는 사람은 행복하다.

그들은 자비를 입을 것이다.

마음이 깨끗한 사람은 행복하다.

그들은 하나님을 뵙게 될 것이다.

평화를 위하여 일하는 사람은 행복하다.

그들은 하나님의 아들이 될 것이다.

동양에는 예로부터 '사람이 할 일을 다 한 후에는 하늘의 뜻을 기다린다'는 격언이 있다. 그 속에는 인간의 노력은 하잘것없으나 하늘의 운명적인 뜻은 더 원대하다는 뜻이 포함되어 있다. 큰 운명의 울타리 안에 작은 인간의 노력이 있다는 의미다. 그러나 우리가 찾아보려고 하는 행복은 인간의 선택과 노력에 따르는 대가로서의 행복이다. 때로는 그것이 종교적인 신앙과 관련을 맺고 있다 하더라도 인간적 삶으로서의 행복인 것이다. 행복은 인간들 삶의 내용으로서의 결과일 수밖에 없기 때문이다.

내 선배인 정 교수의 이야기다. 그는 등록금을 장만할 수가 없어 고생하는 한 제자에게 학비를 도와준 일이 있었다. 그런데 그 학생과 모친은 교수가 학비를 도와주었으니까 학점도 잘 주겠지 하는 태도였다고 한다. 게다가 졸업 후 직장을 구하는 데도 도움을 줄 것으로 잘못 생각하더란다. 선의의 도움이라도 공짜로 생각하고 감사할 줄 모르는 사람은 도움을 받을 자격이 없다. 공짜로 도움을 받는 것이 습관이 되면 그 삶의 인격마저 저버리게 된다는 이야기다.

큰 기업체를 운영하는 내 제자가 해마다 수십 명에게 대학 입학 때와 성적에 따라서는 졸업 때까지 장학금을 지원하는 재단을 운영하고 있었다. 그런데 4년간 장학금을 받고 졸업했는데도 감사했다는 예의를 표시해온 사람이 거의 없었다는 것이다. 자기가 잘했기 때문에 떳떳이 받는 것으로 여기더라는 이야기다. 감사할 줄 모르는 사람은 대가 없이 베푸는 도움을 받을 자격이 없겠다는 생각을 가져보게 된다. 감사를 모르는 사람은 행복해질 수도 없다.

나도 대학에 다닐 때 몇 사람의 도움을 받았다. 공짜로 받은 셈이다. 어떤 분들이 사랑을 베푼 것인데, 사회에 나와서는 그분들에게 감사의 답례를 할 기회가 없었다. 그래서 나와 비슷한 처지에 있는 학생들에게 간혹 도움을 주었다. 보답을 생각하거나 바라지는 않았다. 나에게 거저 베풀어준 사랑을 내 제자에게 다시 전해줌으로써 은혜에 보답하고 싶어서였다. 그들에게도 다음에 경제적 여유가 생기면, 나에게 보답하는 셈 치고 당신과 같은 위치에서 고생하는 사람에게 도움을 주면 좋겠다고만 전했다.

언젠가 한번 제주도에 갔을 때였다. 한 젊은이가 찾아와 "저는 선생님의 도움을 받아 학비를 받아 쓴 일이 있습니다"라고 했다.

나는 그 사람이 뭔가 착각하고 있다는 생각이 들었다. 그런 일이 없다고 했더니 "선생님에게 학비를 받아 대학에 입학했던 분이 다음에 기회가 생기면 다른 사람에게 갚으라면서 준 장학금이었습니다"라는 인사를 했다. 감사할 줄 아는 사람들의 아름다운 마음이 행복을 늘려가는 것이다.

많은 사람들이 복권에라도 당첨되었으면 좋겠다고 생각한다. 그런데 복권에 당첨된 사람이 후에 행복해졌다는 기록은 없다. 공짜로 주어진 것이기 때문이다. 사소한 일도 그렇다. 내가 번 돈으로 아껴가면서 사들인 물건은 정이 들고 귀하게 느껴지지만, 선물로 받은 물건은 그렇게 귀해 보이지 않는다. 쓰고 남을 정도로 많은 것을 가지고 있는 사람이 보내준 선물은 더욱 그렇다. 애정이 담긴 것이 아니어서 그럴지 모른다.

최근 우리 주변에는 공짜 선물이 많아지고 있다. 대부분은 사회적 낭비가 되기도 한다. 심지어 이런 선물은 무엇 때문에 주는지, 주는 사람이 생색을 내기 위한 것처럼 느껴지는 경우도 있다. 공짜 복을 원하는 마음이나 내가 베풀 수 있는 사랑의 마음을 공짜 물건으로 바꾸는 것도 좋은 일은 못 된다. 공짜로 받은 것으로 일생을 산다면 그 사람의 인생도 공짜 인생이 될 것이라는 예측을 해도 좋다. 행복은 절대로 공짜로 주어지는 것이 아니다. 감사를 모르는 사람에게 베푸는 공짜는 그 사람의 행복을 빼앗는 결과가 된다.

감사를 모르면 행복을 모르는 법

나 자신이 책을 쓰는 위치에 있기 때문에 여기저기서 보내주는 책들이 있다. 최근 2~3년 동안에는 50대 이후의 독자들을 위한 책이 많아지고 있다. 나 자신이 노인 축에 속하기 때문인 것 같다. 직장에서 정년을 맞이한 사람들의 노후 인생 설계에 관한 책들이다. 노후의 행복을 어떻게 찾아 누릴 수 있을까를 다룬 책이 많이 있다. 또 그런 문제에 대한 원고를 청탁해오기도 한다.

미국 스탠퍼드대학교가 주목한 행복 프레임이라고 소개된,『해피니스 트랙』이라는 책을 받은 적이 있다. 얼마 전에 행복에 관한 글을 써줄 수 있겠느냐는 부탁을 받은 일도 있었기에 펼쳐보았다. 저자인 에마 세팔라는 미국 독서계에 널리 알려진 여교수다. 행복학의 대표적인 저자로 알려져 있다. 최근에는 우리나라에서도 '행복학'이 대학의 한 과목으로 채택될 정도로 행복론이 관심을 모으고 있다. 50대까지는 일에 빠져 있다가 노년기를 바라보면서는 행복한 삶을 추구하려는 추세다. 어떻게 행복한 노후를 맞이할 수 있을까를 묻지 않는 사람이 없을 정도다.

『해피니스 트랙』에서 저자가 취급한 행복한 삶의 대상은 주로 경쟁 사회에서 성공을 지향하는 일꾼들이다. 미국의 현대 사회 모습에 치중하고 있기 때문에 우리 현실과는 좀 거리가 있다고 느꼈다. 그리고 내용이 지나치게 과학적인 방법에 치우치고 있다는 생각이 들었다. 과학적 추구는 정확하고 타당성이 있어 바람직스럽다. 그러나 과학적 논증과 통계를 넘어 뇌과학적 논증에까지 도달하게 되면, 행복의 과학적 측면에 편중한 나머지 현실적인 삶에서의 행복과는 차이가 있지 않은가 하는 아쉬움도 있었다. 우리는 물을 마시며 맛있는 음식을 먹으면서 살고 있다. 굳이 H_2O를 논하며 비타민C를 언급하며 산다면, 행복한 삶의 맛을 잃어버리는 감이 없지 않다.

행복에 관한 지나친 철학적 해석도 그렇다. 우리가 흔히 들어온 디오게네스와 알렉산더대왕의 이야기가 있다. 철학자 디오게네스는 반문명적이며 무소유의 삶에서 행복을 추구했다. 그래서 거지처럼 살았고, 통 하나가 소유의 전부였다. 밤에는 통 속에서 자고, 낮에는 그 통을 거꾸로 세워놓고는 그 위에 앉아 가르치기도 했다.

어느 날 이른 아침, 디오게네스의 명성을 전해 들은 알렉산더대왕이 그를 찾아왔다. 디오게네스가 통 속에서 아침 햇볕을 즐기고 있을 때였다. 대왕은 철학자가 가엾어 보였다. "내가 좀 도와줄 것이 없겠느냐"고 물었다. 디오게네스는 "당신의 그림자 때문에 햇볕이 가려지니 조금 비켜달라"고 청했다. 자리를 비키면서 도와줄 것이 무엇이냐고 물었다. 철학자는 이제는 되었다고 말했다. 햇볕이 아쉬웠던 것뿐이다. 대왕은 돌아서면서 "내가 대왕의 꿈이 없었다면 차라리 디오게네스가 되고 싶다"고 말했다.

많은 철학자들이 행복론을 피력했다. 그러나 그 학설을 읽었거나 이해했다고 해서 우리 모두가 행복해지는 것은 아니다. 종교계의 지도자들은 항상 행복을 가르친다. 그렇다고 해서 그 설교자나 강론자가 누구보다도 행복한 것은 아니다. 나는 1950년대에 신과대학에서 기독교 윤리를 강의하면서 미국의 대표적인 신학자 람제이 교수의 책을 참고한 일이 있었다. 몇 해가 지난 후 미국에 머물면서 그 교수의 근황을 물었다. 내 얘기를 들은 상대방이 목소리를 낮추면서, 그 교수가 얼마 전 자살을 했다는 유감스러운 사실을 전해주었다. 그의 인간적 불행에 깊이 공감은 하면서도 뜻밖이라는 상념을 억제할 수가 없었다. 종교는 우리에게 행복한 삶을 알려주지만 신앙인 자신이 꼭 행복한 것은 아니었다.

그렇다면 행복은 어디서, 어떻게 찾아야 하는가. 철학적 타당성이 요청되는 것은 사실이나 그 철학이 행복을 창출해주는 것은 아니다. 모든 철학자가 다 행복했던 것도 아니다.

밝은 회색과
어두운 회색

충청도에 갔다가 제자의 하소연을 들었다. E군이 연세대에 있을 때 숙명여대에 다니는 여자 친구와 사랑을 나누게 되었다. E군이 군에서 제대하고 그 여자 친구가 졸업을 하면 결혼하기로 약속했다. 군 복무를 끝내고 귀가한 E군이 부친에게 자기 뜻을 알리고 허락을 받았다. 여자 측도 부모의 승낙을 받았다. E군의 부친이 할아버지에게 마지막 허락을 받으면 되는 절차만 남았다.

그런데 문제가 생겼다. 여자 측 족보를 받아본 조부가 결단코 허락할 수 없다는 명을 내린 것이다. 이유는 간단했다. E군의 증조부가 조부에게 그 가문과는 대대로 사이가 좋지 않으니 절대로 혼인을 맺지 말라고 유언한 것이다. 그 유언을 어기는 불효자식이 되면 사후에 선친을 뵐 면목이 없다는 것이다.

E군의 부친이 고민에 빠졌다. 결국 아들과 합의해 내린 결론은 조부에게는 명에 따르겠다고 말하고 조부께서 세상을 떠나실 때까지 말없이 기다리는 것이었다. 부친은 조부에게 다른 규수를 찾아보고 있는데 늦어져서 죄송하다는 변명을 거듭하고 있는 실정이었다.

지금 생각해보면 웃음을 자아내는 이야기다. 그러나 그 안에 깔려 있는 뜻은 무엇인가. 은혜는 은혜로 갚아야 하고 원수는 원수로 갚아야 한다는 것이다. 그래야 떳떳한 인간 사회의 도리라는 생각이다. 그 뜻을 저버린다면 인간다운 삶의 의미가 어디 있겠는가, 하는 가치관이다. 그런 사고 속에는 갚을 일이 끝나야 새 출발을 할 수 있다는 보수적인 가치관이 있다. 은혜를 갚을 줄 모르는 사람은 짐승만도 못하다는 이야기는 예로부터 있었다. 원수를 갚지 못하면 눈감고 편히 잠들 수 없다는 뜻도 깔려 있다. 나는 미국의 한 정치가가 그 친구가 죽는 것을 보기 전에는 절대로 먼저 죽지는 않겠다고 했다는 얘기를 전해 들은 적이 있다.

만일 오늘을 사는 현대인들도 그런 사고방식에 매달린다면 어떻게 되겠는가. 은혜를 갚는다고 끼리끼리 편 가르기를 하고 원수를 갚기 위해 서로 해치며 산다면, 그 본인들은 어떻게 되며 그 사회는 발전할 수 있겠는가. 개인은 행복해질 수 없고, 사회는 병들기 마련이다.

나무만 보고 숲은 보지 못해

그런데 지금 우리는 어떻게 살고 있는가. 내놓고 말은 하지 않으나 편 가르기식 사고를 버리지 못하고 있지 않는가. 얼마 전에 기업체의 사원을 위한 교육에 참여한 일이 있었다. 교육 책임을 담당한 과장이 "전 과장은 A대학 출신이기 때문에 그 대학의 교수들이 강사로 오곤 했는데, 제가 과장이 되면서부터는 우리 대학교 교수님을 모시기로 했다"는 것이다. 나는 강의를 끝내고 돌아오면서 그 과장에게 "수강생을 위해 강사를 선정해야 하는 것이지, 모교 출신 강사를 초청하는 것은 합리적이지 않으며 애사심에도 어긋나는 것이니 다시 고려해보라"고 말했다.

한때 병원장이 서울대 출신이면 그 병원 의사들 대부분은 서울대 출신이었다. 세브란스 졸업 의사가 원장인 병원에서는 같은 대학 출신이 의무직을 맡는 것이 상례로 되어 있었다. 그렇다면 선조를 따지는 노인들보다 앞선 바가 없지 않은가. 지금도 정권이 바뀌면, 정권의 명예와 다음의 선거를 위해 배려한다는 잠재적 목적 때문에 국민에게 피해를 주는 일이 얼마나 많은가. 유능한 A를 배제하고, 출신지를 고려해 덜 유능한 B를 선택하는 일은 예사로이 이루어진다. 대선 때 경쟁에서 졌던 사람이 차기 집권자가 되면, 자신의 명예와 입지를 위해 눈에 띄지 않는 보복 행위로 국민들의 눈살을 찌푸리게 하지 않는가. 심지어는 같은 정당

190

에서 집권하면서도 선후의 집권자가 서로 경계하는 경우를 볼 때는 그들의 인격을 의심하게 된다. 미국에서는 한 국무장관이 두 대통령과 함께 일했던 예도 있지 않은가.

이런 일들을 보고 있는 국민들이 선조의 뜻을 지켜야 한다며 가정의 행복을 깨뜨리는 옛 사람을 잘못되었다고 말할 수 있는가. 국가의 지도자가 된 사람들이 왜 그런 불행한 일을 해결하지 못하는가. 나무만 보고 숲은 보지 못한다는 말 그대로다. 전체를 염두에 두지 못하고 자신의 업적에 치우치기 때문이다. 국민들은 그런 지도자를 애국심이 모자란다고 본다. 또 하나의 잘못이 있다. 그런 사람들은 과거를 위해 미래를 병들게 하는 사람이다. 지도자는 미래를 건설하는 책임이 있다. 과거에 매달려 미래를 그르치는 사람은 역사를 후퇴시키며 국민들의 희망과 행복을 희생시키는 잘못을 저지르게 된다.

우리를 불행하게 만드는 또 하나의 잘못된 사고방식이 있다. 다시 논의하기도 부끄러운 '흑백 논리'다. 언제부터 흑백 논리가 우리 사회에 뿌리를 내렸는가. 조선 왕조 초창기부터였다고 많은 사람들이 지적한다. 주자학이 영향을 미쳤다는 사람도 있다. 그러나 우리는 그 어떤 이념이나 학문의 장단점을 일률적으로 평가할 수는 없다. 문제는 우리 자신들의 사고방식과 가치관 속에 자리 잡고 있는 '흑백 논리적 폐습을 어떻게 해결할 것인가'다. 그 속에는 철학적 관념론과 논리적 사고가 깔려 있고, 그것이 우리들의 생활윤리 가치관으로 바뀌었다.

물리학자들은 색채팔면체를 설명하고 있다. 빨강, 파랑, 노랑, 초록의 네 원색이 사각의 평면을 만들고, 그 네 원점이 밝은 방향으로 합쳐 올라간 정점이 백(白)이 된다. 반대로 어두운 방향으로 합쳐 내려온 정점을 흑(黑)으로 본다. 그런데 밝은 정점인 백도 색으로는 존재하지 않으며 어두운 정점인 흑도 색으로는 나타나지 않는다. 색으로 드러나는 것은 백과 흑 사이의 중간색인 회색뿐이다. 밝은 회색과 어두운 회색이 있다. 흑과 백은 논리의 형식으로는 가능하나 실제적 의미와 가치는 수용할 수가 없는 것이다. 그런데 사람들이 흑백 논리에 빠지게 되면 실재하는 중간의 회색을 배제하고, 존재하지 않는 백과 흑을 가리게 된다. 우리들의 전통 속에는 문제 삼아야 할 실재하는 선과 악은 가리지 않고, 절대 선과 절대 악만을 문제 삼는다. 형식 논리의 노예가 되는 것이다.

신발에 발을 맞출 수 없듯이

우리와 유사한 사고방식은 합리주의 전통을 계승하는 독일이나 프랑스 사회에서 볼 수 있다. 그러나 그들은 삶을 논리적 합리성에 종속시키지는 않는다. 굳이 우리와 비슷한 사회적 의식 구조를 찾는다면, 독일에서 태어난 마르크스의 공산주의 철학의 모순 논리를 지적할 수 있겠다. 모순 논리는 중간을 용납하지 않는다. 따라서 그들의 사회관이나 역사관은 결정론에 속한다. 북한에서 볼 수 있는 모순성이다. 그런데 우리 역사를 더듬어보면 사회적으로 가장 혐오의 대상이 회색분자다. 상대방을 멸시하는 최고의 호칭이다. 회색분자는 흑백 양측에서 모두 버림받는 것을 당연시한다.

왕실의 역사를 보아도 그렇다. 목숨을 걸고 임금에게 직언하는 사람을 충신의 모범으로 삼는다. 현대인이 왕실의 신하가 되었다면 "저는 잘 모르겠으나 임금께서 생각하시는 것은 A인 것 같습니다. 저보다 넓게 보셨고, 여러 신하들의 의견에서 얻은 결론인 것 같습니다. 그러나 제가 여론을 통해 얻은 바와 국민들의 요청을 참고한다면, A보다는 B가 타당성이 있는 것 같습니다. B를 선택하면 B_1, B_2 등의 효과도 거둘 수 있을 것 같습니다"라는 정도의 견해를 얘기하는 것이 정도(正道)고 효과적일 것이다. 임금이나 상사에게 비(非)A나 반(反)A를 직언한다면 그것은 지혜로운 충언이 못 된다. 사회 문제에는 언제나 중간적 차이가 있을 뿐이다.

지금도 우리는 대통령에게 쓴소리를 해야 한다든지 직언을 해야 한다는 말들을 한다. 진실을 말하여 더 좋은 선택을 할 수 있도록 제안하는 것이 아랫사람의 도리인 것이다. 우리는 소통이 없다는 걱정을 한다. 대화가 단절되어 있다는 것이다. 윗사람은 보좌인들에게 지시만 하지 의견을 듣지 않는다는 뜻이다. 윗사람은

큰 귀를 가지되 입은 함부로 열어서는 안 된다는 가르침은 예로
부터 있었다.

나는 합리주의 전통을 이어받은 독일이나 프랑스의 사고방식
보다는, 영국과 미국 사회의 경험주의 전통을 받아들이는 것이
정치·경제의 문제 해결에 도움이 될 것이라고 본다. 이론이나 논
리에 현실을 맞추어가는 방법이 아니고, 현실에서 새로운 원칙을
찾으며 그 원칙을 거울삼아 더 소망스러운 현실을 찾아가는 길이
다. 신발을 만들어놓고 발을 맞추는 것이 아니라, 발의 크기와 변
화에 따라 신발을 바꾸는 것이 경험주의 가치관이다. 사회과학은
현실의 문제이지 논리나 형식에서 출발하지 않기 때문이다.

생각해보면 흑백 논리는 사회 문제 해결에는 도움이 되지 못한
다. 사회 문제 해결에는 언제나 정도가 있다. 우선 사실을 사실대
로 파악해 진실을 찾아야 한다. 진실이 아니거나 못 되는 것을 갖
고 논쟁이나 갈등을 일삼는 것은 어리석은 일이다.

그래서 진실인 것이다. 사실에서 진실을 찾은 후에는 그 해결을
위해 객관적 가치를 추구해야 한다. 우리 모두를 위해 무엇이 이
루어져야 하는가를 물어야 한다. 선입관이나 주장이 아닌 대화가
필요하다. 대화는 너와 나의 판단과 견해를 넘어 모두를 위한, 그
리고 미래를 위한 판단을 내리기 위한 것이다. 그 합의는 절대적
인 것은 아니다. 지금 앞으로 어떻게 무엇을 위할 것인가를 찾는
일이다. 세월이 지나면 바뀔 수도 있고, 상황이 바뀌면 더 좋은 방

법과 목적이 나타날 수도 있다. 현실은 항상 변하며 그 변화가 성장인 것이다. 그 정도를 상실했기 때문에 흑백의 논리를 앞세우는 잘못을 저질렀던 것이다.

반항과 비판이 곧 정의라는 착각

우리를 불행으로 이끄는 또 하나의 잘못이 있다. '반항의식'이 정의와 통한다는 잘못된 인습이다. 그렇게 된 데는 역사적 불행이 깔려 있다. 19세기 후반기부터는 조선 왕조의 행정에 대한 불만이 많아지고 국운을 바로 세우려는 국민들의 자각이 높아지기 시작했다. 그 결과로 나타난 것이 왕실 정치에 대한 비판, 행정적 불의에 대한 항거 정신과 투쟁이었다. 동학농민운동이 그 대표적인 운동이었다. 불의와 부정에 대한 항거가 애국의 의무기도 했다. 반항 정신이 정의의 길이라는 개념이 일반화되었다.

일본에 주권을 빼앗긴 후에는 항일 투쟁이 곧 구국운동일 수밖에 없었다. 3·1 운동이 그 절정을 이루게 된다. 해방을 맞이한 후에도 북에서는 반공운동이 정의를 대신했고, 대한민국에서는 독재에 대한 항거가 애국을 대신할 수밖에 없었다. 4·19 혁명이 바로 그 대표적인 희생적 투쟁이었다. 박정희 정권은 적지 않은 산업적 기여를 했으나, 군정은 누가 보든지 민주주의는 못 된다. 특히 유신헌법 이후부터 전두환 정권이 끝날 때까지는 군사 독재와 정권에 대한 항거가 곧 정치적 정의를 대신하는 역사가 되었다. 북에서는 공산 정권에 항거하든가 복종하든가의 양자 중 하나를 선택해야 하는 운명적 기로에서 결국은 복종의 비운을 벗어나지 못했다. 그래도 대한민국은 오랜 민주화 투쟁의 시련과 고난을 극복하면서 비로소 법치 국가인 민주주의의 기반을 구축할 수 있었다.

이렇게 시련과 고난의 역사를 겪으면서 우리도 모르게 한 가지 가치관에 빠져들게 되었다. 반항의식과 행동이 정의의 길이라는 인습에 젖어들게 된 것이다. 반항과 항거의 반대는 복종이고, 복종은 곧 불의의 노예가 되는 것이라는 선입관을 받아들이게 되었다. 그래서 정부가 하는 일이 옳다고 마음속으로는 인정하면서도 비판과 반항의 편에 서면 박수를 받고, 정부 측에 동조하면 무조건 불의와 함께한다는 습관적 판단을 면치 못하는 폐습을 갖게 되었다.

한때는 '어용 교수'라는 개념이 교육계에 만연했다. 정부를 지지하거나 정부의 입장을 대변하는 교수들이었다. 그런데 나 자신도 그런 비판을 받은 경험이 있다. 강의 시간에 정부 시책을 비판·반대하는 발언을 하면 학생들의 박수를 받았으나, 정부 시책을 긍정적으로 평가하면 어용 교수라는 혹평을 받으면서 지냈다. 하지만 영국이나 미국과 같은 앵글로·색슨 계열의 경험주의 국가에 가면 어용 교수라는 개념이 없다. 정부나 교수 모두가 국가와 사회를 위해 협력하기 때문에 이분법적이거나 양극단적 판단은 내리지 않는다.

내가 개인적으로 잘 알고 존경해온 함석헌 같은 이가 비판과 항거의 대표적인 선구자였다. 그 정도가 심했기 때문에 어떤 이는 양비론적 비평가라는 평을 하기도 했다. 이것도 저것도 다 틀렸다면 무엇을 위해 어떻게 하자는 것인지, 긍정적 가치와 방향을 제시하지 못한다고 평가하는 이들도 있을 정도였다. 그러나 파괴할 것을 파괴하지 않고서는 건설을 못 한다는 것이 독일의 니체 같은 철학자의 주장이기도 했다. 함석헌은 그 과도기를 담당한 지도자였다.

그런데 긴 역사의 시련기를 밟아온 지금은 부정이나 파괴보다는 긍정적인 건설의 의지가 더 중요하다. 한때는 모든 것을 파괴하고 그 위에 새로 건설하자는 공산주의자들의 주장 아래 투쟁과 혁명을 거듭해왔다. 그 결과 역사적 건설을 남기지 못했다.

우리도 긴 세월 동안 지속해오던 반항이 정의라는 사고를 벗어날 때가 되었다. 반항은 일시적 과정이고, 건설은 영구한 과제와 목표가 되어야 한다. 건설을 위한 의지와 협력을 상실한다면 민족의 장래는 불행해질 수밖에 없다. 긍정의 가치는 영구하고, 부정의 가치는 일시적이다. 파괴는 건설을 위한 수단일 뿐 목적은 아니다. 우리는 오랫동안 시대적 의무 때문에 반항이 정의라는

시대적 요청에 젖어 있었으나, 긍정과 협력의 길이 애국이며 국
민 모두의 행복의 길임을 되찾을 때가 온 것이다.

이기주의자의
사랑

아흔을 넘으면서 느끼는 바가 있다. 내가 나를 위해서 살아온 것들은 다 사라지고 말았다. 남은 것이 없어졌다. 다른 사람과 더불어 산 곳에는 행복이 있었다. 이웃과 사회를 위해 한 일들은 남아서 역사에 작은 보탬이라도 되었다.

역시 행복은 인간관계에서 주어지는 축복의 유산이다. 아무런 인간관계도 없었다면 우리는 행복이 무엇인지 모르고 살았을 것이다. 대니얼 디포(Daniel Defoe)의 소설 주인공으로 등장하는 로빈슨 크루소도 모든 인간관계를 떠난 단독자는 못 된다. 28년 동안 사회를 떠나 있었을 뿐이다. 참다운 행복은 인간과 더불어의 유산이므로 28년의 외로움과 고통은 인간 사회로 돌아왔을 때 해결되었을 것이다.

나를 위해서 한 일들은 언젠가 사라지는 법

동양인의 스승이었던 공자의 『논어』도 선하고 아름다운 인간 관계에서 얻어지는 '행복론'이 근본 사상이었다. 성경에 나오는 예수의 교훈도 인간관계에서 주어지는 행복한 삶이 어떤 것인지 가르치는 것이다.

이렇게 본다면 우리는 한 가지 중간 결론에 도달하게 된다. 이기주의자는 행복해질 수 없다는 판단이다. 우리는 개인주의와 이기주의를 잘 구별하지 못하는 인습이 있었다. 연로한 사람일수록 그렇다. 서구적인 가치와 삶에 접촉할 기회가 적었기 때문일지 모른다.

개인주의는 사회주의와 대조되는 개념이다. 좋은 사회와 소망스러운 공동체를 위해서는 우리 모두가 주어진 책임과 의무를 다해야 하며 사회적 책임은 나로부터라는 사고가 개인주의다. 그래서 개인주의적 가치의 목표는 소망스러운 사회를 위한 것임을 자각하게 된다. 그러나 이기주의는 다른 사람이나 사회는 어떻게 되든지 나에게만 유리하고 도움이 된다면 어떤 일을 해도 좋으며, 어떤 수단이나 방법을 사용해도 좋다는 삶의 자세다. 그러니까 이기주의는 나의 소유와 그에 따르는 즐거움이 먼저라는 사고를 동반한다. 개인주의를 잘 이해하기 어려웠기 때문에 이타주의라는 말을 쓴 적도 있다. 그래서 개인주의자들이 모이면 다원적인 공동체가 형성될 수 있으나, 이기주의자들이 합치면 집단 이기주의가 되어 사회악을 조성하는 불행을 초래하게 된다.

이기주의는 '모든 것은 나를 위해서'라는 사고에서 출발한다. 더 많은 것을 소유하여 만족과 즐거움을 누리자는 생활 자세다. 심지어 다른 사람의 것까지 빼앗아 소유하려고 한다. 그 소유의 일반적인 대상은 돈과 권력, 그리고 명예다. 각각의 대상은 양상만 다를 뿐이다. 그 점에 있어서는 서민이나 지성인, 때로는 지도층 인사들에게도 차이가 없다. 그렇다고 해서 100퍼센트 이기주의자는 없다. 문제는 소유와 향락을 인생의 목적으로 삼고 사는가 아닌가 하는 점이다.

오래전 내가 처음으로 유럽에 갔을 때였다. 로마에서 며칠을 보냈다. 관광을 위해 안내를 받고 있었다. 안내원이 우리에게 저 아래 멀리 돌기둥들이 서 있는 곳이 로마 시대의 원로원 회의장이었고, 카이사르가 암살당한 곳이라고 설명해주었다.

카이사르가 암살을 당하던 날 아침, 그의 아내가 하늘에서 큰 별이 떨어지는 아주 불길한 꿈을 꾸었다고 말했다. 그 얘기를 들은 카이사르는 원로원 회의에 나가는 일을 취소하고 집에 머물고 있었다. 예정된 시간이 지났을 때 원로원 의원 중의 한 사람이 찾아와 어떻게 된 일이냐고 물었다. 카이사르는 웃으면서 아내가 꿈자리가 좋지 않으니까 외출하지 말라고 해 쉬기로 했다고 말했다.

눈치를 알아챈 의원이 "그러셨군요. 저희들은 오늘 회의에서 당신이 로마를 제외한 지역에서 왕 대우를 받도록 의결할까 하는 준비를 하고 있었는데, 다음 기회로 연기해야겠네요"라고 유혹했다. 카이사르의 꿈은 의회의 대표 자리가 아닌 왕위에 있었다. 그 얘기를 들은 카이사르는 그러면 회의에 나가야겠다며 나섰다.

그 욕망 때문에 카이사르 인생에 종말이 왔다. 후배이면서 친구였던 브루투스마저 단도를 들고 나서는 것을 본 카이사르는 "너까지도 나를 죽이려고 하느냐"면서 죽음을 받아들였다. 브루투스는 누구보다도 카이사르의 심복이었다. 카이사르 덕분에 사지에서 목숨을 구하기도 했다. 그러나 브루투스와 그 가문은 로마의 공화정치를 신봉하는 애국자였다.

세월이 지난 후였다. 우리나라의 박정희 대통령이 예상할 수 없는 참변으로 세상을 떠났다. 박 대통령이 임기 중에 국가와 민족을 위해 애국심을 갖고 한 일에 대해서는 우리 모두가 존경스럽게 받아들였다. 그러나 공화당의 정권 책임자로 있을 때의 평가에 대해서는 의견이 나뉜다. 국가를 위한 일과 정권을 위한 일이 섞여 있었기 때문이다. 결국 유신헌법을 만들고, 통치권을 계속 독점하기를 원했다. 완전히 정권욕의 노예가 되고 만 것이다. 욕심을 잉태하면 죄를 범하게 되고, 죄가 커지면 죽음에 이른다.

수많은 이기주의자들이 빠지는 유혹의 대상은 돈과 재산이다. 우리는 그런 사람들이 스스로의 인생 자체를 치욕과 파국으로 이끄는 경우를 수없이 목격하고 있다.

또 하나의 유혹은 눈에 보이지 않는 명예욕이다. 최근에는 학문을 사랑하거나 진리를 추구하는 학자나 교수의 명예를 차지하기 위해 논문 또는 저서의 표절 사건에 휘말리는 사람들을 많이 본다. 개신교 목사들이 가짜 학위를 탐내 망신한다든지, 학문과 상관없는 학위를 위해 수단과 방법을 가리지 않는 사람도 있다. 자기를 목사로 부르지 말고 박사라고 불러달라고 요구하는 사람도 있었다. 학문을 사랑하는 사람은 할 수 없는 일들이다. 미국 같은 사회에 가보면 학문의 초창기 관문을 통과한 사람은 박사, 그 학문을 전업으로 하는 사람은 교수, 사회적으로 명성을 얻은 교수는 제자들이 선생(Mr.)으로 부른다. 대통령의 존칭도 미스터 프레지던트다.

카이사르와 박정희의 불행한 종말

명예는 업적과 봉사직에 대한 존칭어다. 탐낸다고 주어지는 것이 아니다. 나는 내 친구였던 안병욱 선생이나 김태길 선생을 떠올리게 될 때가 있다. 그들이 세상을 떠난 후에 많은 사람들이 "고마운 분이었다"며 감사의 인사를 하는 것을 볼 때마다, 인기나 명예보다 소중한 것은 감사의 대상이 되는 것이라고 생각한다. 그런 사람이 행복하고 영광스러운 삶을 산 것이다.

이기주의자가 행복한 가정을 유지한 예는 없다. 나 자신이 가정보다 귀하며 다른 가족은 나를 위해 필요한 존재로 생각하는 사람은 가족들의 사랑을 받을 수 없기 때문이다. 부부가 모두 이기주의자였을 때는 이혼하도록 되어 있다. 이기적인 목적으로 이웃과 사회를 대하는 가정은 행복해질 수도 없고, 사회적 존경을 받을 수도 없다.

이기심을 극복하지 못하는 사람과 같은 직장에서 일하게 되면, 함께 일하는 사람 모두가 불행해진다. 누구나 경험하는 사실이다. 사회생활에서 공익성은 발휘할 수 없으나 합리적 사고와 행위는 필요하다. 동료들에 대한 배려도 없이 이기적인 행동을 감행하는 것을 보면 민망스러운 때도 있다.

더 위험한 것은 이기주의자들이 같은 목적을 갖고 합쳐 집단 이기주의에 빠지는 것이다. 개인들만 불행해지지 않는다. 사회악의 근원이 되고 선한 질서의 파괴 세력으로 전락하기도 한다. 국가를 위한다고 자처하는 정당인들이 집단 이기주의에 빠져 국가적 손실을 초래하는 일들이 지금도 허다하다. 우리가 이기주의자들을 경계하는 이유가 여기에 있다.

이기주의 못지않게 우리를 불행으로 이끄는 또 하나의 인습적인 폐단이 있다. 선입관이나 고정관념의 노예가 되어 자유로운 판단이나 인격의 향상을 저해하는 세력이다. 그것이 사회적 이념이 되면 국가나 민족의 불행을 초래한다. 개인의 인생관이나 가치관을 잘못 이끌어갈 뿐만 아니라 정치·사회적 성장과 발전을 정체시키기도 한다. 지나치게 보수적인 전통주의를 신봉함으로써 진취적 발전을 저해하는 경우도 있으나, 유일사상이나 절대주의 가치관의 사상적 노예가 되어 창조적이며 미래 지향적인 생명력을 상실하게 하는 이념과 사상이 되기도 한다.

역사가나 사상가들은 크게 두 가지 정신적 이념주의를 지적한다. 그 하나는 20세기 사상계와 역사를 뒤흔들었던 공산주의 이념이다. 역사가들은 20세기의 매우 큰 세계사적 사건 중 하나는 공산주의 정권의 등장과 쇠퇴라고 볼 것이다. 그들이 신봉했던 정치·경제적 절대주의 이념은 가장 많은 사람이 믿고 따랐던 역사적 사건으로 마무리되었다.

종교가 존재하는 이유

그러나 다른 하나는 아직도 인류의 큰 숙제로 남아 있다. 종교 간의 갈등과 괴리적인 신앙 이념 때문에 초래되는 인간 성장의 후진성이다. 세계의 대표적인 세 가지 문화권인 인도, 동양, 서구 문화권 중에서 인도 문화권의 후진성은 그들의 종교 관념 때문이라고 본다. 동양 문화가 윤리 문화권이며 서구 문화가 과학 문화권이라면, 인도는 예로부터 지금까지 종교 문화의 전통을 유지하고 있다. 이슬람 문화권의 후진성과 사회적 발전의 지연성은 그들의 종교적 신앙과 가치관에 근거를 두고 있다. 공산주의 이념은 100년을 지속할 수 없었으나, 사람들은 종교적 신앙에서 오는 불행은 2~3세기 동안에 해결되기 어려울 것으로 본다.

어떤 면에서 세계 정신사는 탈(脫)종교운동이었다고 볼 만하다. 사회과학의 개척자로 불리는 오귀스트 콩트가 예견했던 사회과학적 발전 과정이기도 했다. 그는 세계 정신사는 종교적인 것에서 철학적인 사상으로, 그리고 현대에 이르러서는 실증과학의 무대로 진전하고 있다고 보았다. 지금 그 현상은 세계적으로 표면화되고 있다. 교육 수준이 높은 지성 사회로 갈수록 전통적인 종교 문화는 약화되고 있다. 그것은 종교 문화를 정신적으로 받아들이지 못하고, 교조적인 교리와 의식적 행사로 계승해왔기 때문이다. 서구 사회에 있어서도 그렇다. 기독교 정신은 휴머니즘과 연계되면서 사회적 발전과 성장을 도왔으나, 기독교의 교회주의적 인습은 그대로 수용되기 어려웠기 때문이다. 지금의 이슬람교는 그 신앙적 근본주의 때문에 이성적 판단과 자유로운 인격의 가치를 구속하고 있다.

문제는 우리에게 있다. 우리는 아직 종교를 갖고 있는 국민이 많은 종교 국가다. 그러나 샤머니즘은 사라지고, 사회적 성장의 후원 역할을 했던 불교와 기독교가 점차로 국민들의 성장보다 뒤

처지고 있다. 불교나 기독교가 신앙적 교리와 외형적 인습에만 안주한 채, 석가와 그리스도의 생명력 있는 진리와 가치를 외면했기 때문이다. 이대로 간다면 인습적인 불교 전통과 교리를 앞세우는 교회적인 기독교는 사회적 책임을 다하기 힘들 것이다.

모든 것은 국민들의 인간다운 성장과 행복을 위해 필요하다. 인간은 어떤 종교나 신앙을 위해 생존하는 것이 아니다. 초창기의 불교와 기독교는 그 사명을 위해 태어났다. 그 생명력과 창조적 희생이 오늘의 역사를 건설했다. 그러나 지금은 사회적 휴머니즘이 그 책임을 감당하고 있다. 종교가 인간적 행복을 담당하기보다는 인간애의 의무를 감당하는 인도주의가 역사의 주역을 맡아가고 있는 실정이다.

2017년은 종교 개혁 500주년의 해였다. 종교 개혁은 문예 부흥과 더불어 근현대 역사의 창조적 기원이 되었다. 인문학운동이 중세기의 세계관과 가치관을 뒤로하고 새로운 인간관을 탄생시켰다면, 종교 개혁은 기독교의 새로운 출발을 가능하게 했다. 가톨릭교는 개신교라는 아들을 탄생시키고 싶지 않았다. 만일 가톨릭교의 바람대로 되었다면 어머니 가톨릭교와 아들 개신교 모두가 죽었을 것이다. 그 산고가 있었기 때문에 두 종파 모두가 재탄생된 것이다. 기독교가 사회를 위해 존재하지 사회가 기독교를 위해 존립해서는 안 된다는 방향 전환인 것이다. 교리는 인생의 진리가 되어야 하며, 교회는 하늘나라 임무를 위한 공동체인 것이다. 교회는 그 자체가 목적이 아니다. 하늘나라를 건설함으로써 모든 사람이 자유롭고 평등하며 사랑을 통해 행복을 누리는 역사를 위해 헌신해야 한다. 인간을 인간답게 존재하게 하면서도 하나님 자녀다운 평화와 사랑으로 참행복을 누릴 수 있게 역사적 책임과 희망을 제시해주어야 한다. 구약을 신봉하는 이스라엘 사람들은 자신들이 아브라함의 후손이기에 복을 받는다는 폐쇄적 민족 신앙을 극복하지 못했다. 기독교는 그 달걀을 깨뜨리고 태어난, 창조적인 희망의 종교였던 것이다.

성격을
바꿀 수 있을까

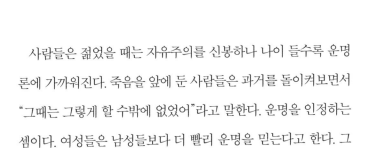

사람들은 젊었을 때는 자유주의를 신봉하나 나이 들수록 운명론에 가까워진다. 죽음을 앞에 둔 사람들은 과거를 돌이켜보면서 "그때는 그렇게 할 수밖에 없었어"라고 말한다. 운명을 인정하는 셈이다. 여성들은 남성들보다 더 빨리 운명을 믿는다고 한다. 그런 얘기는 어리석은 사람은 자유를 말하지만, 지혜가 높아질수록 운명을 따르게 된다는 의미기도 하다.

우리 동양인들은 옛날부터 인생의 인과법칙을 존중시했기 때문에 운명론이 더 강했을지 모른다. 또 그런 정신이 주어진 진리로 믿어지기도 했다. 처음이 있었으니까 끝이 있을 수밖에 없다. 과거의 원인이 현재가 되고 오늘의 원인은 내일의 결과가 된다는 생각은 논리적 증명 이전의 행위와 삶의 법칙으로 여겨졌다. 인간은 늙으면 죽게 되어 있고 선악의 보응은 피할 수 없는 삶의 원칙으로 믿어져왔다. 그 뜻을 부정하거나 거부할 능력과 권한은 인간에게 주어지지 않았다. 우리만 그런 것은 아니다. 인도인들도 예로부터 업보 사상을 믿어왔고, 그리스 사람들도 운명을 절대적인 것으로 여겨왔다. 인간이 자연과 더불어 사는 동안은 물리적으로 반복되는 자연법칙과 질서를 벗어날 수가 없으며, 그 법칙과 질서를 넘어서지 못하는 동안은 운명의 굴레를 벗어버리기 힘들다.

젊어서는 자유주의자, 나이 들어서는 운명론자

만일 이런 운명이 절대적이며 인간의 자유가 허락되지 않는다면, 인간은 행복을 생각할 수가 없다. 동물에게는 자유의식이 없기 때문에 행복의식도 없는 것이다.

그러나 현대인들은 밖으로부터 주어지는 운명 같은 것은 믿으려 하지 않는다. 인간은 인간이기 때문에 인간의 본성인 자유를 지니고 산다. 자유가 없는 인간은 인간이 아니다. 문제는 인간 속에 내재하는 운명적인 것, 결정지어져 있는 것, 벗어버리려고 해도 노력에 의해서는 불가능한 것들이 있다는 것이다. 신체적 조건도 그렇다. 170센티미터의 키를 갖도록 되어 있는 사람은 노력한다고 해서 190센티미터의 신장을 가지지 못한다. 주어진 것이다. 타고난 결정성에 속한다.

그런 것을 인정한 현대인들은 그 사람의 성격은 운명에 해당한다고 본다. 즉, 성격이 내재적인 제2의 운명이라는 것을 인정한다. 그래서 성격은 개조할 수가 없기 때문에 따르게 되며, 우리의 삶은 자신의 성격 울타리와 한계를 넘어서지 못한다고 본다. 인간은 주어진 성격대로의 한평생을 살 뿐이라고 생각한다. 소포클레스의 『오이디푸스왕』 이야기는 운명의 절대성을 제시해주는 비극의 대표작이다. 반면 셰익스피어의 『햄릿』은 성격의 절대성에서 오는 비극적 불행을 보여준다.

나는 중학교 때 담임이었던 S선생의 경우를 기억에 떠올리곤 한다. 오래 대해보았기 때문에 그 선생의 성격에 대해 잘 알고 있다. 그는 일본인이었는데, 화가 치밀면 참지를 못했다. 나도 교내에서 일본어를 쓰지 않고 한국어를 썼다고 얻어맞은 일이 있다. 그 선생은 사랑하는 어린 딸아이가 시끄럽게 울어댄다고 방 밖으로 내던지기까지 했다. 결국 딸아이는 불구가 되었다. 자신의 행동으로 한평생 고통을 겪으면서도 참을성이 없어 자기 뜻을 따르지 않는 한국 학생들에게 분풀이를 하는 것이 보통이었다.

역사가들은 로마의 황제 네로의 성격 때문에 로마 국민들이 고통과 불행을 겪었다는 사실을 알려주고 있다. 몇 해 전 일이다. 내가 오래 가까이 지내온 목사가 하는 얘기였다. 자기 큰사위가 마음이 착하고 외모가 좋은 편이어서 결혼을 허락했는데, 착하기만 하고 무능하고 게을러 놀고만 있다는 거였다. 그래서 알아보았더니 그 부친인 사돈까지도 그런 성격이어서 딸과 함께 애태우고 있다는 거다.

이런 성격 때문에 오는 고민과 불행을 어떻게 하면 좋은가. 현대인들은 운명적인 성격을 개선하기 위해 많은 연구와 노력을 기울이고 있다. 행동과학을 연구하는 사람들은 "운명을 바꾸고 싶으면 성격을 바꿔라, 성격을 개선하기 위해서는 습관을 고쳐라, 습관을 바로잡기 위해서는 행동을 고쳐라, 행동을 바꾸기 위해서는 생각을 바꿔라"라고 한다. 생각은 누구나 바꿀 수 있기 때문에 누구든지 노력만 하면 성격을 고칠 수 있다고 주장한다. 게으른 성격을 가진 사람도 하루하루의 일과를 바꾸어나가면 그 행동의 반복이 습관을 고치게 되고, 성격에도 변화가 온다고 말한다.

루터의 성격이 고집불통이 아니었다면

그러나 문제는 그렇게 간단하지가 않다. 고등학생들을 대하다 보면 지능지수가 높은 학생이 있는가 하면, 현저히 낮아 노력해도 따라가지 못하는 학생도 있다. 운동신경이 탁월하게 앞선 학생도 있으나 선천적으로 운동신경이 떨어지는 학생도 있다. 노력에는 한계가 있으며 주어진 천성의 벽은 넘어서지 못한다.

그렇다고 모든 성격이 다 나쁘기만 한 것은 아니며, 선하게 타고난 성격도 있다. 얼굴이 똑같은 사람이 없듯이 성격이 똑같은 사람도 없다. 그 타고난 성격을 선하고 소망스러운 방향으로 이끌어갈 수 있는지가 문제다. 어떤 사람은 그 성격 때문에 불행해지기도 하나 때로는 그 성격이 있었기에 보람 있는 인생을 개척하기도 한다.

종교 개혁의 선구자로 알려진 마르틴 루터는 굉장한 고집쟁이 가정에서 태어났다고 전해진다. 전기 작가의 기록을 보면, 루터의 조부와 부친 모두가 사람들에게 인정받는 고집불통의 성격이었다고 한다. 루터도 그 성격을 물려받았기 때문에 자신의 주장과 신념이 옳다고 믿으면 굽힐 줄 모르는 성격이었다. 그런 성격이 없었다면 자신의 큰 뜻을 성취하지 못했을 것이라는 견해도 있다. 그렇다면 그런 성격을 묻어두지 않고 개발할 수 있는 방법은 무엇일까? 한때는 동기를 부여해야 한다는 주장이 소개되기도 했다.

인도의 한 바닷가 어촌에서 면사로 된 그물을 사용해 물고기를 잡았다. 한 번 사용하고 나면 그물이 상하기 때문에 그물을 말리고 보수한 후에야 다음 번 작업에 나서게 된다. 그 고충을 해소하기 위해 정부에서 나일론 그물을 제공해주었다. 그런데 어획량이 늘어나지 않는 것이다. 이유를 알아보았더니 그물을 볕에 말리고 수선하는 수고가 없어지니까, 어부들이 오히려 그 일에 해당하는 3~4일은 놀고 있었다는 것이다. 더 많이 잡을 필요를 느끼지 않았던 것이다. 새 그물은 오히려 게으름만 조장한 결과가 되었다. 일을 하고 싶어 하는 동기를 주지 못했던 것이다.

북한에 공산 정권이 들어서면서 토지를 전부 국가가 소유하고, 농민들은 국유지에서 농사를 지었다. 그 소출은 전부 정부에 공납한다. 그리고 전 국민이 다시 식량을 배급받아 먹는 구조다. 그 결과는 농산물의 생산 감소로 이어졌다. 땀 흘려 지은 농작물을 고스란히 나라에 바치니까 일에 대한 대가와 보상이 없어졌기 때문이다.

중국도 그랬다. 주택의 소유권은 국가가 가지고 국민은 거주권만 제한적으로 갖게 되니까 자기 돈으로 수리도 하지 않고, 더 좋은 주거지가 생겨도 방치해두었다. 일을 위한 동기를 부여하지 못했던 것이다.

한때 전 세계 기업들이 동기 부여의 방법을 찾는 데 열중했다. 성과급 제도가 생겨난 배경이다. 미국에서는 대학교수들의 연봉이 모두 다르다. 일의 성과에 따라 보수가 다르기 때문이다. 우리 기업도 성과급 제도를 도입하고 있다. 그러나 노동운동을 하는 사람들은 그 제도를 거부한다. 그들은 인간 차별을 원치 않으며 평준화가 정의라는 선입견을 포기하지 않는다. 모든 경쟁을 이기적인 경쟁으로 생각하면 그렇다. 그러나 선의의 경쟁은 발전적인 경쟁이다.

우리나라 산업화 초창기에 나도 기업체 교육에 참여한 적이 있었다. 그때도 동기 부여보다 목적의식, 즉 목적 부여가 더 필요하다고 믿고 있었다. 일의 목적에 따라서 일을 사랑할 수 있게 되고, 그 일을 성취하면 더 높은 행복감을 갖게 해주기 때문이다. 크고 작은 일에는 그에 해당하는 목적이 있다. 귀한 목적이 내 인생의 목적과 합치될 때는 동기 부여보다 높은 차원의 인생을 맞이할 수 있다.

사회 문제도 그렇다. 한때 사람들은 미국적 자본주의에는 종말이 온다고 믿었다. 공산주의자들은 그것이 역사적 결정론에 속한다고 주장했다. 그러나 지금에 와서는 그 반대가 되었다. 공산주의는 종말을 맞이했고, 자본주의는 시장경제로 변신하면서 세계 각국이 그 길을 따르고 있다.

중국까지도 그 시장경제에 뛰어들고 있다. 그렇게 된 원인은 어디 있는가. 공산주의와 자본주의 배후에 각각 무엇이 있었는가에서 찾아야 한다. 그것은 다름 아닌 '휴머니즘'이었다. 인간애의 정신이다. 인간을 수단과 방편으로 삼은 마르크스주의는 끝났으나, 휴머니즘을 받아들인 자본주의는 살아남았다. 휴머니즘은 인간애를 목적으로 삼고 있으며, 과정과 방법에서 윤리성을 엄격히 따진다. 반면 마르크스주의는 다수인의 행복을 위하는 목표는 있었으나 과정과 방법에는 반(反)휴머니즘이 자리 잡고 있었다. 선은 목적과 방법이 모두 선해야 한다. 인간애를 거부한 선은 선이 아니다. 악의 방법에서 불선(不善)의 결과를 초래했을 뿐이다.

타고난 성격보다 중요한 것들

이런 문제들이 우리의 행복과 무슨 상관이 있느냐고 물을 수도 있다. 그러나 현대 사회에 사는 사람들은 이런 문제에 대한 바른 견해와 해답 없이는 행복을 찾을 수가 없다. 문제를 다시 축소해 보아도 그렇다. 동기를 부여한다는 것은 사업주나 기업 경영자가 일의 성과를 올리기 위한 수단이나 방법에 속한다. 그 과정 속에 직원에 대한 애정이 없다면 일하는 사람은 그저 일꾼일 뿐이다. 행복은 또 다른 곳에서 찾아야 한다. 그러나 직원들에게 목적의식을 나눈다는 것은 이 일을 함께 이루면 우리 가족들만 즐겁고 행복한 게 아니라 사회적으로도 도움이 되기 때문에 우리에게 주어진 인간애의 사명을 감당하자는 희망을 더해주는 것이다.

나는 우리가 제2의 운명이라고 볼 수 있는 성격을 바꿀 수 있느냐고 문제 삼기보다는, 인생의 목적을 선한 가치와 인간애로 삼을 수 있다면, 그것이 성격을 바꾸는 길이라고 생각한다. 악한 사람이 따로 있는 것도 아니고, 불행과 고통을 원하는 사람이 있는 것도 아니다. 선함을 위한 노력, 사랑하고 위해주려는 목표를 상실하는 것이 문제다. 모든 윤리와 종교가 우리에게 요청하는 것이 바로 그것이다.

지금은 누구도 기억하지 못하는 사람에 관한 이야기를 소개하겠다. 청년 시절에 황해도 안악 지역에 가면 깡패 두목인 김익두의 이야기가 자자했다. 그 일대에 사는 사람들은 장날이 되면 김익두가 시장에 나타나지 않기를 기원했을 정도였다. 그런데 그 젊은이가 교회에 나가 신앙을 갖게 되었다. 그다음부터는 동료 깡패들이 그에게 술을 권하면 "나는 요사이 신약과 구약을 다 먹었기 때문에 술·담배를 계속하면 죽어. 먹으면 끝장이야"라고 말하곤 했다. 후에 그는 과거의 생활을 뉘우치고 깊은 사명감을 느껴 목사가 되었다. 그의 이러한 과거를 아는 많은 젊은이들이 그를 따라 교회로 갔다. 그는 평안도와 황해도에서는 잊을 수 없는 전도 사업의 한 주역이었다.

나는 최근 한 책자에서 새로운 사실을 발견하게 되었다. 숭인상업중학교(5년제)는 평양에 최초로 설립된 사립 중학교다. 다른 중·고등학교는 공립이거나 선교사들이 설립한 기관이었는데, 숭인상업중학교는 한국인들의 노력과 기부금으로 기독교 학교로 출범해 일제강점기에 교육 당국의 승인을 받았다. 그 학교에서 교목(학교에서 예배와 종교 교육을 맡아보는 목사)과 성경교사로 봉직한 이가 김재준, 한경직 목사였다. 그리고 학교 설립 기금을 교회를 통해 모금한 장본인이 바로 김익두 목사였다.

인간의 성격이 어떻든 간에 선한 목적을 갖고 있으면 최선의 삶을 살 수 있다. 그 뜻이 사명감으로 바뀌게 되면 그 사람은 모범적인 존경과 사랑을 받는 지도자가 될 수도 있다. 김익두 목사만 그런 것이 아니다. 그 시기 도산 안창호, 고당 조만식도 서북 지역에서 역사적 사명을 담당했던 이들이다.

100퍼센트의 선,
100퍼센트의 악

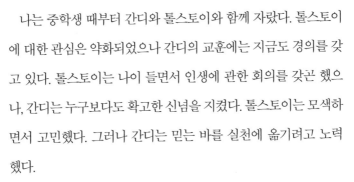

　나는 중학생 때부터 간디와 톨스토이와 함께 자랐다. 톨스토이에 대한 관심은 약화되었으나 간디의 교훈에는 지금도 경의를 갖고 있다. 톨스토이는 나이 들면서 인생에 관한 회의를 갖곤 했으나, 간디는 누구보다도 확고한 신념을 지켰다. 톨스토이는 모색하면서 고민했다. 그러나 간디는 믿는 바를 실천에 옮기려고 노력했다.

　간디의 신념은 간단했다. 거짓과 폭력이 사라지고 진실과 사랑이 있는 세상을 만들어야 한다는 의지였다. 최근에는 영국 국회의사당 앞 광장에 간디의 동상이 세워졌다는 소식을 들었다. 식민지의 반(反)영국 지도자인 간디가 다른 영국 지도자들보다 더 높은 존경을 받은 당연한 역사의 교훈이라고 생각한다.

도산 안창호는 우리 민족의 존경을 받는 정신적 지도자였다. 그는 언제나 "죽더라도 거짓말은 하지 말자"고 호소했다. 우리는 너무 많은 거짓 속에서 살아왔다. 그래서 정직이 오히려 이상하게 생각될 정도로 허위 속에 살고 있다는 생각을 한다. 정치계 사람들은 거짓 조작이 곧 지혜라고 착각하고 있다는 생각마저 든다. 법정과 정치계에서 거짓이 사라진다면 우리 모두 얼마나 행복하게 살 수 있을 것인가 생각해보았으면 좋겠다.

진실을 사랑하는 사람은 거짓말을 할 수가 없다. 내 인격을 존중히 여기는 사람은 어떤 경우에도 진실을 외면할 수가 없다. 간디는 여러 차례 영국 법정에 섰다. 그러나 한마디의 거짓도 말한 일이 없었다. 사실을 사실대로 말한 간디는 "나도 영국 법을 공부한 변호사다. 내가 한 일이 영국 법에 저촉된다는 사실을 잘 알고 있다. 그러나 법보다 더 존엄한 인간의 권리를 누리지 못하고 차별 대우를 받고 있는 인도 국민의 인간적 가치와 존엄성을 위해 그렇게 할 수밖에 없었다"고 진술했다. 그렇기에 그는 영국 법에 의해 처벌을 받으면서도 단식으로 항의할 수 있는 자신을 갖고 있었다. 그의 양심과 인도 국민의 존엄성을 위해서는 항거할 수밖에 없었던 것이다.

더 많은 설명은 필요 없을 것 같다. 거짓말을 하지 말자. 우리 생활에서 거짓을 용납해서는 안 된다. 그 책임을 감당하지 못하는 개인과 사회는 거짓이라는 암세포를 건강한 신체에 잠입시키는 것 같은 죄악을 범하게 된다.

정직이 애국이다

폭력의 문제도 그렇다. 어떤 경우에도 폭력은 악이다. 누구도 폭력을 행사하는 깡패나 조직폭력배를 긍정적으로 받아들이지 않는다. 그런데 놀라운 것은 사회의 지도자를 자처하는 사람들이 언어폭력을 예사로이 감행하며, 성추행과 성폭력을 잘못으로 인정하지 않는다는 것이다. 폭력은 사회악의 처음이며 마지막인 죄악이다. 전쟁도 하나의 정치적 폭력이다. 다른 사람의 생명과 인격을 모독하는 정신적 폭력이 징계를 받지 않고 있다. 아동 학대부터 살인에 이르기까지, 폭력은 근절되지 않고 있다. 누구의 책임이냐고 물을 필요가 없다. 우리 모두의 의무기 때문이다.

한 민족이 성장하는 데는 다 같은 순서가 있다. 인간관계에 있어서도 그렇다. 신생 국가나 후진 국가에서는 대부분의 인간관계가 상하관계로 되어 있다. 강자가 약자를 지배하며 가진 자가 못 가진 사람을 억압한다. 그러다가 그 민족과 사회가 성장하게 되면 힘을 가진 강자가 아닌, 제3의 정신적 질서가 지배한다. 그 대표적인 것이 법치 사회다. 법이 지배하는 평등 사회가 된다. 우리도 그런 위치까지 성장해가고 있다. 그러다가 더 높은 가치관과 질서가 이끌어가는 사회가 되면 윤리 및 도덕의 질서가 이끌어가는 선진 사회가 된다. 윤리와 인도주의를 지향하는 사회다.

그 질서 중의 하나를 동양에서는 예절이라고 보았다. 『논어』를 읽어보면 공자가 얼마나 예(禮)를 존중히 여겼는지 이해할 수 있다. 예는 인간다움의 도리라고 가르쳤다. 그 예의 본성은 무엇인가. 서로를 배려하며 존중히 여기는 마음의 자세다. 성경에서는 '남에게 대접을 받고자 하는 대로 너희도 남을 대접하라'는 교훈으로 되어 있다. 예의 방법까지 포함한 평범하면서도 뜻깊은 가르침이다. 나는 젊었을 때 철학자 칸트의 책을 읽으면서 칸트가 인간 행위의 기준이 무엇인가를 고민하다가 찾은 결론이, 바로 그런 교훈과 같은 것이라고 생각해본 적이 있다.

밖으로 나타나는 예의 모습은 시대와 사회에 따라 차이가 있다. 그러나 그 뿌리가 되는 정신적 규범에는 큰 차이가 없다. 내 생각보다 상대방의 생각을 존중히 여기는 것이 필요하다. 많이 듣고 적게 말하는 것이 예를 해치지 않는 길이다. 상대방의 생각이 옳고 선할 때는 따라주어야 한다. 그것이 배려하는 길이다.

그런 동양적 미덕을 소중히 여겼기 때문에 '웅변은 은이고 침묵은 금이다'라는 격언이 생기기도 했다. 1일 3성(一日三省)이라는 개념도 그렇다. 하루에 세 번씩 자기 자신을 반성해보라는 뜻이다. 자기반성의 핵심이 되는 것이 '말'이다. 누구에게 어떤 말을 했는가를 자성해보라는 의미다. 현대인들은 그런 가르침을 그대로 받아들이지는 않는다. '웅변은 은이고 대화는 금이다'라는 생각을 더 좋아할 것 같다. 지나친 침묵은 오해를 살 수도 있고, 인간관계의 적극성을 해칠 수도 있다. 동양의 전통에서는 식사 중엔 말을 삼가는 것이 미덕이라고 했지만, 현대인들에게는 서로 대화하는 것이 더 좋은 습관으로 받아들여지고 있다. 내가 웅변보다는 대화를 추천하는 것은 웅변은 말을 잘하기 위한 것이지만, 대화는 이해를 돕고 협력을 뜻하기 때문이다.

내가 하면 로맨스, 남이 하면 불륜?

예절의 기초가 되는 것의 하나는 상대방을 위하는 아름다운 말이다. 강요하거나 압박하는 말이 아니다. 양해와 공감을 위한 마음에서 우러나오는 아름다운 언어다. 우리는 좀처럼 미안하다든지 죄송하다는 말을 하지 않는다. 내가 잘못해서 지나가는 사람의 발을 밟고도 미안하다는 말을 하지 않는다. 그런데 예의가 바른 사회에서는 밟힌 사람이 먼저 미안하다는 말을 한다. 생각해보면 그만큼 우리는 표현력이 부족하다고 볼 수도 있으나 미안한 마음을 가져보지 못한 습관 때문인 것 같다.

나도 그런 편이지만 선진국에 가보면 내가 머무는 옆집 또는 옆방 사람들은 처음 보는 사이인데도 "좋은 아침입니다", "일찍 나

오셨습니다"라고 인사를 하는 것이 보통이다. 그런데 우리는 그렇지 못한 경우가 많다. 우스운 이야기가 생각난다. 한국신학대학의 학장이었던 김재준 목사는 유교 전통의 교육을 받아서 그런지 좀처럼 가볍게 인사를 나누는 일이 드문 편이었다. 많은 미국 친구들이 좀 이상하다고 생각했을 정도였다. 그가 미국에서 신학을 공부하고 있을 때였는데, 한번은 치과 치료를 받고 돌아오다가 동료 미국 학생을 만났다. 그 학생이 어디 갔다 오느냐고 물어서 김 목사는 치과에 다녀온다고 말했다. 그랬더니 그 친구가 함께 걷던 친구와 같이 "아, 치과 치료 때문에 그동안 말이 없었구나!"라면서 침묵의 원인을 알았다는 듯이 "그런 줄은 몰랐다"며 미안해하더라는 것이다. 목사님이 직접 하는 얘기여서 듣는 사람이 모두 웃었다.

나는 지금도 착하고 아름다운 마음에서 우러나오는 인사를 먼저 하자는 생각을 한다. 신부나 목사, 스님들은 그런 교양을 갖췄다. 인사말을 먼저 하기가 어색하면 미소를 지어 보이는 것도 좋다. 버스나 지하철을 타면서 짓는 그런 미소는 다른 사람의 마음을 편하게 해줄 수가 있다.

예의 표현이나 행위 방식은 제각기 다르다. 시대와 사회에 따라 변하기 때문에 서로 배워야 하고, 때로는 양해를 구하게 된다. '로마에 가면 로마법에 따라야 한다'는 격언이 있다. 종교가 다르기 때문에 내 생각을 양보할 때도 있고, 남녀관계의 예절에도 차이가 있다. 그러나 언제 어디서나 통하는 마음의 자세가 있다. 그 사회가 갖는 선한 질서를 존중히 여기며 따르는 일이다. 그 마음의 자세만 확실하다면 우리는 선한 질서와 더불어 바람직스러운 예를 지킬 수 있다. 예는 정신 및 인간관계의 선한 질서를 찾아 따르는 일이다.

우리 사회에 불행을 초래하는 또 하나의 잘못은 인간 평가에 있어서의 양극화 현상이다. 우리는 합리적 판단이나 객관적 가치를 추구하는 사회과학적 훈련을 받지 못했다. 그래서 사람을 평가할 때에도 선입관이나 편견을 갖고 대하는 경우가 많다. 특히 무의식중에 종교와 정치적 편견에 따르는 양극적 판단에 빠져들기 쉽다. 나 자신도 그렇게 자랐다. 교인들은 신앙을 가졌기 때문에 죄를 용서받았으나 교회 밖의 사람들은 죄에 물들어 있다는 잘못된 가르침을 받았다. 이전에는 다른 종교를 믿는 사람들은 죄인이라고 설교하는 목사도 있을 정도였다. 이슬람교도들은 다른 종교를 선포하는 사람을 박해할 정도다. 인간관계와 사회적 선한 질서를 위해서는 이렇게 잘못된 사고방식은 백해무익하다. 누가 무엇이라고 말하든지 종교 전쟁은 선한 가치와 인간적 질서를 해치는 불행이다.

정치적 편견과 고정관념도 그렇다. 내 주변 친구들도 글을 쓰거나 강연을 할 때는 종교 얘기와 정치 문제에 대한 평을 삼간다. 독자나 청중은 내용이 어떤지를 따지기보다는 자신과 다른 사고와 가치관에는 반발과 배격을 삼가지 않기 때문이다. 내가 일하던 대학의 한 교수는 정년퇴직을 할 때 정치 이념이 다른 제자들에게 야유와 비난을 받은 일이 있다. 운동권 학생들은 그렇게 하는 것이 정당한 주장이라고 믿고 있었던 때였다. 우리나라 국회의 여야 대결이 아직도 그런 성격을 벗어나지 못하고 있다. 내가 하면 로맨스고, 상대방이 같은 일을 하면 불륜이라 한다.

사회생활에 있어 언제나 불행의 원인을 만드는 것은 고정관념이나 선입관념을 벗어나지 못하는 정신적 편견이다. 또 편견까지는 아니더라도 전체적으로 관찰하지 못하고, 흑백 논리나 중간을 배제하는 모순 논리를 따르는 사람들은 자신도 모르게 잠재적·양극적 인간 평가를 하는 때가 허다하다.

춘원이 19년만 일찍 죽었더라면

강영훈 전 총리의 이야기가 생각난다. 한번은 무슨 모임의 초청을 받아 강연을 하러 갔는데, 한 젊은이에게 "친일파인 최남선을 높이 평가하는 당신은 강연할 자격이 없다"는 면박을 당했다는 것이다. 강영훈이 옛날 만주에서 공부할 때 최남선이 강사로 와서 강연한 일이 있었는데, 감명을 받아 한국학에 관한 필요성을 깨달았다고 한 적이 있었다. 그런 말을 하는 당신 같은 사람은 강연을 할 필요도, 자격도 없다는 말을 들었다는 것이다.

모든 인간에게는 장단점이 있다. 100퍼센트의 선과 100퍼센트의 잘못은 있을 수가 없다. 박정희 대통령의 정치적 과오가 있었다고 해서 그의 산업화까지도 부정하는 것은 타당하지 못하다. 어느 편에 더 큰 비중을 두느냐가 문제다. 물론 춘원 이광수나 육당 최남선은 친일파로 변절했다. 그러나 그들과 같은 시대를 산 사람들 중에는 그들에게서 민족정신을 배운 사람이 친일정신을 이어받은 사람보다 많다. 안병욱은 춘원을 좋아했다. 그 덕분에 고등학생 때 한국인임을 깨달았다는 얘기를 하곤 했다. 일제강점기에 공립학교를 다녔기 때문이다. 그런 과거가 있기 때문에, 안 교수는 춘원이 (변절하기 전) 19년만 일찍 죽었더라면 좋았을 것이라고 했다.

누구를 존경하거나 하지 않는 것은 자신의 선택이다. 내가 누구를 싫어하기 때문에 너도 그를 좋아하거나 존경하지 말아야 한다는 견해와 주장은 또 하나의 편견이 된다.

끝으로 한 가지만 더 추가하기로 하자. 다른 사람의 생명이나 인격을 상품화하거나 이용하는 것은 행복 여하를 떠나서 죄악이다. 나를 위해서 나와 같이 존중을 받아야 할 이웃의 목숨을 가볍게 여기거나 인격을 훼손하는 잘못은 언제 어디서도 용서받을 수 없다. 이름 없는 일반 서민들도 그렇지만 특히 사회의 중책을 맡고 있는 사람들은 그런 범행에 가까운 발언을 하거나 과오를 범하는 일은 있을 수 없다.

　사회적 가치관이 낮은 사람들은 용서받을 수 있다. 6·25 전쟁 때는 군 장교와 결혼을 해야 덕을 볼 수 있고, 전쟁이 끝난 후에는 세무서 직원과 친분을 가져야 한다는 생각이 일반적이었다. 그런데 따져보면 돈이 많다고 해서 허세를 부린다든지, 권력이 있고 지위가 높다고 해서 다른 사람의 인격이나 심지어 행복까지도 빼앗는 일이 적지 않다. 몇 년 전 서울시를 대표하는 의원이 자기 이득을 위해서 살인 방조까지 했다고 해서 세상을 놀라게 한 일이 있었다. 따져보면 정권이나 경제적 이권 때문에 이름 없는 약자나 서민들의 행복과 인생을 파괴하는 일이 사라지지 않고 있다. 스탈린이나 히틀러 시대에나 있을 법한 사태를 볼 때는 의분을 느끼게 된다. 인권의 존엄성을 훼손하는 것은 죄이며, 인간 역사를 역행하는 악이기도 하다. 우리가 북한 동포에 대해서는 깊은 동족의식과 인간애를 책임져야 하지만 북한 정권을 우려하는 것도 같은 맥락이다.

우리를 슬프게
만드는 것들

　행복을 바라는 우리들을 불행하게 만드는 요소들은 많이 있다. 그 하나는 사회적 여건에 속하는 대외적인 문제다. 또한 우리들의 마음 상태나 가까운 인간관계에서 생기는 것도 있고, 때로는 잘못된 사고나 가치관이 원인이 되는 경우도 적지 않다. 개인적인 면에 있어서는 그런 원인을 제거하는 일이 더 중요할지 모른다. 불교나 기독교, 공자의 교훈도 그 점을 강조하고 있다. 또 인간 문제를 연구하는 심리학자들도 비슷한 교훈과 제안을 해주고 있다.

　예를 들어, 그 하나는 화를 다스리지 못하는 불찰이다. 화는 보통 화(火)로 통한다. 화산을 상상해보면 좋을 것이다. 흔히 말하는 욱하는 성미라든가, 감정을 억제하지 못해 폭발하는 행동들을 말한다. 동양 사람들은 화를 다스리는 가장 좋은 방법은 참는 것이라 생각했던 것 같다.

나도 어렸을 때부터 들어온 이야기가 있다. 대가족 제도가 미덕으로 여겨질 때의 이야기다. 수십 명의 가족이 한집에 살았는데도 큰 소리로 고함을 지르거나 싸우는 일이 없었고, 언제나 화평하게 잘 지내는 모범적인 가정이 있었다. 한 친구가 그 가장을 찾아가 비결이 무엇이냐고 물었다. 그 가장은 손님에게 곳간 한 모서리에 있는 커다란 독을 가리키면서 저 속에 있다고 했다. 손님이 독 속을 들여다보았더니 작게 접은 종이쪽지들이 수북이 쌓여 있었다. 그 쪽지를 집어 보았다. 그 쪽지에는 참을 인(忍) 자가 쓰여 있었다. 다른 쪽지들도 마찬가지였다. 옆에 서 있던 가장이 "우리는 화가 나는 일이 생기면 여기 조용한 곳에 들어와 인(忍) 자를 써서 독 속에 넣곤 한다"고 했다. 화는 순간적인 격정의 폭발이다. 그 순간을 참아 넘기면 그에 뒤따르는 불행은 해소되는 법이다. 일제강점기에는 서울 한강 다리에 '잠깐만 기다려'라는 글귀가 쓰여 있었다고 한다. 자살을 하러 나갔던 사람도 잠깐만 참으면 자살을 모면하게 된다는 것이었다.

화를 잘 내고 참지 못하는 사람은 감정과 이성의 균형이 깨진 사람이다. 만일 우리 모두가 감정을 이성으로 억제하거나 조절하지 못하는 삶을 지속한다면 개인과 사회는 불행을 초래할 가능성을 안고 사는 과오를 범한다. 그러지 않기 위해서는 언제나 먼저 생각해보고 행동하는 습관을 키워야 한다. 행동이나 감정을 앞세우게 되면 그것이 습성이 되며, 이성적 사고는 점차 버림을 받는다. 어린애들이나 지능이 낮은 사람들이 생각 없는 행동을 하게 되며 동물들은 더욱 그렇다. 만일 우리 모두가 '생각해보자. 그리고 행동하자'라는 과정을 지킬 수 있다면, 우리는 화를 억제하고 그로 인한 불행을 줄여갈 수 있다.

모두가 함께 행복해지는 방법

불행을 방지하는 또 하나의 방법은 막말하거나 욕하는 습관을 고치는 것이다. 교육적인 습관도 중요하다. 선진국에 가면 지도적 위치에 있는 사람일수록 막말이나 폭언을 하지 않는다. 모범을 보여야 하는 책임이 있기 때문이다. 학교 선생들은 학생들이 막말하거나 욕하는 태도를 꼭 시정해준다. 그 사람의 말이 그대로 그의 인격으로 인정받기 때문이다. 언어의 수준이 인간됨의 수준이다.

오래전 미국에 갔다가 우수한 대학을 졸업한 남녀의 결혼식에 참석한 일이 있었다. 하객들이 주로 젊은 층이었는데도 불구하고, 그들의 언어와 매너는 품위 있었다. 우리 대학생들과 비교하면 차이가 크다는 점을 깨달았다. 고상한 언어가 높은 인품을 키워주며 수준 높은 대화가 그 사회의 위상을 높여준다는 생각을 해보았다.

내가 간접적으로 겪은 일이 생각난다. 한 가정이 있었다. 그 둘째가 아들이었는데 일찍부터 지적장애아인 것을 알게 되었다. 그 어머니는 아이를 초등학교에 보낼 때부터 그 사실을 알리며 선생의 양해를 구했다. 3학년에 진학할 때에도 새로운 담임선생에게 선처해줄 것을 당부했다. 성적은 어쩔 수 없다 해도, 그 아이가 왕따를 당하거나 지나친 책망을 당하는 일은 없었으면 했기 때문이다.

그런데 하루는 학교에 갔더니 자기 아들과 서너 명의 어린이가 교단까지 끌려 나와 성적이 나쁘다고 혼나고 있는 것이었다. 선생이 "너희 같은 애들은 인간쓰레기야. 이다음에 어떻게 될지 모르지"라고 말하는 것이었다. 어머니는 말없이 집으로 돌아와 고민했다. 어린애가 무슨 잘못이 있다고 '인간쓰레기'라는 욕을 먹어야 하는가. 너무 마음이 아팠다. 남편은 의사였다. 부부는 아들을 위해 미국으로 이민 갈 계획도 세워보았으나 어려운 일이었다. 그때 내 딸을 만나 상의를 하다가 우선 미국에서 지적장애 아이들이 다니는 학교로 보내고, 그 뒤의 문제를 걱정해보자는 결론을 내렸다.

그 선생은 성적이 오르지 않아 답답하니까 그런 책망을 했겠으나 '인간쓰레기'라는 말을 들은 어린애들의 심정은 어떠했겠는가. 자기 아들이라면 어떠했을까. 우리는 그런 막말을 쉽게 들으면서 살아왔다. 국민들은 정치계에 있는 사람들이 국회에서 그런 막말이나 폭언을 하지 않기를 바라고 있다. 선한 사회와 행복을 위해서는 있을 수 없는 일이다.

나 자신과 주변 사람들이 행복해지기 위해서는 누구나 상대방에 대한 시기심과 질투심을 가져서는 안 된다. 사람들은 누구나 자기 인생을 스스로 개척하도록 되어 있다. 상대방이 나와 같아지기를 원해도 안 되며, 또 모든 사람이 같은 자리에서 동일한 경쟁을 하는 것도 아니다. 우리는 6·25 전쟁을 겪을 때 한강 다리가 하나밖에 없었기 때문에 얼마나 혼란과 고통을 치렀는가. 지금과 같이 다리가 열 개 이상이 되었을 경우와 비교해보라. 사람은 자기 인생의 길에서 스스로의 가치관을 가지고 행복을 누리면서 살면 된다. 내 인생의 잣대를 갖고 남을 평가하거나 같아지기를 바라는 것은 잘못이다. 그럼에도 불구하고 우리는 잠재적으로 '너는 왜 나나 우리와 다르냐'는 생각을 갖고 사람들을 대한다. 응당 다른 면이 있다는 것을 인정하고 좋은 점을 받아들이는 열린 마음이어야 한다.

스스로 불행을 초래하는 인생

그런 마음을 갖고 있으면 우리는 시기나 질투를 하는 일이 없을 것이다. 내가 하는 일에서 성공과 행복을 누리면 된다. 다른 사람들은 제각기의 인생에서 성공과 즐거움을 찾으면 된다. 그런 열린 마음을 갖지 못하는 사람들이 이유도 필요성도 없이 남과 자신을 비교하면서 열등감이나 불행의식에 빠진다. 그것이 시기와 질투심을 유발하게 된다.

이상한 것은 시기하는 마음이나 질투심은 같은 분야에서 일하는 사람들 사이에서 발생한다. 같은 종목의 운동선수들, 같은 분야의 예술가들, 한 사회에서 일하는 직업인들, 같은 대학에 있는 교수들 간에서도 그런 현상이 나타난다. 직업의 관련성이 없거나 활동 무대가 다른 사회에서는 발생하지 않는다. 그런 경우에 가장 중요한 것은 공동의 목표를 갖는 것이다. 일이나 활동의 공동 목표가 뚜렷할 때는 시기심보다는 협조하는 마음이 앞서며 질투하는 마음보다는 칭찬해주고 싶은 생각이 앞설 수 있다.

축구 경기를 생각해보라. 열한 명의 선수가 모두 같은 목표를 바라보며 단결하기 때문에 시기하는 생각이나 질투심이 사라진다. 오히려 서로 위해주면서 칭찬하는 것이 보통이다. 응원하는 군중이 그 뜻을 높여주기도 한다. 우리는 그런 것을 선의의 경쟁이라고 본다. 주어진 같은 목표를 위해서는 하나가 되며 서로 돕고 의지하게 된다. 전쟁에 참여했던 사람들은 누구나 체험하는 정신적 자세가 있다. 전우애의 절대성과 고귀함이다. 6·25와 베트남전의 지휘관이었던 채명신 장군이 함께 참전했다가 전사한 사병들과 같은 묘역에 잠들게 해달라던 유언이 바로 그런 정신적 자세다.

그것은 경쟁의식의 세 단계를 잘 설명해준다. 이기심을 버리지 못하는 사람은 평생을 이기적 경쟁의식을 갖고 살기 때문에 시기와 질투심에서 벗어나지 못한다. 불행을 스스로 초래하는 인생을 산다. 선의의 경쟁을 하는 사람은 승자에게 박수를 보내며 패자를 위로하는 아량을 베푼다. 서로의 위치를 이해할 수 있기 때문이다. 그러나 더 큰 목표를 갖고 사는 사람들은 서로를 위해주며 나보다도 상대방의 장점과 헌신적 노력을 위해 양보해주는 위치에까지 도달할 수 있다. 더 고귀한 목적을 위해서는 서로 위해주고 양보하는 정신이 자연스럽게 가능해지는 법이다.

내 경우도 그러했다. 내 친구인 김태길 교수는 좋은 문장을 쓰는 재능은 있었으나 언변이 좋은 편은 아니었다. 한번은 같이 강연을 끝낸 후였다. 김 교수가 "김 선생은 어떻게 그렇게 강연을 잘하세요. 타고난 소질인가 봐"라고 말했다. 내가 "강연 내용은 김 교수가 더 좋지 않으세요?"라고 했더니 "강연이야 청중이 받아들이는 결과가 중하거든"이라면서 부러운 듯이 말했다.

얼마 후의 일이다. 한번은 김 교수가 나에게 "내가 강연 초청을 받았는데, 아무래도 나보다는 김 선생이 더 좋을 것 같아 추천했으니까 수고해주었으면 좋겠어"라고 얘기했다. 나는 친구인 김 교수를 존경하는 마음을 갖지 않을 수가 없었다.

안병욱 선생도 그랬다. 내가 한 대학에서 주는 상을 받은 일이 있었다. 후에 알고 보니까 안 선생이 심사위원으로 있으면서 나를 수상자로 추천했던 것이다. 세상 사람들은 우리를 경쟁관계로 보고 있었다. 그런데 안 선생은 나와의 친분관계 여하를 떠나 객관적 기준을 택해 평가했던 것이다. 나는 그런 친구들과의 사귐을 통해 많은 것을 배우곤 했다. 두 친구가 오래 건강하게 많은 일을 해주기를 기원하는 마음으로 살아온 것이 큰 기쁨으로 남는다. 두 분 다 90이 될 때까지 사회적으로 많은 공헌을 한 것이 감사하다. 지금도 감사하고 행복했던 서로의 과거를 잊을 수가 없다.

악을 악으로 갚는다면

우리를 불행하게 하는 또 하나의 원인은 원수를 갖고 사는 일이다. 한때는 은혜를 갚을 줄 모르는 사람을 인간답지 못하다고 하면서 원수를 갚는 것은 인간의 도리라고 잘못 생각하기도 했다. 개인 간의 보복이나 가문 간의 원수 갚음을 당연한 것으로 여겨왔던 것이다. 그러나 지금은 악을 악으로 갚는 보복은 죄악시되고 있다. 법이 그 책임을 대행해주기 때문이다. 원수를 갚을 일이 있으면 법정에서 적법하게 처리해주는 것이 사회적 질서와 규범을 위해 더 소망스럽기 때문이다. 악으로 악을 갚기 위해 이중적인 악을 범하는 것은 사회적 불행을 더해주는 결과가 된다.

물론 선한 생활을 소원하는 사람은 원수를 만들거나 원한을 갖지 않는다. 한평생 원수 없이 사는 사람들도 있다. 종교계 지도자들의 특징이 있다면 원수가 없다는 사실이다. 원수를 맺고 사는 스님이나 신부, 목사가 있다면 그 사람들은 이미 신앙적 지도자의 자격을 상실한 사람이다. 성직자는 아니더라도 종교적 신앙을 가진 사람들은 원수가 있을 수 없다. 성경에는 예배를 드리러 가다가 원한을 가진 사람이 생각나면 돌아가서 그 원한을 풀고 가라는 가르침이 있다.

인간은 같은 여건을 갖고도 적개심을 갖는 사람이 있고, 더 어려운 조건에서도 적개심을 갖지 않는 사람이 있다. 원수를 맺는다는 것은 양쪽이 다 부족했을 경우의 사태라는 것을 뜻한다. 높은 인격을 갖춘 사람은 낮은 수준의 인격을 가진 사람을 원수로 보지 않는다. 내 인격을 그와 같은 위치로 격하시키고 싶지 않아서다. 어른들은 어린아이에게는 적개심을 갖지 않는다. 스스로가 어린 시절을 살아보았기 때문이다.

그래서 지혜로운 교훈이 있다. 악으로 악을 갚지 말고 선으로 악을 대해 상대방에게 도움을 주라는 것이다. 스승은 제자를 대할 때 그래야 하며, 윗사람은 아랫사람에게 그렇게 대할 책임이 있다. 폭력을 일삼는 사람을 같은 폭력으로 대한다면 사회는 어떻게 되겠는가. 지혜로운 사람은 어리석은 사람을 같은 수준에서 대하지 않는다. 그런 자세와 가능성을 갖고 산다면 우리는 원수가 없는 사회를 망상이라고 볼 수 없다.

그런데 사회적 선과 행복의 가치를 높이기 위해서는 원수까지도 돕고 사랑으로 감쌀 수 있어야 한다는 책임감을 갖게 된다. 가정을 사랑하는 사람은 가족 중에 악을 저지르는 이가 있으면 사랑으로 이끌어주는 법이다. 같은 직장의 상사는 부하들 가운데 직장 질서를 해치는 이가 있으면 사랑의 권고를 아끼지 않는다. 그래서 종교 사회에서는 원수까지도 사랑하라고 가르친다. 원수로 여기지 말고 따뜻한 마음을 갖고 살도록 도우라는 뜻이다. 원수마저도 사랑하는 것이 우리가 소망하는 사회를 만들기 위해 필요하다.

우리는 손양원 목사가 여수 · 순천 사건 때 정치적 적개심을 품고 자기 아들 둘을 죽인 원수를 친아들같이 받아들였다는 사실을 이상하게 생각해서는 안 된다. 좌익 청년들의 잘못된 적개심을 사랑으로 대하지 않을 수가 없었던 것이다. 그런 사랑이 없다면 세상을 사랑의 하늘나라로 바꾸어갈 길이 없을 것이기 때문이다.

4

사랑했으므로
행복했노라

내가 오늘도
행복한 이유

행복이 어디 있느냐고 물으면 약간 어리석은 질문이 된다. 그것은 자유나 평화가 어디에 있느냐고 묻는 것과 비슷한 질문이다. 행복, 자유, 평화와 같은 관념적 존재는 공간적 존재가 아니기 때문이다. 배부른 돼지가 누워 있는 것을 보면 행복해 보일지 모르나, 돼지는 행복을 느끼지 못할 것 같다. 돼지에겐 행복이라는 개념이나 관념이 없기 때문이다. 애완견은 주인을 좋아한다. 주인은 그러니까 행복할 것이라는 생각을 갖는다. 그러나 개는 행복을 모른다. 그저 좋아할 뿐이다.

이처럼 행복은 공간적 존재가 아니라 인간적 생존성에 주어진 관념이다. 정신적 가치로서의 관념적인 실존이다. 본 사람도 없고, 만져본 경험도 없다. 그렇지만 회화나 음악을 통해서는 행복을 느낀다. 어떤 그림을 보고 고통스러움과 불쾌감을 느끼고, 마리아가 아기를 안고 있는 영상을 보면서 행복감이 넘치기도 한다.

그렇다면 행복은 어디 있는가. 인간의 삶 속에 깃들어 있다. 인간의 삶과 무관한 곳에는 행복이 없다. 행복은 우리보다도 나 자신의 생활과 함께 있다. 그저 막연한 생활 전체가 아닌 시간 속에 내재한다. 생명력이 있는 관념으로서 이런 뜻을 살펴보면 '이렇게 사는 사람은 행복해진다'는 표현이 가장 적절할 것이다. 'A가 아니고 B를 선택한다든지', '초조하게 행동하는 사람보다 마음의 여유를 갖고 일하는 사람이 행복하다'는 식의 명제가 타당성을 갖는다. 많은 윤리학자들이 생각과 행위의 중용성(中庸性)을 행복의 조건으로 여긴 이유도 짐작할 수 있다. 바이블의 행복관도 그렇다. 정의롭게 사는 사람이 행복하다. 하늘나라가 그들의 것이라는 교훈은 가장 적절한 표현이다.

이러한 점을 배경으로 삼으면서 다음 몇 가지 문제를 다루어보기로 하자. 내가 오래전 지방에 갔을 때였다. 교육계에 종사하고 있는 제자 중 한 사람이 "대학에 있을 때는 열심히 강의도 듣고 공부도 했는데, 졸업하고 2~3년이 지나니 배운 내용들을 모두 잊어버리고 말았습니다"라는 얘기를 했다. 내가 웃으면서 "이상하다. 나는 대학에 다닐 때 들었던 강의 내용의 줄거리는 지금도 기억하는데"라고 했다.

그 제자는 "선생님은 기억력이 특출하니까 그렇지, 저희들은 그렇지 못해요"라고 말했다. 나는 다시 설명해주었다. 그런 것은 아니고 우리 시대에는 소수의 젊은이가 대학에 갔으니까, 그들은 나름대로 어떤 문제의식과 목적을 갖고 있었다. 그런데 지금은 누구나 성적만 허락하면 대학에 가니까, '왜 대학에 가는가?' 스스로 물어보는 문제의식이 없다. 그러니까 대학 공부를 학점을 따기 위한 지식으로 받아들였다가 학업을 끝내면 모두 잊어버리는 것이 당연하다. 나 같은 사람은 대학생 때 가졌던 문제의식을 지금까지 갖고 있으니, 그 의식이 남아 있는 동안은 잊을 수가 없는 것이다.

30년 뒤 자화상을 그리면

나는 지금도 10대 말이나 20세를 맞는 젊은이들에게 "앞으로 50대를 맞이할 때가 되면 어떤 직업을 갖고 어떤 사회생활을 하게 될지 스스로 반드시 문제 삼아야 한다"고 말하곤 한다. 그 문제의식과 목적을 갖고 출발한 사람과 전혀 그런 문제를 느껴보지 못하고 30여 년을 산 사람의 차이는 현격하게 달라지는 법이다. 뚜렷한 문제의식이 있는 사람은 그 목표를 향해 직진하기 때문에 어려움 없이 성공할 가능성이 높으나, 그렇지 못한 사람은 방황하기도 하고 친구들의 뒤를 따라가기도 한다. 성공률도 높지 않으며 따라서 행복한 삶을 누리지 못한다. 내가 그 나이에 있을 때도 그랬고, 교육계에 몸담고 있으면서도 항상 발견하는 현상이었다. 그래서 나는 그 나이에는 공부를 열심히 하는 것보다는 뚜렷한 목적과 문제의식을 갖는 사람이 결국 성공도 빠르고, 행복한 세월을 보내게 된다고 본다.

그러나 모든 청소년들이 같은 목표를 갖고 길을 가는 것은 아니다. 지금도 고등학교의 어떤 선생들은 교육을 마라톤 경기에 출전한 사람들이 동일한 코스를 따라 골인 지점까지 뛰는 것으로 착각한다. 그러니 1·2·3등만 시상하고, 나머지 학생들은 고생은 같이하지만 관심 밖으로 밀려나곤 한다. 초등학교에서 1·2학년 때까지는 그렇게 하는 것이 맞는다. 그러나 고등학교 상급반이 되면 한 가지 경기에 국한되지 않는다. 자기 취미와 소질에 따라 자기 길을 택하면 된다. 마라톤만이 육상 경기는 아니다. 백 가지 다른 경기가 있을 수 있다. 그래서 그 선택에 따라 자기의 개성을 살리는 인생을 창출해가는 것이 교육이다.

교육계에 몸담고 있으면 예술 분야의 학생들이 가장 먼저 자기 길을 선택하는 것을 보게 된다. 음악·회화·작가가 되는 이들이 그렇다. 내가 중·고등학교 학생 때도 그랬다. 김동진 작곡가도 지금의 고등학교 졸업반 때부터 작곡했다. 이인범 테너도 같은 반에서 노래를 부르곤 했다. 나도 그 두 선배가 학생 때 이미 알려진 음악가인 줄 몰랐다. 같은 반에 있으면서 채플 시간마다 찬송가를 반주하는 이 군이 있었다. 공부는 뛰어나지 않았기 때문에 그친구가 후에 일본에서 유명한 작곡가가 될 줄은 몰랐다. 화가로 성공하는 이들도 있었다. 5~6명의 저명한 화가가 배출되었다. 그 뒤를 이어 소질과 개성을 살려간 이들이 윤동주 시인, 황순원 작가이다.

학자가 되거나 사상 분야에서 자기 길을 찾아간 사람은 느지막이 고등학교 시절이나 대학에 가서야 자신이 가고자 하는 방향을 찾는 것이 보통이었다. 공부를 열심히 해서 의사나 법관이 되는 것도 시간이 걸리는 편이다. 사업가, 정치가, 군인이 되는 이들도 출발은 늦지만, 후에 더 보람 있는 일을 했다. 일반 학교에서는 보기 드문 일이지만, 종교계의 성직자가 되는 학생들은 비교적 일찍 10대에 신앙적 사명을 깨닫기도 한다. 김수환 추기경도 그랬고, 정진석 추기경도 일찍부터 종교적 사명의식을 갖고 있었다. 내 친구 목사들도 중학교 때부터 신앙적 자각을 하며 자랐다. 나는 중학교 4학년 때부터 철학에 관한 책을 읽었으나, 신앙적 자각은 좀 더 일찍 지니고 자랐다.

왜 이런 회고담 비슷한 충고를 하는가. 나는 고등학교 3학년이 될 즈음에는 50대가 되었을 때의 자화상을 만들어보아야 한다고 주장한다. 뚜렷한 목표와 문제의식을 갖고 출발하는 사람이 성공도 하고, 행복을 누릴 수 있기 때문이다.

노년기에 꼭 필요한 것

내가 어렸을 때는 마을에 60대 노인이 있으면 경하스러운 일이라고 여겼다. 대학에 있을 때도 60이 되어 회갑 기념 논문집을 받는 교수는 장수했다는 축하를 자랑스럽게 여겼다. 기념 논문집과는 상관없이 60을 넘긴 교수라면 존경스럽기까지 했다. 지금은 그 시대에 비하면 20~30년이나 더 평균수명이 길어진 셈이다. 내 주변 친구들도 80을 넘길 때까지 사회적 활동을 계속하고 있었다.

20대가 되면서 내가 50대가 되었을 때 어떤 인생을 살게 될까를 질문했듯이, 50대를 맞이하면서는 내가 80대가 되었을 때 어떤 인생의 모습으로 변하여 어떤 사회적 의미를 남기게 될까를 물어야 한다. 50대 중반이 되면 나의 개인과 가정을 위한 삶은 정리되고, 사회적 평가를 받는 나이가 되기 때문이다. 내 인생에 관한 평가를 사회가 내려주는 시기다. 자기 평가의 물음을 갖고 사는 사람과 50대까지의 생활을 그대로 연장만 하는 사람 사이에는 커다란 차이가 있다. 그 이유는 간단하다. 어른다운 사회인으로서 크고 작은 각자의 분야에서 지도자의 능력과 품격을 갖추어야 하기 때문이다. 한 사람의 성공과 실패는 그 사람이 담당한 일의 사회적 가치를 통해 주변 사람들이 판단하게 된다.

그래서 80을 바라보면서는 반드시 인간적으로 책임져야 할 과제가 있다. 그것은 '나의 인생관과 가치관을 갖고 살아야 한다'는 명제다. 꼭 지켜야 할 사회적 규범을 이기적 유혹 때문에 위배하게 되면, 그 사람은 지도자로서의 자격을 상실할 뿐만 아니라 사회로부터 버림받는다. 우리는 유능한 정치가로 촉망을 받던 사람이 정치자금의 유혹에 빠져 스스로의 장래를 실패와 치욕스러운 길로 이끄는 경우를 목격하곤 한다. 때로는 교육계나 종교계의 중책을 맡았던 사람들이 금전관계나 개인의 사적인 욕망 때문에 파문을 일으키기도 한다. 적어도 확고한 인생관과 가치관을 갖춘 사람이라면, 공사를 구별하지 못한다든지 사회 공익을 해치는 과오를 범하지는 않는다. 어떤 사람들은 명예욕에 빠져 자신의 인격을 병들게 하기도 한다. 나도 주변에서 흔히 말하는 위조된 학위 때문에 교수직이나 공직에서 쫓겨나는 이들을 보아야 했다. 때때로 학위 논문의 표절이나 부정으로 규탄을 받는 사례도 있었다. 정치계에서 발생하는 권력의 남용이라든지 기업체 안에서의 갑질 현상도 그치지 않고 있다. 심지어는 종교인들마저 양심을 속여가면서 자신의 불의와 범죄를 모면하기 위해 위법을 저지른다.

이런 일들이 불식되지 못하면 우리는 국가의 장래를 위태롭게 하는 사회악을 근절할 희망까지 빼앗기게 된다. 확고한 인생관과 가치관을 상실한 사람들이 사회 지도자가 되고, 한 기관의 책임자가 되기 때문이다. 어떤 특별한 사람에게만 국한되는 일이 아니다. 나 자신의 문제인 것이다. 특히 사회적 활동과 책임을 맡는 50대에게는 절대적인 의무와 책임이다.

종교적 신앙도 예외는 아니다. 불교도가 된다는 것은 석가의 생애와 교훈이 나의 인생관과 가치관이 되었을 때 가능하다. 교단적 책임이나 직책은 그 이후의 문제다. 기독교 신앙을 갖는다는 것은 예수의 가르침을 내 인생의 삶에서 가치관과 사명감으로 갖게 되었을 때 이루어진다. 성직자가 된다는 것은 그다음의 과제다. 가치관과 인생관은 사회의 어떤 사상이나 이데올로기보다도 진실하며 영구한 것이기 때문에 종교적 신앙을 받아들이는 것이다.

이러한 인생의 과정을 거치면 우리는 80대 중반 즈음이 될 것이다. 그 이후의 세월을 노년기로 보아도 좋다. 누구에게나 노년기는 찾아오게 되어 있다. 노년기에 꼭 필요한 것은 무엇인가. 청년기에는 용기와 노력이 필요했고, 장년기에는 가치관과 신념이 요청되었다면, 노년기에는 삶의 지혜와 모범이 필수적이다. 그것을 갖추지 못한 늙은이들은 사회로부터 버림을 받는다. 녹슨 기계가 버림받듯 후배들에게 도움이 되지 못하거나 패악을 끼치는 늙은이들이 뒷전으로 밀려나게 되는 것은 누구의 불찰도 아니다.

늙는다는 것은 성숙되어간다는 뜻이다. 꽃은 피었다가 열매가 된다. 열매는 익어서 버림을 받는 것이 아니다. 더 소중한 삶의 열매로 남는다. 그리고 긴 세월에 걸쳐 많은 경험을 쌓아왔기 때문에 지혜는 연령과 더불어 익어가기 마련이다. 흔히 우리는 선배라든가 원로라는 말을 쓴다. 진정한 의미의 원로는 80 이후의 인생을 가리킨다. 그 나이에 지혜를 갖추지 못한다면 인생의 결실기를 놓친 결과다.

백발이 되어서야 누릴 수 있는 영광

지혜를 갖춘 사람은 크고 작은 일에 모범을 보여주어야 한다. 그래야 가정에서도 버림받지 않고, 사회적으로도 대우를 받는다. 지혜가 없는 노인은 자칫하면 노욕(老慾)에 빠진다. 노욕에서 오는 치욕과 불명예스러움을 남겨서는 안 된다. 찾아보면 노년기의 지혜에서 오는 모범은 수없이 많이 있다. 노력을 하지 않기 때문에 장년기보다 지혜롭지 못한 추한 모습을 보이게 된다. 백발이 영광이라는 말이 있다. 백발이 되어서야 누릴 수 있는 영광과 행복인 것이다.

이런 점들을 고려한다면 나는 90을 바라볼 때까지는 인생의 마라톤을 마음껏 달려가자고 권하고 싶다. 내 가까운 친구들도 그렇게 사는 모범을 보여주었다. 물론 건강의 한계는 있다. 그런데 젊었을 때의 건강은 체력과 연결되어 있으나 노년기의 건강은 정신력이 차지하는 것도 가볍게 보아서는 안 된다.

90이 넘으면 어떻게 되느냐고 묻는 이가 있다. 그것은 개인에 따라 큰 차이가 있는 것 같다. 90고개를 넘으면 인생의 환경은 달라지며 한계의식이 찾아든다. 신체적 건강과 체력의 한계를 이겨내는 일이 부담이 된다. 부부 중 한쪽은 떠나가는 것이 보통이다. 친구들도 언제인지 모르게 주변에서 사라져간다. 내 주변에서도 90이 될 때까지 대화를 하거나 우정을 나누던 친구들은 모두 먼저 갔다. 그때 찾아드는 어려움은 고독감이다. 여자들은 가족적 사랑과 유대가 강하기 때문에 자녀들과 같이 머물 수 있어도 남자 혼자 90을 넘긴다는 것은 과거의 어떤 때보다도 힘들다. 아침에 일어나는 것이 부담스럽고, 밤에 잠드는 것이 언젠가 찾아올 영구한 안식으로 가는 연습인 것 같은 생각마저 든다.

그럼에도 불구하고 100세를 맞을 때까지 어려움 없이 인생을 이어가는 이들이 있다. 그들 대부분은 자신을 위한 욕심이 적다. 그리고 정신적으로는 서둘지 않고 여유롭게 사는 이들이다. 마음이 평온하고 너그러움을 지닌 이들이다.

이 글을 쓰고 있는 나는 이 책이 독자들에게 주어질 때는 우리 나이로 99세가 될지 모르겠다. 나도 다른 사람들처럼 여생이 안겨주는 어려움을 안고 지낸다. 그러나 누가 물으면 "나는 행복하다"고 대답한다. 아직도 누군가를 위하며 사랑하고 있으며 원하는 사람들에게 사랑과 행복을 나누어줄 수 있기 때문이다.

사랑이 있었기에
행복하였다

박 선생은 나와 함께 공부하는, 성경연구반 중견 멤버의 한 사람이다. 어느 날, 낯선 한 50대 남성이 찾아와 편지를 전하고 돌아갔다. 재미 교포가 자기 아내의 친서를 오랜 친구인 박 선생에게 전하기 위해 미국에서 일부러 찾아왔던 것이다.

뜻밖의 편지를 받은 박 선생은 오래 헤어져 있던 친구의 편지를 조심스럽게 읽어보았다. 사연은 다음과 같았다.

'너무 오래 떨어져 있었다. 옛날 어렸을 때 기억들이 새삼 떠오른다. 내가 결혼을 하고 미국으로 이민을 온 후에는 한 번도 서로 만나지 못했다. 그동안 나는 바쁘기도 했으나 친구들에게 너무 무심하게 지내 미안하다.

내가 여기 시카고로 온 지 벌써 20년의 세월이 흘렀다. 지금은 식료품 가게도 운영하면서 잘 지내고 있다. 남편은 마음씨도 착하고 교회생활도 열심히 하고 있다. 두 딸아이가 있는데 큰애는 고등학생, 작은애는 중학생이다. 착한 성격이고 학교에서도 모범생이다. 모든 점에서 감사히 지내고 살았다.

그러다가 2년쯤 전에 건강검진을 받았는데, 내가 난소암 환자가 되어 있는 것을 알게 되었다. 발견이 늦어 이미 다른 곳에까지 암세포가 전이되어 완치가 어렵겠다는 진단을 받았다. 지금은 병세가 더 나빠져 자유롭지 못한 힘든 상태가 되었다.

나를 믿고 끔찍이 위해주던 남편과 두 딸을 남겨두고 떠날 생각을 하니까 병세보다도 앞이 더욱 캄캄해진다. 여러 가지로 생각해보다가 네가 떠올랐다. 수소문해 알아보았더니 지금은 네가 서울에 있으면서 영락교회에 다니고 있는데, 아직 결혼은 안 한 것 같다는 얘기를 전해 들었다. 그래서 내가 이 편지를 남편에게 주면서 꼭 너에게 전해달라고 부탁했다.

내 남편은 더할 나위 없이 착하고, 딸들도 말썽을 부릴 애들이 아니다. 만일 네가 결혼을 했거나 사귀는 남자가 있으면 이 편지는 찢어버려라. 그러나 아직 혼자라면 내가 남기고 가는 세 가족을 좀 맡아주었으면 고맙겠다. 남편은 너를 진심으로 사랑할 것이며 두 딸애도 너를 친어머니와 같이 위해줄 것이다.

만일 아직 혼자이고 내 뜻을 받아들일 수 있으면, 아래 주소로 편지를 해주고 너희 집 전화번호도 적어주기 바란다. 네가 내 청을 받아준다면 나는 모든 것을 너에게 맡기고 편안히 눈을 감을 것 같다. 너도 여생을 행복하게 보내게 되기를 기도드릴게.'

친자식이 아니라서 사랑할 수 없다는 변명

편지를 받아본 박 선생은 망설였다. 너무 갑작스러운 일이었다. 부산에 사는 부친과도 상의해보았다. 그러나 결정은 자기 자신이 내려야 했다. 박 선생은 자기가 만일 친구의 위치라면 어떻게 했을지도 생각해보았다. 오래 미루어둘 처지도 아니었다. 아무 내용도 모르면서 아내의 편지를 전해주고 가던 친구 남편의 모습도 잊을 수가 없었다.

2주쯤 후에 박 선생은 친구에게 편지를 썼다. 내가 너 대신 남은 가족을 위하고 사랑해주겠다고.

박 선생의 편지를 받은 친구는 목사님과의 가정예배를 끝낸 후, 그 사실을 가족들에게 알려주었다. 남편과 딸들은 당황스러웠다. 그러나 환자인 어머니는 차분했다. '이제는 내가 너희들을 위해 할 일까지 끝냈으니까 편히 하늘나라로 갈 수 있겠다'고 안심하는 표정이었다.

아내를 먼저 보낸 남편은 얼마 후에 서울로 와서 결혼식을 올렸다. 내가 주례를 맡아주었다. 그리고 친지들이 모여 신혼부부를 미국으로 떠나보냈다.

나는 지금도 TV나 신문을 통해 가정이나 부부간에 일어나는 불행한 뉴스를 접할 때마다 박 선생의 경우를 떠올리곤 한다. 특히 전 부인의 어린애가 있는 가정을 선택하는 의붓어머니의 마음가짐을 생각해본다. 내 친구 교수가 큰딸과 두 아들을 남기고 부인이 세상을 떠나자 재혼했다. 그때 하던 얘기였다.

새로운 여성이 가장 꺼리는 것이 전처의 자녀 문제였다. 그래서 친구 교수의 어머니가 세 어린애들은 맡아서 키워줄 테니까 마음 편히 결혼하라고 했다는 얘기도 있었다. 많은 여성들이 그런 경우에 하는 얘기가 "전처의 자식만 없다면 좋겠는데……"라는 것이다. 내 친구 교수도 전 부인의 애들을 부담스럽게 생각했던 것 같다.

그런 생각을 갖는 부부라면 결혼하지 말아야 할 것이다. 전처의 애들을 사랑하기를 멀리하거나 포기하는 아버지도 재혼할 자격이 없다. 전 부인의 자녀들을 부담스럽게 여긴다면 어머니가 되어서도 안 될 것이다. 내 친구 교수의 큰딸과 큰아들은 그런대로 잘 적응했다. 그런데 막내아들은 아버지와의 거리도 멀어지고 새어머니의 사랑도 느끼지 못해 오래 힘들어했고, 한때는 문제아의 위치로까지 소외되었던 일이 있었다.

가정은 사랑의 보금자리여야 한다. 누구는 사랑할 수 있고, 어떤 이는 사랑할 수 없다는 관계여서는 안 된다. 친자식이 아니기 때문에 사랑하지 못하겠다거나 데리고 온 자녀기에 내 자식과는 다르다는 생각을 극복하지 못하는 어른들은 생각을 바꾸어야 한다. 사랑이 없는 가정은 불행해질 뿐만 아니라 사회적 불행의 원인이 되기도 한다.

사랑은 폐쇄적인 자기 위주의 삶이 아니다. 개방적이며 더 많은 사람을 위하는 섬김의 길인 것이다.

아직도 이렇게 착하고 아름다운 세상

제2차 세계대전은 전 세계 인류가 겪은 비참한 역사였다. 전쟁이 끝난 후 우리는 그 비극적인 현장 속에서 벌어졌던 인간애의 몇 사건들을 전해 듣고 있다. 그중 하나의 사실을 잊을 수가 없어 기억에 떠오르는 대로 남겨보기로 한다.

오래전 일본에 폴란드 국적의 한 신부가 와 있었다. 폴란드는 이탈리아 다음으로 가톨릭 신자가 많은 나라다. 신부는 자신이 관여하고 있는 사회사업 기관의 기금을 마련하기 위해 고국인 폴란드를 방문하였다.

그런데 활동을 개시하고 얼마 안 되었을 때, 히틀러가 전쟁을 일으키면서 폴란드를 전격적으로 점령했다. 폴란드의 청장년들을 강제로 체포, 수용해서 독일군을 위한 작업 현장에 강제 취업

시켰다. 불행하게도 그 신부는 유대인을 숨겨주었다는 죄목으로 수용소에 수감되었다. 폴란드의 많은 애국 청장년들이 독일군의 노예 신세로 전락한 셈이다.

그들은 전쟁이 끝날 때까지 적국인 독일의 군사와 전쟁을 도와야 하는 신세가 되었다. 애국심이 강한 용기 있는 젊은이들은 기회가 주어지는 대로 탈출을 시도했다. 그런 탈영을 방지하기 위해 독일 장교들은 잔인한 규칙을 만들었다. 만일 누군가가 탈출에 성공하게 되면 같은 방에 함께 수감되어 있는 동료 중 한 사람을 대신 처형하고, 집단 탈출의 경우에는 모두가 방조했다고 해서 무관한 사람들까지 처형하는 규정이었다. 물론 탈출하다가 체포되면 공개 처형을 내리는 것이다.

어느 날 새벽, 신부가 눈을 떠보았더니 옆자리가 비어 있었다. 이곳저곳을 살펴보았으나 발견되지 않았다. 예감했던 대로 탈출한 것이다. 실패했으면 그 친구는 공개적으로 처형을 받아야 한다. 다행히 탈출에 성공했으면, 대신 한 사람이 목숨을 잃게 된다. 모두가 웅성거리다가 탈출한 사실을 인정했다. 문제는 성공 여부였다. 성공했기를 바라는 마음이었지만, 또 다른 친구의 죽음을 치러야 했다.

아침 시간이 되었다. 수용소의 전원이 운동장에 도열했다. 독일 장교가 나타나 "어젯밤에 ○막사 ○호실에 있던 한 놈이 탈출하다가 체포되었다. 바로 이놈이다"라면서 한 장년을 끌어내 세웠다. 신부의 옆자리에 있던 친구였다. 독일 장교가 "규정대로 사형에 처할 것이다"라고 선언했다.

그 사람은 말은 못 하면서 눈빛으로 같은 방에 수감되어 있던 친구들 한 사람 한 사람을 차례로 바라보면서 작별 인사를 했다. 나는 죽지만 당신들은 조국을 위한 희망을 잃지 말라는 권고 같았다. 그 사람과 신부의 시선이 마주쳤다. 그때였다. 신부는 더 참을 수가 없었다. 자신도 모르게 뚜벅뚜벅 걸어 나가 독일 장교에게 말했다. "이 사람은 내 옆에 있었기 때문에 내가 잘 안다. 집에는 사랑하는 아내와 세 어린애가 있어 집으로 가야 한다고 말하곤 했다. 당신도 집에는 사랑하는 아내와 어린애들이 있을 것이다. 이 사람은 사랑하는 가족을 위해 살아남아야 한다. 누구도 그 권리를 빼앗을 자격이 없다. 이 사람의 생명은 한 사람의 것이 아니다." 신부는 그 사람은 가족을 위해 살아야 한다면서 그 사람을 자기가 있던 대열로 밀어 넣으려고 했다.

그때 독일 장교가 "그렇다면 너희들 가운데 누구 한 사람이 대신 죽어야 한다"고 말했다. 신부는 "그래야 한다면 내가 남겠다. 나는 신부이기 때문에 나 한 사람으로 끝난다"면서 그 사람을 자기가 서 있던 자리로 밀어 보냈다. 신부는 그에게 "당신은 가족을 위해 살아야 할 권리가 있다. 그 권리를 포기해서는 안 된다"고 외쳤다. 운동장에 줄지어 서 있던 모두는 숨을 죽이고 그 장면을 지켜보았다. 마침내 신부는 희생되었고, 그 사람은 같은 방 사람들과 함께 노역장으로 끌려 나갔다.

강제 노역을 끝낸 수용수들은 저녁 식사 후 각기 자기 방으로 돌아왔다. 신부가 머물던 방 사람들은 말을 잊고 침묵 속에 누워 있었다. 긴 시간이 흘렀다. 신부 대신 살아남은 사람은 흐느껴 울기만 했다. 다른 사람들은 호소할 곳이 없는 울분을 참아 넘겨야 했다.

침묵 속에 자정이 되었다. 가장 나이 많은 한 사람이 입을 열었다. "우리 모두 용기와 희망을 잃지 말고, 조국을 위해 살아남기로 하자. 아직도 세상이 이렇게 착하고 아름다운데, 왜 희망을 버리겠는가"라고 말했다. 모두 그러자고 약속이나 한 듯이 눈을 감았다.

사랑이 있는 한 구원의 문은 열려 있어

이런 사실은 오랫동안 알려지지 않고 있었다. 그러다가 그 신부가 일본에서 활동했기 때문에 일본 천주교에서 알게 되었다. 전후의 사실을 전해 듣게 된 엔도 슈사쿠라는 작가가 그 신부에 대한 관심을 갖고, 그의 죽음을 추적하게 되었다. 엔도는 세계적으로 인정받는 가톨릭계의 대표적인 작가다. 나와는 대학 때 한 반에 머물기도 했다.

그 작가가 직접 유럽으로 건너가 살아 있는 사람들을 만나면서 사건 전후의 실태를 탐사한 후에 작품을 남겼다. 나는 일본의 한 대학교수가 이 작품에 대해 소개한 글을 읽었다. 작가는 '세계는 인간이 해결할 수 없는 악을 만들고 있지만, 순수하고 희생적인 인간애의 씨가 뿌려지는 동안은 희망이 있다'는 뜻을 남기고 싶었던 것이다.

누가 희망과 행복을 약속해주는가. 역사와 사회 어디에서나 발견되는 줄기차게 이어지는 '인간애의 정신'이다. 우리에게 필요한 것은 이웃들과 사랑을 나누고 베푸는 삶이다. 우리는 사랑이 있었기에 행복했다. 사랑이 있는 동안은 구원의 가능성이 사라지지 않는다.

인생이
100리 길이라면

1960년대 후반이었다. 그 당시 우리 사회에 많은 정신적 영향을 주고 있던 『사상계』에서 자유중국의 린위탕(林語堂) 박사를 초청해 강연회를 개최한 일이 있었다. 시민회관이 광화문에 있던 시절이었다.

그 강연을 듣기 위해 운집한 청중이 너무 많았기 때문에 회관 안은 물론 옥외 광장도 인파로 가득했다. 나는 그 당시의 모습을 보면서 '우리나라의 젊은이들이 희망을 잃었기 때문에 정신적 지도자에 대한 갈망이 이렇게 간절하구나' 하는 서글픈 생각이 들었다. 누군가의 희망의 메시지가 아쉬웠던 것이다.

린위탕 박사의 강연 중에 나오는 이야기 하나가 기억난다. 부유하게 사는 선진 국가의 젊은이들은 장관이나 사장의 아들딸 같아서 이미 누리고 있는 자리에서 더 올라갈 수가 없어 내려오는 시대가 되었다. 그러나 아시아의 젊은이들은 농사꾼의 자녀들 같아서 더 이상 내려갈 곳이 없으니 이제부터는 올라갈 차례가 기다리고 있다. 아직 희망의 먼 길이 기다리고 있으니 용기를 갖고 출발해주기 바란다는 내용이었다.

1960~1970년대의 우리 젊은이들이 겪은 경제적 후진성은 말할 필요도 없으나, 정신적 절망감마저 보편화되어 있었다. 그 당시 내 선배인 고려대 경제학과 교수는 필리핀의 국민소득이 70달러에 육박하고 있는데, 우리는 얼마나 더 기다려야 그 수준이 될지 모르겠다고 얘기한 적이 있었다.

정신적 빈곤은 더 심각했던 것 같다. 한 대학원 학생이 "차라리 교회에 가서 종교적 신앙을 갖든지, 공산주의자가 되어 정치적 열정이라도 가져보았으면 좋겠다"고 호소했다. 믿을 바가 없다는 것은 희망을 상실했거나 빼앗겼다는 뜻이다.

책임지지 않는 자에게는 희망이 없다

지금은 사회적 환경이 많이 달라졌다. 물론 경제 수준도 좋아졌고, 정치도 점차 궤도에 오르고 있다. 민주화 투쟁도 종식되었고, 국제 정세도 그때와는 비교가 안 될 정도로 변화되었다. 그럼에도 불구하고 대학을 나온 젊은이들과 어느 정도 사회적 기반을 갖춘 30대들이 희망 상실의 상황을 호소해오곤 한다.

내가 그들로부터 받은 가장 많은 질문이 있다. 우리 민족의 지정학적 운명은 벗어날 가능성이 보이지 않는다는 것이다. 과거에도 그랬지만 앞으로도 4대 강국의 틈바구니에 끼어 여러 나라의 눈치만 보면서 살아야 하는 한계를 안고 있다는 것이다. 생각해보면 지난 100년간의 세월을 그렇게 살았다. 설상가상으로 남과 북의 대결이 우리의 비극적 운명을 더해주고 있다.

그렇다고 해서 우리들 자신의 잘못은 없었는가, 자문할 책임을 회피해서는 안 된다. 오늘의 운명에 처하게 된 책임을 우리 스스로가 지지 않으면 안 된다. 우리에게는 잘못이 없었는데, 옆의 국가들 때문에 불행해졌다는 잘못된 사고방식은 불식해야 한다. 오히려 우리 민족의 역사적 운명은 우리들 스스로가 책임질 줄 알아야 한다. 나에게는 잘못이 없었는데, 너희들 때문에 이렇게 되었다는 사고는 위험하다. 그런 생각에 붙잡힌다면 미래의 희망은 우리 곁을 떠나고 만다. 자기 잘못을 책임지지 않는 개인이나 민족에게는 희망이 없기 때문이다.

그러나 우리는 과거를 더 언급할 필요가 없다. 앞으로 어떻게 하면 희망의 길을 개척할 수 있는지 말해야 한다. 나는 30대 젊은이들에게 다음과 같은 얘기를 전하곤 한다.

지금까지는 우리가 4대 강국 틈바구니에 끼어 고민해왔으나 앞으로 당신네들 세대에는 달라질 것이다. 그것은 우리 국가에 아주 좋은 믿음직한 친구가 생겼기 때문이다. 그 친구는 다름 아닌 UN이다. 지금은 UN이 강대국의 압력에서 벗어나지 못하고 있으나, 핵무장 문제로 난국에 처해 있는 문제가 해결된다면 UN 안에도 어떤 변화가 올 것이다. 인류 전체를 위해 한국과 같은 중견 국가들의 발언권이 강화되고, 절대다수의 중견 및 후진 국가들의 이익을 위한 세력이 강화될 것이다. 그렇게 되면 한국과 같은 나라의 발언권이 세계 무대에 영향을 줄 것이다. 지금 우리나라의 외교관들은 다른 나라의 눈치를 살펴야 하나 그때가 오면 UN의 방향을 설정하는 권한이 우리들에게 찾아올 것이다. 중견 국가들의 발언이 세계 역사에 영향을 끼칠 수 있는 때가 오지 않으면, UN의 책임은 물론 세계 인류의 진로와 희망이 약화되기 때문이다. 그때를 기다리기도 해야 하나, 그런 역사적 책임을 당신네들이 감당해야 할 것이다.

90리를 걷고 걸어

또 다른 경우를 언급하기도 한다. 세계에서 가장 높은 수준의 문화 혜택을 누리는 국가는 스위스일 것이다. 그런데 스위스의 동부 쪽 대부분은 독일어 문화권에 속한다. 그리고 로잔 지역은 프랑스어 문화권에 흡수되어 있다. 스위스만의 언어와 문자가 없기 때문에 스위스는 독립된 문화국이 되지 못한다.

우리도 그런 신세를 극복하지 못할 뻔했다. 그러나 500년 동안 한글 문화권을 창출해 계승해왔기 때문에 엄연히 우리 문화권이 존재한다. 그 언어와 문자는 중국이나 일본보다 앞선 과학성을 띠고 있다. 한국 대학 수준을 높이고 노벨문학상 수상자도 배출한다면, 한글문화는 아시아를 넘어 세계 무대에 진출할 수 있을 것이다. 그 책임은 오로지 우리 젊은 세대들에게 있다. 앞으로 가야 할 길이 100리나 남아 있는데 길가에 앉아 걱정만 하는 자세는 바람직하지 못하다는 공감대가 아쉬운 것이다.

왜 이런 문제를 제시하게 되는가. 희망이 없는 곳에는 행복이 머물 곳이 없기 때문이다. 희망 상실의 종말은 절망이다. 절망은 삶과 역사의 종말일 수도 있다. 희망은 주어지는 것이 아니라 만들어가는 것이다. 개인은 자신의 희망을 창조해야 하고, 민족은 국가적 희망을 창출해야 한다. 희망을 잃어버린 개인과 민족은 행복의 무대에서 퇴출당하는 운명에 빠진다.

우리는 희망의 얘기를 개인과 사회적 과제로 언급해보았다. 그러나 자세히 살펴보면 우리 주변에는 나보다 몇 곱절이나 어려운 환경과 여건 속에서도 희망을 잃지 않고 노력해 성공한 사람이 얼마든지 있다. 나는 때로는 다음과 같은 이야기를 젊은 세대들에게 소개하기도 한다.

우리들의 일생을 우리가 가야 할 100리 길이라고 생각해보자. 그 100리 가운데 초등학교는 10리를 기차를 타고 가는 것에 비유할 수 있겠다. 중학교는 20리, 고등학교까지는 30리를 기차를 타고 간다고 볼 수 있다. 선진국의 국민은 누구나 의무적으로 고등학교 교육까지는 받아야 한다. 그러니까 선진국 국민들은 기차를 타고 30리는 간다고 할 수 있다. 대학에 안 가거나 못 가는 사람은 기차에서 내려 70리를 걸어가야 한다. 100리가 목표기 때문이다. 대학까지 진학하는 사람은 40리를 기차로 가는 셈이지만, 그래도 나머지 60리는 또 걸어가야 한다. 그런데 우리들은 고등학교를 졸업한 후에 대학에 진학하지 못하면, 나머지 70리 인생을 포기해버린다. 대학에도 못 다녔는데 할 수 없다고 단념한다. 또 대학을 나온 사람들은 나는 대학까지 끝냈으니까 이젠 됐다고 성장과 발전을 포기한다. 그렇게 되면 나머지 70리와 60리는 누가 책임지는가.

오히려 의무교육 기간이 없었던 옛날 사람들은 스스로의 노력에 의해서 희망을 갖고 미래를 개척하는 데 성공했다. 옛날 얘기가 아니다. 나 자신이 사귀어온 사람들의 얘기다.

종근당을 창립해 우리나라의 대표적인 제약 회사로 성공시킨 이종근 회장은 최종 학력이 초등학교 졸업이다. 초등학교 졸업 후 약국에서 자전거로 약을 배달하다가 여러 품목의 약을 팔러 다니기도 했다. 그 결과로 처음 차린 약국이 서울 아현동에 있는 구멍가게 같은 곳이었는데, 한때 우리나라 4대 약국의 하나로 키워나갔다. 해방이 되면서 제약 회사를 창립했는데, 지금의 본사 빌딩은 처음 차려놓았던 약국 자리 주변을 매입해 지은 것이다.

자신이 학교 교육을 받지 못한 것이 한스러웠을 것이다. 종로에 있는 대동상업고등학교를 인수해 경영하기도 했다. 창업한 회장 자신이 회사를 운영하면서 계속 공부했고, 사원 교육에도 누구보다도 열성적이었다. 사원 교육 덕분에 나와의 친분도 유지하게 되었다. 그런 사람은 10리를 기차를 타고 내려서 90리를 걸어간 사람이다.

내가 가까이 지낸 공무원 중에도 김수학 같은 이는 존경스러운 인품과 지도자로서의 능력을 갖추고 있었다. 초등학교 출신임에도 불구하고 대구시장, 경상북도 도지사, 국세청장을 지냈고 후에는 토지개발공사 사장까지 역임했다. 은퇴해서 쉬다가 다시 요청을 받아 새마을운동중앙협의회의 책임을 맡아 재건하는 일까지 성공시킨 공직자였다. 인품은 물론 지식과 행정력까지 갖춘 지도자였다. 나는 그런 사람이 공직에 머물면서 부정을 저질렀다거나 공직자로서의 정도를 벗어났으리라고는 생각지 않는다.

우리가 고맙게 생각하는 여류 작가 박경리는 진주여고 출신이었다. 70리를 걸어 100리까지 주어진 일을 성취한 작가였다. 더 널리 알려진 삼성그룹의 창업자인 이병철 회장이나 현대그룹의 정주영 회장의 학력을 정확하게 아는 사람들은 그분들의 업적과 사회적 기여가 학력보다는 노력의 결과였음을 인정하게 될 것이다. 희망과 성공은 자신의 책임이지 주어지는 것이 아님을 깨닫게 해준다.

악마는 유혹하고 신은 시련을 주시는 까닭

앞에서 학교 교육과 인생의 100리 길을 얘기했다. 그러나 문제는 학교 교육만이 아니다. 건강 문제도 그렇고, 경제적 여건도 마찬가지다. 가정 교육의 문제도 그렇다. 내 친구인 안병욱, 김태길 교수와 나를 비교해볼 때가 있다. 두 친구 모두가 우리 인생에 주어진 100리 길에서 50리쯤부터 걸어갔는데, 나는 10리나 20리 정도에서부터 걸어 80리 넘게 걸어온 것 같았다.

우선 건강에 대해서 그랬다. 두 친구 모두 건강한 체질이었는데, 나는 그렇지 못했다. 어렸을 때는 더욱 그랬다. 두 분 다 경제적으로 여유가 있는 가정에서 자랐다. 나는 그들에 비하면 심한 가난의 고초를 겪어야 했다. 초등학교 5·6학년 시절엔 10리나 되는 길을 걸어서 다녔는데, 병약한 몸을 이끌고 그 추위를 어떻게 이겨냈는지 지금 생각해보면 기적 같은 일이었다. 그뿐만이 아니다. 나는 지극히 가난하고 초라한 가정에서 태어나 자랐기 때문에 가정 교육은 전혀 모르고 지냈다. 부모님 모두가 학교 교육은 전연 받아보지 못하셨다. 가정 교육보다는 교회에서 간접적으로 받아들인 정신 교육이 있었을 뿐이다. 다행히 너무 병약했기 때문에 부모의 책망은 받아보지 않았다. 사랑의 보호가 필요했기 때문이다.

그래서 내 친구들은 50리쯤에서 인생의 길을 시작했는데, 나는 20리 정도에서 시작했던 것 같은 인상을 받고 있다. 초등학교 시절에도 그랬다. 학교다운 학교가 아니었다. 초창기에는 한 선생이 1~4학년 모두를 가르쳤다. 5·6학년 때도 한 선생이 두 학년을 번갈아 가르치곤 했다. 그러니까 학교다운 학교도 아니었고, 도회지의 학교와 비교하면 큰 서당 같은 규모의 학교에 다닌 셈이다. 지금 생각해보면 중학교에 갈 자격이 없는 교회학교였던 것 같다.

중·고등학교 시절이 지금도 기억에 남는다. 20리나 되는 길을 자전거로 통학했다. 쉬운 일이 아니었다. 추운 겨울인데 점심시간이 되면 모두 각자 가지고 온 도시락을 꺼내 먹는다. 나는 슬그머니 도시락이 조밥인지 아닌지 살펴보고는 조밥이면 밖으로 나가 혼자 식사를 했다. 창피스러웠기 때문이다. 대학 다닐 때는 계속 아르바이트를 했다. 이제 다시 옛날로 돌아가라면 어떨까 하는 의문이 들 정도다.

그러나 지금 돌이켜보면 중요한 것은 주어진 100리의 인생길을 다 채울 수 있었는가 함이다. 오히려 그런 고생이 있었기에 더 풍부한 인생의 정신적 자산을 덤으로 얻은 것이다. 악마는 우리를 유혹하지만 신은 우리를 사랑하기 때문에 시련을 주신다는 서양 중세기의 격언이 맞는다. 그 어려움들이 사랑의 선물이었던 것이다. 먼저 간 두 친구가 나에게 남겨준 뜻도 자기들이 못다 한 책임을 마무리해달라는 마음이었다.

나는 행복이 인생의 궁극적인 성공에 있다고 생각한다. 그리고 그 성공은 희망이 있었기에 가능했다. 지금 생각해보면 적지 않은 시련 속에서도 희망이 있었다. 그 희망은 어렸을 때부터의 신앙심이었다. 내 인생은 언제나 기도의 연속이었다. 지금도 그렇다. 기도를 드린다는 것은 희망의 끈이 주어져 있다는 증거다.

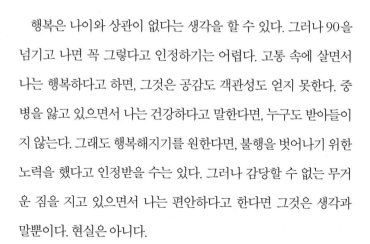

90이 넘은 나이에도
행복은 있는가

행복은 나이와 상관이 없다는 생각을 할 수 있다. 그러나 90을 넘기고 나면 꼭 그렇다고 인정하기는 어렵다. 고통 속에 살면서 나는 행복하다고 하면, 그것은 공감도 객관성도 얻지 못한다. 중병을 앓고 있으면서 나는 건강하다고 말한다면, 누구도 받아들이지 않는다. 그래도 행복해지기를 원한다면, 불행을 벗어나기 위한 노력을 했다고 인정받을 수는 있다. 그러나 감당할 수 없는 무거운 짐을 지고 있으면서 나는 편안하다고 한다면 그것은 생각과 말뿐이다. 현실은 아니다.

90이 넘으면 어려움 속에서도 최선의 삶을 위해 노력한다는 표현이 가장 적절할 것이다. 그것은 무엇을 말하는가. 가장 먼저 지적할 것은 건강 상실과 질병에서 오는 삶의 한계성이다.

신체적 약화를 위로부터 따진다면 시력이다. 시력이 아무리 좋다고 해도 백내장 수술을 받지 않는 사람은 없다. 90이 넘으면 한 번으로 끝나지 않는다. 시력이 잘 유지되는 것 같아도 부작용은 점점 더 심해진다. 100세가 가까워지면 현관문을 열고 들어오는 사람이 누군지 확실히 보이지 않는다. 가까이 오면 "오! 네가 왔구나"라고 한다. 안과에 가서 검사할 때는 양쪽 눈에 큰 이상이 없는 것 같아도 멀리서 오는 버스의 번호가 확인이 안 된다. 가까이 와야 내가 탈 버스라고 알게 된다. 시력만 약해지는 것이 아니다. 눈곱이 끼기 시작하고, 어떤 때는 안약을 넣어도 한참 동안은 눈 앞이 흐리다. 이것이 건강한 사람들의 현상이다.

"치과에 다니기 싫어서라도 죽어야겠어"

청각은 시각보다 오래 유지된다고 한다. 30분 동안 책은 읽기 힘들어도 음악 감상은 1시간 이상을 해도 피로를 느끼지 않는다. 그러나 중이염이나 귓병을 앓지 않아도 나이가 들수록 자연스럽게 청력이 약해진다. 남들은 시끄럽다고 해도 나는 높은 볼륨이 아니면 TV 소리가 들리지 않는다. 소리를 크게 하고 잘 들으려고 보청기를 사용한다. 그것도 한계가 있다. 소리는 커지는데, 음향을 제대로 구별하지 못한다. 늙은이들은 소리는 들리는데, 말이

들리지 않는다고 말한다. 90이 안 된 사람들은 무슨 뜻인지 모른다. 늙으면 최고의 보청기는 두 손을 귀에 대고 듣는 것이다. 그래도 소리의 내용은 잘 모른다. 그렇게 되면 옆 사람에게 무슨 말인지 물을 수밖에 없다. 어떤 사람들은 아무리 보청기를 써도 전혀 듣지 못해서, 상대방의 입놀림과 표정을 살피게 된다.

건강한 치아는 5복의 하나다. 치과병원에 가는 것만큼 고통스러운 것은 없다. 내 친구는 치과병원이 아니고 이빨공장에 간다고 말하곤 했다. 그 친구를 90을 넘긴 나이에 치과에서 만났다. 손수건으로 입을 막고 진료실에서 나오다가 "치과에 다니기 싫어서라도 죽어야겠어"라고 했다. 틀니를 하고 난 후부터는 음식의 맛을 잃게 된다.

90고개를 넘기면서는 누구나 다리의 힘이 빠지며 관절에 문제가 생긴다. 그뿐만이 아니다. 균형 감각이 약해진다. 아무 원인도 없이 넘어진다. 골절상을 입는다. 그래서 조금씩 조심스럽게 걷다가 지팡이를 짚는다. 지팡이로 지탱할 수 없게 되면 휠체어를 타야 한다. 휠체어 타는 기간이 길지는 않다. 방에서 일어서고 움직이는 일도 쉽지 않다. 그 과정이 끝나게 되면 가는 날을 기다리게 된다.

정신 건강도 그렇다. 어떤 사람은 신체적 건강은 유지되는데 정신력이 약해진다. 때로는 치매 현상을 동반하기도 한다. 그와 반대로 정신력은 여전한데, 신체적 건강이 뒷받침을 하지 못하는 경우도 있다. 그 균형이 유지된다고 해도 기억력이 약화되는 노인성 치매 현상이 나타나기도 한다.

또 다른 어려움도 뒤따른다. 90이 넘을 때까지 부부가 건강히 해로하는 일은 쉽지 않다. 혼자 남는 고독감과 신변의 어려움도 부담이 된다. 남자의 경우는 더욱 심하다. 신변의 잡다한 일들도 처리하지 못하는 때가 있다. 또 효심이 있다고 해도 자녀들이 자주 찾아오지 않는다. 쓸모가 없기 때문이다. 여성들의 경우는 좀 다르다. 신변의 일도 혼자 처리할 수 있고 자녀들이 도움을 받기 위해 찾기도 한다. 가족애가 남자보다 풍부하기도 하다.

늙어서 독신은 수명을 단축한다는 통계가 있다. 통계적 단명도 문제지만, 그 외로움의 과정이 얼마나 힘들겠는가. 그래도 대부분 혼자 지낼 수만 있으면 혼자 살기를 원한다. 그러면서도 구속과 눈치 보기와 도움을 청하는 스스로가 더 가엾어 보이기도 한다. 이대로 간다면 독거노인의 수가 점점 더 많아질 것 같다. 행복보다는 불행과의 싸움이 더 심각할지도 모른다.

크고 작은 불행과의 싸움

그 나이가 되면 친구가 없어진다. 나도 80대까지는 안병욱, 김태길 교수가 있어 행복했다. 두 친구가 다 80대 말과 90대 초에 세상을 떠났다. 그 나이가 되면 외출은 물론 집 주변을 거동하는 것도 힘들어진다.

또 오래 살면서 가장 힘든 것은 손아래 가족을 먼저 보내는 부모의 심정이다. 부모를 먼저 보내는 자녀들은 부끄럽지 않으나, 자녀들을 먼저 떠나보내는 부모는 이웃을 대하기 부끄러워진다. 내가 잘 아는 선배 교수는 90을 넘긴 다음부터는 문상을 가는 일이 없었다. 나 역시 김태길 교수의 문상을 간 일이 있었는데, "저렇게 건강하신 선생도 계신데……"라는 얘기를 들으니 오지 않는 게 좋았겠다는 생각이 들었다. 사랑하는 제자가 세상을 떠났을 때는 아무도 없을 때 가서 상주의 손을 잡아볼 때가 있다.

80대까지는 괜찮다. 90을 넘기면 가족 외의 사람들은 가까이 오지 않는다. 내가 젊었을 때도 그랬다. 자녀들까지도 제3자와 같이 느껴지는 것 같다. 아들딸은 손자들이 조부모 때문에 교육적으로 좋지 않은 영향을 받을까 봐 걱정한다. 나이가 많아지면 감정을 잘 조절하지 못하기 때문에 도로 어린애 같아지기도 한다. 그래서 가족들로부터도 멀어지게 된다. 정말 좋은 아들딸과 며느리, 사위가 있는 경우도 있다. 그래도 아들딸은 자신들의 자녀들을 돌봐야지 늙고 쓸모없는 부모를 위해 희생하는 일이 좋은 것은 못 된다.

그러니까 생각이 있는 늙은이들은 다른 늙은이들을 찾아가게 된다. 그래서 생긴 것이 경로당이다. 나는 아직도 경로당에 가본 일은 없다. 늙은 것도 서러운데 늙은이들과 짝을 하다 보면 왠지 더 처량해진다. 젊은이들 사이에 끼어들고 싶지만, 환영을 받지 못한다. 요사이는 실버타운이라는 명칭에 걸맞은 시설들이 있다. 더 늙으면 가야 할 것 같아 찾아가본다. 강연을 맡아 갈 때도 있다. 그러나 나보다 훨씬 젊은 사람들끼리 모여서 늙음을 즐기며 사는 것 같아 가고 싶지 않은 곳이라고 생각한다. 그래서 지금은 젊은이들에게로 가고 싶지만 받아주지 않으니까, 혼자 집에서 여생을 보내자는 작심을 하고 있다. 그러다가 병원에서 눈을 감으면 될 테니까.

사람은 어렸을 때는 다른 사람의 도움을 받아야 한다. 그러다가 성인이 된 후에는 도움을 주면서 살게 되어 있다. 90이 넘으면 누구나 다시 도움을 받으면서 산다. 어느 정도까지는 도움을 서로 주고받으면서 산다는 의미가 성립한다. 그러나 내 나이가 되면 그것이 가능한가 묻게도 되고 쉽지 않다는 생각을 하게 된다.

몇 해 전에 제자들과 함께 점심을 먹고 버스 정류장까지 안내를 받았다. 한 제자가 "혼자서 댁까지 찾아갈 수 있으세요?"라고 물었다. 내가 "여기까지 찾아왔는데 찾아가야지"라고 했더니 "저의 선친께서는 굳이 혼자 나가신다 하고는 길을 잃어버리곤 하셔서 파출소에 가서 모셔오곤 했습니다"라고 얘기했다. 내 사촌동생은 나보다 15년이나 아래다. 얼마 전에 혼자 나섰다가 사고를 당했다. 골절상을 입고 행인과 경찰의 부축을 받아 병원으로 옮겨졌다. 그런 경험이 있기 때문에 나에게 전화를 걸 때마다 "절대로 혼자 외출하지 마라"고 당부한다.

요사이도 부산이나 광주에서 강연회 부탁을 받는다. 그럴 때는 저쪽에서 먼저 "누구와 같이 오시느냐"고 묻는다. 길을 잃거나 사고가 날 것 같아 불안해한다. 그런데 어떤 때는 내가 이해하기 어려운 경우도 있다. 의과대학 책임의사의 청을 받아 병원에 강의를 갔다. 강연 장소로 안내하면서 자기 걸음걸이대로 앞서서 걸어가는데, 뒤를 따라가느라고 고생했다. '의사니까 여러 환자를 대해보았을 텐데'라는 생각이 들었다.

나에게는 또 다른 부담스러움도 있다. 비교적 먼 거리를 자동차로 가게 되면, 이야기 나누는 시간을 가지려고 계속 말을 건네거나 질문을 해오는 사람이 있다. 자기에게는 좋은 기회일 수 있어도, 강연을 하러 가는 나에게는 적지 않은 고역이다. 수백 명의 청중을 위한 시간을 혼자 빼앗거나 방해한다는 것은 의식하지 못하는 것이다. 물론 나 자신도 그런 실수를 한 적도 있었겠지만……. 그래서 강연 장소 부근까지 가서는 가까운 곳에 있는 카페 같은 데 들러 혼자 휴식을 취하기도 한다. 강연 전에는 혼자 휴식을 가져야 한다.

어떤 사회자는 내가 강연을 끝낸 후에 자기가 다시 상당히 긴 시간에 걸쳐 해석을 추가하기도 한다. '음악은 듣는 것이지 연주자 앞에서 평가하거나 해석하는 것은 아닌데' 하는 어색함도 있다. 그렇다고 해서 강연을 한 내가 그러지 말라고 할 수도 없는 일이다.

세상이 텅 빈 것 같은 슬픔

100세를 앞둔 나 같은 사람이 강연이나 설교를 할 때면 '이것이 저분들을 위한 처음이자 마지막 강연'이라는 생각이 든다. 또 옛날과 달리 다른 모든 시간과 기회를 조절하고 희생하면서 갖는 자리다. 그런데 언제나 있는 행사 중의 하나라고 치부해버리는 주최 측 담당자를 보면, '청중을 위해서가 아니라면 거절하는 편이 좋았겠다'는 마음이 드는 때도 있다. 그 노인이 100세나 되었다는데 한번 초청해볼까, 하는 행사를 위한 행사에는 마음이 내키지 않는 때가 있다. 때로는 지하철역을 말해주면서 몇 번 출구에서 기다리겠다는 설명도 한다. 다 그런 것은 아니지만 급수가 낮은 공무원, 교육계에 종사하는 사무직원, 때로는 종교계의 연합기관에서 수고하는 이들에게서 그런 경우를 당한다. 청중을 위해 가기는 하지만, 그 당사자들은 행사가 성공하면 그뿐이기 때문에 강연 내용에는 관심이 적다는 것을 느끼게 된다. "지난번 강연이 좋았다고 해서 한 번 더 초청을 하고 싶다"는 얘기는 자주 듣곤 한다.

내가 대접을 못 받아 그런 것은 아니다. 나도 그들의 위치에 있을 때는 비슷한 실수를 했을 것이다. 또 그런 대우를 받았다고 해도 괘념치 않는다. 그러나 나 같은 늙은이가 허물없이 말하는 게 앞으로도 도움이 되겠기에 보태어본다.

나에게 가장 마음의 무거운 짐이 되었던 것은 90고개를 넘기면서 동년배의 가까운 친구들이 다 내 곁을 떠난 일이었다. 김태길 교수, 오랫동안 월드비전에서 함께 일했던 정진경 목사, 대문을 마주 보면서 아침저녁으로 대면하던 유붕로 교수, 중학교 1학년때 만나 70여 년을 허물없이 지냈던 김창걸, 숭실중·고등학교 이사장, 안병욱 교수, 사회적으로 알려져 있지는 않으나 앞집에 살던 동갑내기 할아버지, 김수환 추기경, 연세대 박대선 총장 등 여러 분이 먼저 세상을 떠났다.

특히 김태길 교수와 안병욱 교수와의 이별은 내 인생의 한 부분을 상실한 것 같은, 세상이 빈 듯한 큰 충격을 남겼다. "우리 셋이 더 늙기 전에 1년에 네 차례씩 모여 멀리 떨어져서 일만 하던 얘기도 나누고, 버려두었던 우정을 마무리하자"는 내 전화를 받고 김태길 선생이 "그러기에는 너무 늦었어. 이제 정을 쌓았다가 한 사람씩 가게 되면 가는 사람은 모르지만, 남는 사람은 얼마나 힘들겠어?"라고 하던 목소리가 지금도 남아 있는 듯하다. 안병욱 선생이 전화를 걸어 건넸던 "김 선생, 이건 그저 내 예감인데 김태길 선생이 먼저 갔고, 아무래도 김 선생이 혼자 남을 것 같아"라는 작별 인사 아닌 인사가 사라지지 않고 있다. '다 가고 혼자 남더라도 너무 힘들어하지 마세요'라고 하고 싶었던 안 선생의 위로의 마음은 아직 마음속에 남아 있다.

그리고 나 혼자 10년 가까운 세월을 보내고 있다. 두 친구가 남기고 간 일을 내가 마무리해야 한다는 책임감 비슷한 뜻이 위로가 된다. 생각해보면 인생의 짐은 무거운 의무를 동반하는 것 같다. 그래도 누군가가 나에게 "힘드시기는 해도 행복하세요?"라고 물으면 나는 자신 있게 "네, 행복합니다"라고 대답할 것이다. 나는 부족하지만 내가 베푼 작은 행복이 더 큰 기쁨을 나에게 안겨주는 인생을 살았기 때문이다.

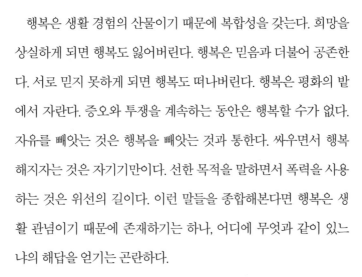

사랑 있는 고생이
행복이었네

행복은 생활 경험의 산물이기 때문에 복합성을 갖는다. 희망을 상실하게 되면 행복도 잃어버린다. 행복은 믿음과 더불어 공존한다. 서로 믿지 못하게 되면 행복도 떠나버린다. 행복은 평화의 밭에서 자란다. 증오와 투쟁을 계속하는 동안은 행복할 수가 없다. 자유를 빼앗는 것은 행복을 빼앗는 것과 통한다. 싸우면서 행복해지자는 것은 자기기만이다. 선한 목적을 말하면서 폭력을 사용하는 것은 위선의 길이다. 이런 말들을 종합해본다면 행복은 생활 관념이기 때문에 존재하기는 하나, 어디에 무엇과 같이 있느냐의 해답을 얻기는 곤란하다.

그러나 우선 우리는 '사랑이 있는 곳에는 행복이 머문다. 그 사랑이 어려움을 동반한다고 해서 포기하면 사랑의 꿈은 사라진다.

인생은 고해와 같다는 말도 있다. 그러나 사랑이 있는 고생은 더 큰 행복을 안겨준다'는 생각을 전제로 사랑과 행복의 관련성과 위상을 살펴보았으면 한다.

5년 전의 일이다. 한번 잠들면 아침 6시가 넘을 때까지 숙면하는 것이 보통이었는데, 그날은 야밤에 깨어 90년의 과거가 나에게 있어 어떤 것이었는지를 생각해보았다. '그렇지! 그것이 내 한 평생의 인생이었어!'라면서 일어나 옆방 서재로 갔다. 불을 켜고 적었다.

나에게는 두 별이 있었다.
진리에 대한 그리움과
겨레를 위하는 마음이었다.
그 짐은 무거웠으나
사랑이 있었기에 행복했다.

내가 20년 동안 살아온 고향 송산리를 떠나 일본으로 유학을 떠났을 때였다. 처음 고향을 떠났기 때문에 집과 나를 위해 희생적인 사랑을 베풀어주셨던 어머니 생각이 간절했다. 그날 밤 꿈이었다.

무거운 짐을 지고 허락된 시간을 걷는 인생

내가 대륙과 같이 한없이 넓은 들판 한가운데 서 있었다. 내 앞에는 오래된 기차 철로가 깔려 있는데, 기차가 지나간 흔적은 없었다. 철로 서쪽 끝을 바라보았더니 한없이 먼 곳까지 이어져 있었다. 맞은편도 마찬가지였다. 끝이 보이지 않는 곳까지 연결되어 있었다. 나는 이런 거리를 '무한'이라고 부르는가 싶었다. 그러면서 서쪽을 바라보았다. 한 여인이 커다란 짐을 머리에 이고 두 손에도 무거워 보이는 짐을 든 채로 내가 서 있는 앞으로 걸어오고 있었다. 속으로 중얼거렸다. '기차도 안 다니는 이 멀고 끝없는 길을 떠나지 말지. 목적이 있는 것 같지도 않은데…….' 그 여인의 그림자가 어느 사이엔가 점점 더 가까워졌다. 너무 힘들어서 쓰러질 것 같기도 했다. 도와주기 위해 가까이 다가갔다. 다른 사람이 아닌 내 어머니였다. 나는 울었다. "어머니, 이 먼 길을? 또 이렇게 무거운 짐을? 그 짐 하나는 제가 들어드릴게요!"라고 했다. 어머니는 정말 힘들다는 듯이 겨우 눈빛을 내게로 돌리면서 "이것들은 내가 갖고 가야 할 내 인생의 짐이고, 너에게는 또 네가 져야 할 인생의 짐이 있다. 나는 힘들어도 그대로 가야겠다"면서 내 앞을 지나려고 했다. 나는 나도 모르게 소리 내어 울었다. 내 울음소리에 깨어났다. 꿈이었으나 한참은 가슴속으로 울었다.

생각해보면 무거운 짐을 지고 허락된 시간을 걷는 것이 인생일지 모른다. 어렸을 때 부친에게 석가가 출가한 이유를 들으면서 철이 없었으나 공감했다. 나는 철들면서는 아버지를 모시지 못했다. 38선 때문이다. 어머니는 오래 함께 모시고 지냈다. 그런데 남다른 고생을 하면서도 모친과 함께 있을 때는 한 번도 불행하다는 생각을 해보지 않았다. 사랑의 짐을 지고 살았기 때문에 우리는 행복했다. 어머니는 70을 넘긴 나에게 유언을 했다. "힘든 일도 있었지만 너와 온 가족이 함께 있어서 행복했다. 내가 너를 도와주지는 못하겠지만 네 처까지 떠나게 되면 집이 비게 될 것이 걱정이다"가 마지막 말씀이었다. 눈을 감을 때까지 아들을 사랑했기 때문에 어머니는 행복했고, 장성한 나이가 되어서도 어머니를 사랑할 수 있었기에 나도 행복했다. 모친과 나는 70 평생을 사랑 속에 살았기 때문에 어느 모자관계보다도 감사했다.

나는 학문적으로 업적을 남기지는 못했다. 그러나 학문과 진리를 사모하고 사랑했다. 그래서 행복했다. 나는 광복을 맞이하고 2년 동안은 북에서 살았다. 그 어려움을 겪었기 때문에 자유가 목숨보다 귀하다는 것을 깨달았다. 내 초등학교 친구들 중에는 김일성의 외가 쪽 인척들이 있었다. 그중 강면석 군은 북에서 죽었다. 반공분자로 몰려 감옥에서 눈을 감았다. 시신을 집으로 옮겨다 옷을 갈아입히는데, 나무젓가락으로 만든 십자가를 옷 속에 품고 있었다. 칠골교회를 담임했던 김오성 목사는 그 십자가를 교인들에게 보이면서 예수님과 자유를 사랑한 순교 정신이라고 설교를 했다. 그래서 나는 대한민국에 대한 사랑을 잊을 수가 없다. 그 시련과 고난의 기간이 나를 오늘의 나로 자라게 해준 것이다. 사랑이 있었기에 행복했고, 지금도 시련과 고생의 짐을 감당할 수 있어 더 큰 행복을 누리고 있다.

한 인간이 세상에 태어났을 때 주어진 책임은 무엇인가. 자기 자신의 완성이다. 그 완성은 인격의 완성으로 이어진다. 인격의 완성을 위해서는 더 많은 것을 배워야 한다. 더 많은 일을 해야 한다. 대나무가 자랄 때는 마디마디가 완벽해야 큰 나무로 완전해진다. 그 어떤 마디라도 약해지거나 구실을 못하면 그 마디가 병들고 부러지기 때문에 나무 구실을 못한다. 그 주어진 책임은 누구에게나 있다. 게으르거나 삶의 가치를 모르는 사람은 그것을 고생이라고 생각한다. 그러나 나의 인간됨을 사랑하고 값있는 인생을 원하는 사람은 그것을 즐거운 인생의 의무라고 여긴다. 어떤 사람들은 올라가는 노력이 고생이라고 생각해 편하게 내려가는 길을 택한다. 그가 도달하는 곳은 어둡고 컴컴한 계곡이다. 많은 사람들은 편안히 즐기기 위해 평탄한 길을 택한다. 땀을 흘리지 않아도 된다. 그러나 도달하는 곳은 출발한 곳과 변화가 없다. 그런데 자신의 인생과 인격을 사랑하는 사람은 올라가는 길을 택한다. 등산을 즐기듯이 노력과 성장을 즐긴다. 그 남모르는 즐거움이 행복인 것이다. 그가 올라서는 곳은 높은 산의 정상일 수도 있다. 그 정상에서 멀리 세상을 내려다보는 사람의 행복은 희열에 가까운 것이다.

나는 두 친구와 같이 여행을 하다가 스위스 제네바까지 가 머문 일이 있다. 내 주장은 모처럼의 기회니까 알프스까지 올라가자는 것이었는데, 동행했던 안병욱 교수는 피곤한데 하루는 쉬자는 생각이었다. 때마침 호텔에 들렀던 이한빈 스위스 한국공사가 가는 절차까지 가르쳐주면서 열차와 엘리베이터를 이용하니까 염려 말고 융프라우봉까지 다녀오라고 했다.

행복은 그것을 선택한 자의 몫

산 밑의 시내는 더운 여름이었는데, 한참 올라가니까 가을 풍경으로 바뀌었다. 다시 한두 정거장까지 등산열차로 올라가니 봄 경치가 펼쳐졌다. 양들이 풀을 뜯어 먹고 있었다. 거기에서 등산열차가 끝나고 승강기를 타고 올라가 정상에서 내린다. 4200미터의 고지다. 그 정상보다 더 높은 봉우리도 있으나 올라갈 수가 없었다.

정상에서 보는 하늘과 계곡을 메우고 있는 빙하들, 산 밑을 흘러 지나가는 구름 떼들, 세상에 태어나서 그런 장관을 처음 보고 체험했다. 넋을 잃고 심취되어 시간을 보냈다. 같이 갔던 한우근 교수가 "이제는 더 늦기 전에 내려가야 할 것 같다"고 했다. 올라갈 필요가 없을 것 같다고 말했던 안병욱 교수는 "이렇게 장엄한 경치와 세상을 남겨두고 어디로 가나. 차라리 여기서 죽었으면 좋겠다"고 했다.

산 밑으로 와서 기차를 탔다. 자리를 같이했던 등산객들이 등산 열차를 탔느냐고 물었다. 그랬다고 했다. 옆 사람이 "그게 무슨 등산이냐"며 "우리 셋은 걸어서 올라갔다가 내려왔는데, 그 맛은 모를 것"이라고 말했다. 도보로 고생한 등산객의 즐거움과 만족스러운 행복은 편히 다녀온 우리와 비교가 안 되었을 것이다.

성공과 영광과 행복을 누리는 사람은 그런 인생을 선택하는 사람일 것이다. 경험해보지 못한 사람은 그것을 공연한 고생이라고 생각한다. 그 과정의 즐거움이 있었기 때문에 정상의 기쁨은 더했을 것이다.

최근에는 인구가 계속 줄고 있어 사회적으로 걱정거리가 되고 있다. 내가 잘 아는 한 할머니도 며느리에 대한 불만을 얘기하고 있었다. 며느리가 남편과 둘이서 즐겁게 사는 것이 행복이지 아기를 낳아 키우는 고생을 할 필요가 있느냐는 생각이란다. 할머니는 이다음에 늙게 되면 둘이서 외롭게 남을 생각은 못 한다면서, 만일 어느 편이 먼저 떠나게 되면 누구를 의지하려고 하는지 모르겠다고 불평했다. 그 며느리는 임신과 출산, 육아의 고생을 생각하면서 무엇 때문에 그 고생을 하느냐는 자기 위주의 생각을 극복하지 못한 듯했다. 그런 생각을 갖는 사람이 적지 않다.

그들은 아내가 되고 어머니가 되며 할머니가 되어 가정을 꾸려 가는 책임이 얼마나 고귀하고 행복한 인생의 의무와 축복인지는 생각지 않는다. 내 친구는 40대 중반까지 아이 없이 부부가 단란한 생활을 했다. 우리가 딸애를 하나 입양해 키우라고 권했으나 응하지 않고 있었다. 그러다가 강한 권유를 늦게야 받아들여 고생을 했다. 그러는 동안에 딸은 성장하고 부모는 늙었다. 대학을 정년퇴임한 후에는 그 딸을 중심으로 행복한 노후를 이어가고 있다. 손자들까지 보게 되었다. 그다음부터는 앞장서서 친구들에게 노후에 외롭게 살지 말라고 충고하게 되었다.

아마 자녀 양육과 교육을 위해 나만큼 고생한 사람은 적을 것이다. 전쟁 때부터 2남 4녀를 키운 셈이다. 가난과 고생의 연속이었다. 그러나 지금은 모두가 행복한 가정을 이끌어가고 있다. 미국과 한국에서 일하는 의사를 합치면 슬하에 여덟 명이 된다. 대학에서 가르치는 가족이 다섯 명, 법관이 두 명이고, 애플 회사에 근무하는 외손녀가 있다. 대학원에 재학하는 손자들이 네 명이다. 모두가 대학원에서 석사와 박사 과정을 끝낸 셈이다. 자라나는 증손자들도 있다. 전체적으로 보았을 때 행복한 가족이었다. 내 모친의 소박한 생각이 인구 문제를 걱정하는 정책가들보다 정확했던 것 같다. "애들 많다고 걱정하지 마라. 사람은 정직하게 열심히 일하면 다 저 먹을 것은 가지고 나오는 법이란다"라고 하셨다.

6남매를 키우느라 얼마나 고생했느냐고 물으면

지금 누가 나에게 그 많은 애들을 키우느라고 얼마나 고생이 많았냐고 물으면, 그래도 행복한 면이 더 많았다고 말한다. 애들과 더불어 사랑이 있는 고생을 했던 그때가 제일 행복했다. 내 아들 딸 모두가 그런 생각을 갖고 있다.

사랑이 있는 고생의 역사, 사회적 가치와 의미도 중요하다. 나는 우리 민족이 오늘만큼의 성장과 역사를 건설한 것은 3·1 운동 때부터라고 생각한다. 3·1 운동 이전까지는 우리 선조들의 생활 단위가 나와 가족의 울타리를 벗어나지 못했다. 그러다가 3·1 운동을 겪으면서 삶의 단위가 나와 국가의 단위로 올라선 것이다. 그때부터는 국가와 민족이 먼저고, 가정과 나는 국가 안에서 겨레와 더불어 살아야 한다는 교훈을 받아들이게 되었다. 그것이 해방으로 이어졌다. 6·25 전쟁을 겪으면서는 나의 운명은 민족의 운명 속에 있다는 사실을 체험했다. 그 민족적 원동력이 오늘의 현실을 열매 맺게 했다.

우리가 체험해온 모든 역사적 과정이 나라와 겨레를 위한 사랑이 있는 노력과 고생이었다. 나 같은 사람은 서북 지역이 고향이었기 때문에 도산 안창호와 고당 조만식의 애국심과 더불어 성장했다. 도산이 교회에서 한 마지막 강연을 평생 잊지 못하고 있다. 고당은 김일성 정권과 항쟁하다가 말년에는 평양시 도심에 있는 고려호텔에 연금되었다. 외출은 물론 일체의 면회까지 허락되지 않았다. 고당은 자신의 운명적 종말을 예감했던 것 같다. 마지막 면회를 온 부인에게 커다란 흰 봉투를 전해주면서 애들은 자유로운 세상에서 살아야 하니 38선을 넘어 서울로 가라고 했다. 그 봉투 안에는 자신의 머리카락이 들어 있었다. 자기가 죽었다는 사실이 전해지면 빈 관으로 장례를 치를 수가 없으니까 유언 아닌 유품을 남겨주었던 것이다. 고당은 6·25 때 세상을 떠났다. 그 사실을 확인한 고당의 가족들과 애국 친지들이 그 뜻에 따라 장례를 치렀다.

지도자들만이 그런 건 아니다. 해방 후부터 6·25 전쟁을 겪으면서, 민주화 투쟁을 성공시키면서, 얼마나 많은 애국 애족의 사랑이 넘치는 희생을 계승해왔는가. 나는 지금도 피곤하고 힘들어도 동작동과 대전에 있는 현충원을 찾아가곤 한다. 우리를 위해 사랑의 희생을 대신한 분들의 안식처다. 4·19 민주묘지도 그 하나다. 광주의 망월동 5·18 민주묘지와 부산 대연동의 유엔묘지도 그렇다. 그분들의 사랑의 희생이 있어 오늘 우리들의 행복이 유지되고 있다. 고귀한 사랑은 희생을 동반하기 때문에 더 큰 행복의 원천이 되는 것이다.

행복의
세 단계

행복은 생활 관념이다. 연구해서 찾아지는 것도 아니며 논리적
으로 추구해서 정의가 내려지는 것도 아니다. 생활이 제각기 다
른 것처럼 행복에 대한 생각도 같을 수가 없다. 생활 관념은 공통
성에서 유사한 것을 찾기 마련이며, 객관적인 타당성이 있어야
한다. 그래서 어린 사람들에게는 행복이 어떤 것이냐고 잘 묻지
않는다.

내가 90대 중반을 넘기면서부터는 여기저기서 행복에 관한 얘
기를 해달라고 요청이 온다. 오래 살아보았더니 행복이 어떤 것
이더냐고 묻고 싶었던 것이다. 내가 철학을 공부한 사람이기 때
문에 보통 사람들보다 정리된 행복관을 갖고 있을 것으로 기대했
던 것 같다.

생활 관념이란 삶보다 앞서 있지는 않다. 기대해보기도 하고 가정해보기도 하나 그것을 경험해보지 않고는 내 신념이 되지 못한다. 신부나 목사의 주례 앞에서 서약을 하는 신혼부부는 모두가 행복을 믿으며 꿈꾼다. 그러나 결혼을 후회하거나 이혼을 하는 등 불행해지는 부부도 있다. 최근에는 동거생활을 하다가 자신이 생기면 결혼하는 젊은이들이 늘어나는 추세다. 행복은 경험해보지 못한 사람은 충분히 이해할 수가 없다.

나는 우리나라에서 발간된 행복에 관한 대표적인 두 책에서 행복 이야기를 발표한 일이 있다. 둘 다 90대 중반을 넘겼을 때였다. '나는 이렇게 살았다'는 경험담이었다. 그중에 누구나 읽어서 공감할 수 있고 도움이 되는 내용을 추려보았다. 대략 다음과 같은 내용이다.

경험해본 사람만 이해할 수 있는 영역

많은 사람들은 무엇을 얼마나 많이 소유하는가를 목적으로 살고 있다. 돈과 경제, 정치와 권력, 인기와 명예 등이 그 대상이 된다. 그런 소유욕에 빠지게 되면, 그리고 그것이 인생의 전부이면서 목적이라고 생각하는 사람은 더 고귀한 목적을 상실하게 되고, 그 소유를 잃으면 더 큰 불행에 빠지게 된다. 행복을 꿈꾸다가 불행을 자초하는 결과가 된다.

그렇다면 그런 소유보다 더 고귀한 목적이 있는가. 경험해본 사람들은 소유의 가치보다는 사회적으로 공유할 수 있는 정신적 가치를 추구한다. 학문이나 예술과 같은 문화적 가치, 도덕이나 윤리에 속하는 정신적 가치를 추구한다. 이러한 정신적 가치는 개인적 소유에 속하는 이기적 가치가 아니기 때문에 사회와 더불어 영구한 가치에 속한다고 본다. 그렇다고 해서 그런 정신적 가치가 모든 사람에게 가능한 것은 아니다. 예술가나 학자에게는 창조적 가치가 되나 절대다수의 사람들은 그 혜택을 받기는 하지만 가치 창조에는 동참할 수가 없다. 또 물질적 가치에 비하면 목적이 될 수는 있어도 궁극적 목표는 못 된다.

그렇다면 언제 어디서나 수단이나 방편이 되지 않는 궁극적 목적도 있는가. 그것은 인간 목적의 가치다. 모든 것은 인간으로부터 출발하여 인간을 통해 인간을 위해 존재하기 때문이다. 더 많은 사람이 인간답게 살기 위해 경제, 정치, 학문, 예술 등이 존재하는 것이다. 인간은 소유의 대상이 아니며 정신적 가치의 창출자인 것이다. 무엇이든지 인간적 삶에 도움이 되는 것은 가치 있는 선이 되나 인간에 해악이 되는 것은 버림을 받아야 한다.

그런 생각을 하면 실천에 옮기는 것은 어렵겠지만 이론적으로는 어느 정도 이해가 된다. 물질적 가치와 소유욕은 참행복이 될 수도 없으나, 행복으로 보더라도 그 한계 때문에 행복의 3분의 1

수준밖에 못 된다. 그 위에 정신적 가치를 추가할 수 있다면, 행복의 3분의 2는 차지한다고 볼 수 있다. 그 모든 것을 인간애를 위해 이바지할 수 있어야 비로소 완전한 목적에 도달한다는 뜻이다.

그런 사고방식은 현실 사회에서도 인정받고 있다. 가장 중요한 문제는 '인간을 목적으로 삼는 의무의 처음 과제가 무엇인가' 하고 질문을 던지는 일이다. 절대다수의 인간이 인간다운 삶을 상실당하는 원인을 제거해야 하는 책임이다. 불행과 고통의 늪에서 벗어나도록 돕는 일이다. 우리는 그것을 빈곤 퇴치, 질병 퇴치, 문맹 퇴치의 길로 받아들이고 있다.

이런 문제가 해결되지 못한다면 누구나 인간다운 삶을 누릴 수 없으며 불행의 한계를 벗어날 수 없다. 서민 경제의 기초적인 해결, 질병으로부터의 해방, 문맹인이 없는 사회가 된다는 것은 인간의 선결 과제이면서 기본적인 조건이다. 또 인권 문제의 기초가 되기도 한다.

처음 문제로 돌아가기로 하자. 인생의 세 차원의 가치관에서 오는 행복관을 얘기했으나, 우리들 개인의 삶의 과정에서도 어떤 공통된 변화를 찾아볼 수 있을까 하는 관심인 것이다.

나 자신의 일생을 반성하며 주변에서 같이 살아온 사람들의 경우를 살펴보면, 행복의 내용도 그와 비슷한 과정을 밟지 않았는가 하는 생각을 한다.

20대 이전에는 행복에 대한 관념을 별로 가져보지 않고 자랐다. 20대부터 40대 또는 50대까지는 즐겁게 사는 것이 삶의 내용이었고, 즐거움이 곧 행복이었던 것 같다. 일을 성취하면 즐거웠으며, 즐거움의 연속이 곧 행복의 길이라고 생각했다. 애정과 결혼의 과정이었고 행복한 가정이 소망이었다. 또 다른 하나는 주어진 일의 성취에서 오는 만족과 즐거움이었다. 돈을 버는 것도 좋았으나 내 뜻이 성취되면 즐거웠다. 이 즐거움을 제외한다면 행복보다는 불행의 감정을 느꼈을 것이다. 그 나이에는 생활의 단위가 안에서는 가정이었고, 밖에서는 직장이었다. 언제나 내가 중심을 차지하고 있었다. 나와 더불어 하는 즐거운 삶이 곧 행복의 길이었다.

나는 행복했습니다, 여러분도 행복하십시오

그러다가 50~60대에 접어들면서는 나 자신이 사회적 존재이며 사회적 평가를 외면할 수 없다는 사실을 깨닫게 된다. 크고 작은 공동체 생활에서 윗자리나 지도자의 위치에 머물게 된다. 가정과 직책을 넘어 사회인으로서의 자아의식을 지녀야 한다. 인간은 사회적 존재라는 관념이 내가 사회 속에 살면서 사회의 주인이 되고 있다는 사실을 발견하게 한다. 공동체와 사회의 일익을 담당하는 주체의식을 절감한다.

그 나이에 그런 생각을 못 한다면 그것은 자기 인생을 무의미하게 살았다는 증거다. 주체의식을 느끼게 되면 같은 일을 하면서도 사회적 가치를 묻게 되며 나의 삶과 일이 사회적으로 어떤 보람이 있는가를 묻게 된다.

그때 사회적 보람을 인정하거나 받게 되면 만족과 행복감을 갖게 된다. 사회적 보람이 없었다면 불만과 회의, 불행을 스스로 인정한다. 그래서 인생의 성숙기에는 과일나무가 열매를 맺듯이 자기 삶의 보람의 유무가 행복을 가늠하게 된다.

오래전에 한 언론기관에서 '가장 행복했던 때는 언제였는가' 하는 질문을 받았다. 60·70대의 대표적 사회 인사들에 대한 설문이었다. 나는 미국에서 교포들에게 한 강연회가 뜻밖의 성과와 좋은 반응이 있었던 때라는 사례를 들었다. 다른 사람들도 내용은 달랐으나 대부분이 자기들이 한 일의 성과가 사회적 기여를 했을 때라는 대답이었다. 여러 점으로 미루어 의미 있는 행복감이었다고 공감했다.

그 나이의 단계를 지나면 70대 후반의 나이가 된다. 대체로 보아 90대까지의 기간이다. 때로는 그 이상이 될 수도 있다. 그때가 되면 두 갈래 인생관의 선택이 기다린다. 먼저 이제는 늙었으니까 일을 멈추고 이전에 누리지 못했던 즐거운 삶을 다시 찾아 행복하자는 자기 본위의 생각이다. 인생의 황혼기를 놓치면 언제 향락의 시간이 있겠느냐는 생각이다. 그래서 돌아보니 즐거움이 행복이었다는 쾌락주의자들의 인생관을 택한다. 그것이 인간적 본능과 합치게 되면 늙은이가 부리는 욕심의 발로가 된다. 30대에 못다 한 즐거움을 되찾을 듯이 만용을 부려도 본다. 노욕으로 인생의 마무리를 부끄럽게 마감하는 사람도 있다. 그러나 어느 정도 교양을 갖추고, 사회적 인지도가 높은 사람들은 좋게 말하면 개인적 취미생활에 빠진다. 솔직히 말하면 재미있고 즐겁게 사는 것이 최고라는 자기만족을 택한다. 사회적 체면과 존재의식을 고려해서다. 사실 그것은 아름다운 선택이다. 가능하다면 누구나 선택하고 싶은 길이다.

그러나 뜻이 있는 소수의 사람도 있다. 그들은 많은 사람이 걷는 내리막길이나 평평한 길을 택하지 않고, 60 · 70대와 같은 오르막길을 택한다. 최후 최고의 정상을 향한 등산길을 택한다. 인생의 목적이 있고, 사명의식을 버릴 수가 없기 때문이다. 그 정상에 해당하는 목표와 목적이 무엇이었는가. 소유에서 오는 만족은 아니다. 일의 성취에서 오는 즐거움을 넘어선 것이다. 한마디로 표현한다면 인간애를 위한 사명감이다. 이웃의 행복을 위할 수도 있고, 가난하고 병든 사람들을 위한 사랑일 수도 있다. 우리 선배들은 민족의 행복과 국가의 자주권 회복을 위해서였다.

모든 성직자가 다 그런 것은 아니나 인류의 행복을 위해 스스로의 생애를 제물로 삼은 신앙적 지도자들도 우리의 모범이 된다. 그런데 그들에게는 그 희생이 사랑의 길이었기에 행복 중의 행복이었다. 바오로 2세 전 교황이 남겨준 뜻이 그것을 말해준다. "나는 행복했습니다. 여러분도 행복하십시오."

인생은 선하고 아름다운 것

인생은 '시련이 있어도 아름다운 것'이라고 생각했다. 또 그렇게 믿고 있었다. 인간은 동물과 다르기 때문에 언제나 더 고귀하고 보람 있는 삶을 찾아가는 것으로 보았고 또 그렇게 살려고 노력했다. 그렇다고 해서 나는 이상주의자는 아니었다. 30세에 6·25 전쟁을 겪으면서 관념적 이상주의자가 아님을 깨달았다. 휴머니즘을 모르는 이상주의자는 꿈만 먹고 사는, 현실과 거리가 먼 철학자들이다.

종교도 그렇다. 인간에 관해 가장 예리한 과학적 고찰을 했던 파스칼도 "아브라함의 하나님, 이삭의 하나님, 야곱의 하나님이다. 철학자의 하나님은 아니다"라고 고백했다. 철학자는 이상주의를 받아들일 수 있으나, 역사와 사회적 현실 속에 사는 인간은 현실의 고통과 불행은 물론 때로는 비참과 절망까지도 체험하면서 살도록 되어 있다. 그래서 나도 서른까지는 이상주의자였으나 그 꿈을 포기하고 휴머니스트가 되었다. 그래도 아직 버리지 못하고 있는 신념은 '시련은 있어도 인생은 선하고 아름다운 것'이라는 믿음이다. 또 그렇게 살았다. 믿는 바가 있었기 때문이다.

그 주어진 시련을 극복하지 못하면 행복도 우리 것이 되지 못한다. 나는 유소년 시절을 때로는 죽음과 직면하면서 병약한 세월로 보내면서도 그 어려움을 감수해야 했다. 연약한 몸을 이끌고 초등학교 5~6학년 동안 10리가 넘는 시골길을 통학했다. 더위는 참아 넘길 수 있었다. 영하 30도가 보통인 한겨울의 이른 아침과 폭풍이 불어치는 등·하굣길을 어떻게 왕복했는지 모르겠다. 폭설이 내린 뒤에는 길조차 찾기 어려운 산길과 들판을 헤매곤 했다. 어떤 때는 눈이 허리 높이까지 쌓이기도 했고, 집에 돌아오면 목도리 밑에는 고드름이 주렁주렁 달려 있었다. 언제나 나 혼자의 길이었다.

이상주의자에서 휴머니스트로

6년 동안은 집에서 평양학교까지 자전거 통학을 했다. 기차 통학을 택한 때도 있었는데, 말이 기차 통학이지 10리를 걸어서 정거장까지 갔는가 하면, 평양역에서 학교까지도 먼 거리를 걸어 다녀야 했다. 지금 생각해보면 내 인생에 있어 소중한 수난기였다. 그 어려움이 지금의 내 건강을 유지하고 연장하는 뒷받침이 되었다.

그 당시에는 우리 모두가 가난했다. 그중에서도 나는 가난하게 자랐다. 부친이 농사일을 포기했기 때문에 모친이 가정 경제를 책임지고 살았다. 모친은 대단한 건강과 인내심을 갖고 태어나 고생하셨다. 나도 방학 때가 되면 시골 농사꾼들이 하는 일들을 안 해본 것이 없었다. 어머니를 도와 아버지 책임을 감당해야 했다. 중학교에 입학 원서를 제출할 때는 적을 재산이 없어 담임이었던 윤태영 선생이 학비의 어려움은 없는 것처럼 거짓으로 기록해주었던 고마운 마음을 잊지 못한다.

가난은 30대 후반까지 계속되었다. 대학을 끝내면서는 일본 경찰을 피해 다니다가 해방을 맞았다. 대학에 있을 때 학도병 문제가 생겼다. 나와 한국 친구들은 절망 상태에 빠졌다. 일본의 군대로 끌려가 생애를 끝낼 수도 있었기 때문이다. 그럴 가능성은 얼마든지 있었다. 나는 그 위기는 모면할 수 있었으나 뒤따르는 수난은 계속되었다. 많은 젊은이들이 일본군에 징집되었고 장년들은 강제 노역으로 끌려가고 있었다.

그런 시련을 겪으면서 열네 살 때 내용도 모르고 믿었던 기독교 신앙이 내 인생의 전부이고 희망임을 깨달았다. 나는 기도 속에서 '하나님은 나의 아버지시다'라는 확신을 갖게 되었다. 그 신앙이 내 인생을 바꾸어놓았다. 그렇다고 내가 훌륭한 신앙을 가진 것은 못 된다. 나에게는 아버지가 계시기 때문에 아버지의 뜻을 따르는 것이 내 인생이라고 확신했다. 절망 속에서 희망의 소식을 들은 것이다.

해방이 되었다. 해방은 내 인생의 제2의 출발이었다. 25세에 나는 다시 태어난 셈이다. 2년 동안 북한에서 공산 정권의 성립 과정과 정치 이념의 실태를 보면서, 자유가 생명보다 귀하다는 사실을 체감했다. 자유를 위한 투쟁에는 한계가 있음을 절감했다. 탈북을 결심했다. 해주에서 북한의 보안서원에게 체포되었다. 심문이 시작되려고 할 때 수용소 계장이 38선 경비본부에서 하달되는 지령을 받았다. 나도 그 내용을 울려오는 전화 소리로 듣고 있었다. "지금부터 남조선으로 가는 놈들은 무조건 인민공화국 거주지로 돌려보내라"는 지시였다. 그 전화가 5분만 늦었다면 나는 수용소에 수감이 되고 어디론가 끌려갔을 것이다.

그래도 이틀이 지난 뒤 나는 탈북에 성공했다. 대한민국의 품 안에서 새 인생을 시작하게 되었다. 친구 안병욱도 비슷한 때에 탈북했다. 안 선생도 나와 같은 마음을 갖고 지냈다. 만일 그때 대한민국의 품이 없었다면 지금도 우리는 지구 어느 곳에서 떠돌이 신세가 되었을 것이다.

탈북을 하고 한 달이 지난 1947년 10월에 나는 비로소 직장다운 직장을 갖게 되었다. 서울 종로에 있는 중앙중·고등학교의 교사가 된 것이다. 무일푼의 가난을 참아가면서 겨우 생활이 안정되는 듯싶을 때 6·25 전쟁이 터졌다. 부산에서 3개월 동안 고된 피난생활을 하다가 서울에 잠시 환도하면서 헤어졌던 가족들과 다시 만났다. 그 전쟁의 와중에서도 가족들은 생명을 유지하고 있었다. 서울에서 며칠이 지난 후, 중앙학교 제자들의 도움을 얻어 평양 부근에 있는 고향을 찾았다. 그것도 잠시뿐이었다. 중공군의 개입으로 고향에 있던 가족들과 함께 다시 남하하는 신세가 되었다. 내가 책임져야 할 가족이 모두 열 명이 된 셈이다. 그래도 부산에서는 많은 일이 주어졌다. 부산 대연동에 있는 교회당에 머물면서 광안리에 있는 육군 피복창의 기독교 신도들을 위한 예배를 인도해주었다. 후에는 피복창 밖에 광안장로교회를 설립해 봉사했다. 그렇다고 정기적인 수입이 있었던 것 같지는 않다. 중앙학교의 부산 분교가 개설되면서부터는 그 학교의 교감직을 맡기도 했다. 매주 토요일 오후에는 몇몇 고등학교 상급반 학생들을 위한 신앙 강좌를 운영하기도 했다. 고달프기는 했으나 거의 1인 3역의 많은 책임을 감당한 셈이다. 우리 겨레가 가장 어려웠을 때 많은 일을 맡게 된 것을 지금도 감사히 생각한다. 30대 초반이어서 그 책임 모두를 감당할 수 있었던 것 같다.

휴전이 되고 서울로 환도를 했다. 서울은 태풍이 지나간 곳처럼 황폐해 있었다. 중앙학교로 되돌아온 나는 무엇인가 새 출발을 해야 하는 기로에 서 있는 것 같은 느낌이 들었다. 외국으로 유학을 떠나는 것은 단념했다. 내가 돌보아야 할 가족이 너무 큰 부담이었다. 나는 교육자의 길을 계속해나갈 것인가, 대학에 다닐 때부터 꿈이었던 학자가 될 것인가, 어느 하나를 택해야 할 것 같았다. 그것이 내 인생의 마지막 선택이 되겠기 때문이다. 1년 동안 고민을 거듭하며 지냈다. 그런데 모든 환경이 중·고등학교와 교육계를 떠나 학문의 길로 가도록 이끌어주었다. 세 대학에서 시간강사 요청이 왔고, 연세대학교에서는 전임이 되어주기를 요청해왔다. 지금도 나의 선택과 결정이 내 자유로운 것이기보다는 어떤 섭리의 길이었다는 생각을 한다.

섭리가 이끈 학자의 길

대학에 가면서 몇 해 동안은 10년 동안이나 중단했던 학문의 길을 되살리기 위해 많은 어려움을 겪었다. 그 당시만 해도 학문다운 공부를 제대로 한 교수들이 적었기 때문에 마치 마라톤 경기를 새로 시작하는 각오로 학문의 길을 달렸다. 겨우 자리가 잡히고 안정기에 접어들었을 때였다. 연세대학교는 4·19 혁명의 여파로 교수들의 민주화 투쟁 사건이 벌어졌다. 나는 내가 그 소용돌이 한가운데 서게 될 줄은 몰랐다. 나는 밖에서 보아서는 상상도 못 할 정도의 고충을 겪었다. 만일 내가 그때 연세대에서 버림을 받았다면 기독교 대학을 떠났을지도 모른다. 많은 오해도 받고 수모도 겪었다. 학생 선동의 책임자라고 해서 경찰의 조사 대상이 되어 잡혀가기도 했다. 그 사건 때문에 당국의 조사를 받을 정도로 고민에 쌓였던 교수는 나뿐이었다.

그 과정을 치르면서 나는 내 인생의 마지막 시련기를 넘겼다. 그 사건이 지난 후에 대학 당국은 나에게 대학의 요직을 부탁해 왔다. 나는 심히 지쳐 있었다. 나보다 더 유능하리라고 믿어지는 다른 교수를 추천했다. 그 교수는 나와 다른 편에 있던 교수였다.

나는 강의만 하고 좀 쉬고 싶었다. 그때 연세대는 나에게 행운의 길을 열어주었다. 1년간 미국의 국무성 초청으로 내가 원하는 대학에 연구 교환교수로 갈 기회를 만들어준 것이다. 나는 유학의 기회를 얻은 것 같은 감사한 마음으로 그 뜻을 따르기로 했다. 나에게는 안식년의 축복이 주어진 셈이다. 미국에 1년간 머물면서 두 친구 교수와 같이 세계 일주 여행을 끝내고 귀국했을 때는 나도 모르게 내 위상이 달라져 있었다. 내가 교정도 보지 못하고 원고만 넘기고 떠났던 『영원과 사랑의 대화』가 상상과 기대를 넘어선 베스트셀러가 되어 있었다.

더 감사한 것은 그 1년 동안 나 자신은 그 행복스러운 소용돌이 속에 머물지 않으면서 조용한 시간을 외국에서 보냈다는 사실이다. 그때 나에게 주어진 최고는 '아마 이제부터는 나에게 다가오는 시련의 기간은 끝나는 것 같다'는 안정감이었다. 사실 그 후부터는 지나간 과거와 같은 인생의 시련기는 되풀이되지 않았다.

대학에 있는 동안 두 차례 학교가 겪은 위기를 극복하는 데 도움이 되는 책임을 감당하기도 했다. 그러나 그것은 내 의무였다. 시련은 아니었다. 31년의 임기를 끝낼 때 나는 참 즐겁고 행복한 마무리를 했다. 퇴임 기념 강연회였다. 그날은 연세대가 민주화 투쟁을 치르는 최고조의 시위가 있었다. 대학 전 캠퍼스가 최루탄 가스로 가득 차 있는 오후였다. 나는 동료 교수들의 만류를 뿌리치고 퇴임식을 강행하기로 했다. 곧 외국으로 떠날 스케줄이 잡혀 있었다. 그런데 그 와중에도 고별 강연회는 성황이었다. 겉옷에 묻어 있는 최루탄 가스 때문에 재채기가 나고 눈물이 날 정도였는데도 큰 강의실은 만원이었고, 신문기자들까지 그 현장을 찾아주었다. 한 방송국에서는 나와 안병욱 교수의 퇴임이 뉴스가 아니라 한 사건이라고 전하기도 했다. 나는 내 인생에서 행복의 한 정상에 서 있는 것 같은 감사를 느꼈다.

시련이 있었기에 더 높은 곳에

지금 과거를 돌이켜보면 30대 후반까지는 내 일생의 시련기였다. 인생이 장대한 산맥과 같은 것이라면, 시련기로서의 25~26년은 70퍼센트의 오르막과 30퍼센트의 평지, 또 70퍼센트의 오르막과 30퍼센트의 평지 노정을 반복하는 것 같은 과정이었다. 시련기의 70을 올라가고는 30의 평탄한 길을 걷는 동안 나는 즐거움과 더불어 행복을 느꼈다. 그런 과정을 여러 번 되풀이하는 동안에 나는 예상 못 했던 산맥의 한 정상까지 올라섰던 셈이다. 다른 사람들은 또 자신들의 길이 있었겠으나 나에게는 그런 인생의 과정이었다. 그 시련의 기간이 길었기 때문에 나는 더 높은 정상에 설 수 있었다. 그것이 행복의 과정이었다. 연세대학교에서의 30년은 행복의식이 시련기의 고난과 어려움보다도 더 높게 오래 연장된 셈이다.

1985년은 연세대 창립 100주년이면서 내가 31년간 봉사하고 대학을 떠나는 해였다. 나는 대학을 떠나더라도 교육 현장에 더 머물기를 바랐다. 중앙학교를 떠나면서 교육자의 길을 끝내는 것으로 생각했는데, 대학을 떠나면서는 다시 한 번 사회교육의 길을 찾게 되었다. 내가 대학에서 강의한 내용을 사회가 그대로 받아들이지는 못했다. 그러나 인문학의 중심을 차지하고 있는 철학이 사회적 인문학의 영역으로 확대 흡수되면서 새로운 영역을 차지하게 되었다. 철학계보다도 더 많은 독자를 얻었던 수필인으로서의 사회적 역할도 크게 작용했다. 지금도 철학과 교수보다는 수필가로서의 인상이 폭넓게 남아 있을 정도다.

그러면서 기독교도로서의 책임도 포기할 수 없었다. 그 분야의 저서 집필과 강연 및 설교로 봉사도 계속했다. 이런 30여 년의 영향 때문이었을까. 정년 후의 활동과 봉사가 30년 이상을 넘기고 있다. 대학을 떠난 이후의 30여 년은 대학에 있을 때보다 더 폭넓은 행복의 기간으로 주어져 있다. 많은 사람들에게 고마움의 대상이 된다는 것이 더 큰 행복이었다.

지금 나에게 가장 적절한 인사는 "오래 사시느라고 고생 많이 하셨습니다"라는 말이다. 그리고 나의 대답은 "고맙습니다. 그래서 행복했습니다"라는 것이다. 그것은 인생 전반기 30년에 걸친 시련이 있었기 때문이다. 그 시련이 고통과 불행은 아니었다. 사랑이 있었기 때문이다. 그에 뒤따르는 60년의 세월은 행복했다. 많은 사람이 감사하는 마음으로 동참해주고 있기 때문이다.